JN044465

津田政隣 政隣記

耳目甄録 廿・廿一

従享和元年—到享和三年

校訂・編集 「政隣記を読む有志の会」

代表 髙木喜美子

笠嶋 剛　南保信之

真山武志　森下正子

桂書房

政隣記　目次

凡例

一、金沢市立玉川図書館近世史料館所蔵の津田政隣著「政隣記」全三十一巻の内、「耳目甄録」廿巻(16.28・20・11)、「耳目甄録」廿一巻(16.28・21・11)を底本とした。

一、原則として原文に忠実を旨とし、文意のため適宜読点・並列点を付けた。表敬の台頭・平出・闕字は表記しない。本文中の傍注(　)は校訂・編集者の書き込みである。

一、字体は原則として常用漢字を用いた。ただし、当時の慣用字・同義字・同音仮借(アテ字)はそのままとし、送り仮名もそのままとした。異体字も現常用漢字とし変体仮名は現行平仮名を用いた。助詞の而・者・茂・江・与・爾(尓)はポイントを落とし、テ・ハ・モ・ヘ・ト・ニとした。ゟはヨリとした。解読不能部分は[　　](○○カ)、空白は[　　](空白)、文意不明は[　　](ママ)とした。明らかな脱字は□□(脱カ)、誤字は□(カ)とした。

一、読者の便宜を図るため、左の方策を講じた。

(1) 引用文は原則として原文のままとした。人名も巻末の氏名索引に入れていない。

(2) 上欄に注として、参考事項を記した。

(3) 朱書きは(朱)とした。

(4) 巻末に本文に記された事項ごとの「内容一覧」を記した。

(5) 巻末に藩士及び藩主関係者の「氏名索引」を付けた。

一、人名はゴチック体にし、藩士名は金沢市立玉川図書館近世史料館の「諸士系譜」「先祖一類由緒帳」及び「諸頭系譜」で比定し巻末にまとめた。

その他藩主関係・藩士以外の人名は欄上の注に『寛政重修諸家譜』及び『徳川諸家系譜』で比定し寛〇巻〇頁、徳〇巻〇頁で表記した。

付記

津田政隣（宝暦十一年（一七六一）～文化十一年（一八一四））、通称権平・左近右衛門、初諱正隣。父は正昌、政隣は明和中世禄七〇〇石を襲ぎ、大小将組に列し、藩主の前田重教・治脩・斉広の三世に仕え、大小将番頭・歩頭・町奉行・大小将組頭・馬廻頭に進み、宗門奉行を兼ね、職秩二〇〇石を受け、文化十年罷め、翌年没する。年五十九。読書を好み文才に富む。諸家の記録を渉猟し、天文七年以降安永七年に至る二四〇年間の事蹟を録して「政隣記」十一巻を著し、又安永八年より文化十一年に至る三十六年間自ら見聞する所を輯めて「耳目甄録」二十巻を著す。「耳目甄録」も亦通称「政隣記」を以て称せらる。並びに加賀藩の事蹟を徴するに頗る有益の書なり。（「石川県史」及び「加能郷土辞彙」より）

（内表紙）

従享和元年　到同二年

耳目甄録　廿

此次同三年ヨリ起

享和元年

● **寛政十三**辛酉**歳**　　　　　　　　**正月大**　　　御用番　**本多安房守**殿
　　于時二月十三日ヨリ改元享和ト　　　　　　　　御城代　**前田大炊**殿

元戊寅**日**　長閑也、時々雪降、二日三日四日雪、五日快天折々微雪、六日快天、七日快天昼后ヨリ微雨、八日九日快天長閑也、十日ヨリ十四日マテ雨霰雪風替々、余寒烈柔不斉、十五日陰、十五日ヨリ十九日マテ晴陰交、余寒烈、廿日雪、廿一日ヨリ廿四日マテ晴陰交、廿五日昼后微雪、廿六日快天ノ処申ヨリ雨天、廿七日雪、廿八日快天、廿九日陰夕方ヨリ雨天、晦日霙降

同　日　御留守年例之通、頭分以上熨斗目・半袴着用、五時ヨリ登城、五時ヨリ同半時迄御式台ヘ御帳出、各附之、四時過於柳之御間一統列居御年寄衆等謁、退出之事

七　日　人日為御祝詞、物頭以上并最前物頭以上当時無役之頭分・寄合登城、四時頃御年寄衆等謁相済退出

八　日　月次経書講釈、例年之通今日ハ相止候段、旧臘廿三日御横目申談、但今月廿三日・来月八日ヨリ月次於実検之間有之、記略之

西丁口御門、今暁之風ニテ吹倒候ニ付、今日ヨリ御修覆中右御門往来指留候条、此段夫々可被申談候事

　　正月十日　　　　　　附右御修覆出来二月廿六日ヨリ往来有

右、御城代**大炊**殿被仰聞候旨等、例之通御横目廻状出

十五日　月次出仕、御年寄衆等謁、四半時頃相済

喧嘩追懸者役　　　　　　　　青木多門代　中村八郎兵衛
正月十九日ヨリ
例之通、中村ヨリ廻状有之　　只今迄之通　山路忠左衛門

廿一日　左之通被仰付
御月番并加判　　　　　　　　　横山山城
同断　　　　　　　　　　　　　前田内匠助
為年頭御祝儀相公様へ各ヨリ被上候御太刀・御馬・青銅目録曁与力士指出候御礼銭一紙目録、江戸表へ上之候処、首尾能披露相済候旨奥村左京等ヨリ申来候、為御承知如斯候、
以上
正月廿一日　　　　　　　　　　本多安房守
津田権平殿　但例之通同組連名

付札
定番頭へ
所々御郡奉行等支配町在宿役之義ハ前々ヨリ御定モ有之候処、次第弛御城下町人共之内ニモ御家中侍中等名前ヲ借、伝馬・人足召仕致往来候者モ多有之、猥成体相聞、宿々及難渋、宿役モ勤兼候ニ付町人共ヨリ相願候テモ先触伝馬帳等猥ニ指出不申筈ニ候得共、猶更心得違無之様御家中ヲ初寺社家へモ急度申渡候様仕度旨、御算用場奉行等申聞候条被得其意、組・支配之人々へ可被申渡候、組等之内才許有之面々ハ其支配へモ相達候様可被申聞候事、右之趣一統可被申談候事

酉　正月

右、廿五日御用番**安房守**殿御触出

廿七日　左之通御用番被仰渡

当御留守詰被仰付　　御先手兼御異風才許　**広瀬武大夫**

杉野善三郎ト交代

江戸詰順先ニ候得共、兼役　　同　当分盗賊改方兼帯　**佐藤治兵衛**

有之ニ付次順へ被仰渡候旨

△

此度弐朱判吹方差止、丁銀吹方被仰付、勿論弐朱判之儀ハ永代通用可致旨被仰出候、猶又諸色直段正路ニ相守下直ニ致し候様、江戸・京・大坂町々へ相触候、且只今迄遠国等ハ弐朱判通用いまた致馴さる場所モ有之哉ニ相聞得候、以来永代一統通用之事ニ候得ハ少モ無指支之様可致通用候

右之通、天明八申年相触候処、弐朱判之義近年払底ニ付猶又吹方被仰付候間、弥無指支可致通用旨最前相触候向々へ可被達候

十一月

松平伊豆守[1]殿御渡候御書付写壱通相達候間、被得其意答之義ハ**井上美濃守**[2]方へ可被申聞候、以上

十一月十一日　　大目付

御名殿留守居中

1松平信明（老中）
2井上利恭（寛14 400頁）

1 斉広（十二代）

弐朱判通用等之義ニ付、従公義相渡候御書付写壱結弐通、相越之候条被得其意、御組且
又御家来末々迄可有御申渡候、以上

辛酉 正月廿九日　　　　奥村河内守印

本多安房守殿
人持組公事場奉行 小幡式部
御家老役兼御勝手方 横山蔵人

右安房守殿ヨリ例之通御廻状来

今月十九日病死

同　廿四日病死　享年三十二

右、任承記之、諸頭等ハ前録ニ記ニ付爰ニ洩ス

辛卯 二月小　　御用番 横山山城殿
　　　　　　　御城代 奥村河内守殿

朔　日二日快天、三日雨昼ヨリ快天、四日五日快天、六日雨、七日雪、八日快天、九日昼ヨリ風雨、十日十一日雨雪、十二日十三日快天暖和、十四日十五日雨、十六日晴陰、十七日霰雨、十八日ヨリ廿六日マテ晴陰寒暖交、廿七日廿八日廿九日雨天暖和

同　日　月次出仕、例之通四時過相済、且又御供之御家老津田玄蕃殿
左之通御申渡
筑前守[1]様当春御出府

1治脩（十一代）

御道中御筒支配、坂本駅ヨリ
井上勘右衛門等ヘ加り騎馬御供　前月廿七日互見　広瀬武大夫

同断　御弓支配　物頭並聞番　菊池九右衛門

御呼出之処、病気ニ付不罷出
依之御紙面ヲ以御申渡
筑前守様当春御出府御供　御大小将横目　三宅平太左衛門

四　日　津田玄蕃殿左之通御申渡

筑前守様御道中、井上
勘右衛門等ヘ加り騎馬御供　御歩頭　原田又右衛門
同　兼御用人　安達弥兵衛

七　日　足軽小頭等五十ヶ年以上勤功之者ヘ、御増米五俵被下候段被仰渡有之

十三日　左之通被仰付
相公[1]様御帰国之上為御礼公辺ヘ被指出候御使　人持組　篠原頼母

十五日　月次出仕、例之通四時相済、且今日左之通被仰付
表御納戸奉行　御大小将ヨリ　笠間他一郎
御書物奉行　江戸御広式番ヨリ　山森伊八郎
同　御弓矢奉行ヨリ　山根与九郎

1 政隣

十五人扶持ニ被召出
御厩方御馬医
町博労馬医ヨリ　佐野十蔵

今月十日、庄田兵庫ヨリ出銀触、今月二日公事場触、今月十四日両度触、安房守殿ヨリ御廻
状出、前々之通ニ付記略

為年頭御祝儀、各ヨリ御太刀・御馬・青銅被上之御嘉悦之御事候、此段可相達旨拙者迄被成御
書候条、明廿二日八時頃拙宅ヘ参出、可有頂戴候、以上
二月廿一日　本多安房守
津田権平殿

廿二日　如昨日記、**安房守**殿御宅ヘ参出、御書拝戴仕、服紗小袖・布上下着用、且御礼勤等
前々之通無之候事

廿五日　**長甲斐守**殿叙爵為御礼、明廿六日発江戸表ヘ被参候ニ付、従**筑前守**様御使御近習寄合
志村五郎左衛門ヲ以御意有之、紗綾五巻拝領被仰付、依之取持御頼ニ付罷越候、作法ハ去
年御使之節同断ニ候得共、此度ハ一汁五菜之料理被出之、盃事有之、嘉儀**山路忠左衛門**、
相伴**自分**[1]
附、**甲州**殿、於江戸御老中・若御年寄・御側ヘ為御礼廻勤、御一門様方ヘモ為伺御機嫌被
致参上候筈、将又為見立翌廿六日六半時頃ヨリ罷越候処、五時過発出有之
此次四月廿二日互見

廿四日　左之写ニ御添紙面ヲ以、例之通**安房守**殿御廻状有之

△年号享和ト改元之旨、当月十三日被仰出候条、可相触由被仰出候段、従江戸表申来候間、被得其意御組中へ可有御触候、且又御組之内裁許有之面々ハ夫々相達候様可有御申聞候、
以上

辛酉二月廿三日　奥村河内守印

本多安房守殿

廿八日　左之通被仰付

御先筒頭　井上勘右衛門代　筑前守様附御大小将御番頭ヨリ　水越八郎左衛門

同　玉川七兵衛代　御馬廻組境奉行ヨリ　茨木源五左衛門

定番御馬廻御番頭　村　八郎左衛門代　御馬奉行ヨリ　武田何市

同　栂　源左衛門代　組外出銀奉行ヨリ　篠嶋茂平

筑前守様附御大小将御番頭　水越八郎左衛門代　筑前守様附御大小将横目ヨリ　坂井小平

不念之趣有之、自分指控　御馬廻頭　和田源次右衛門
附、三月廿一日指控御免許

同　夜　御先筒頭堀部五左衛門嫡女御馬廻組寺西喜三郎妻、頃日少々気滞之処、今夜逆上体ニテ自害相果、翌廿九日為検使御横目大脇六郎左衛門・坂井甚右衛門罷越見届之

廿九日　火之元之義随分厳重可相心得旨、御家中ヲ初末々曁町家ニ至迄、不相洩様一統可申渡

△旨被仰出候旨等御用番山城殿御紙面
御城中所々御番所等火之元之義御城代河内守殿被仰聞候旨御横目廻状
右、例年之通ニ付記略
筑前守様当春御出府　御大小将　寺西平六郎
御道中御長柄支配
同断　仮御横目　同　奥村半五兵衛
但、三宅平太左衛門病気御供断ニ付

壬辰三月大

御用番　前田内匠助殿
御城代　前田大炊殿

朔日　二日雨、三日雨昼ヨリ霽、四日ヨリ十三日マテ快天、十四日雨、十五日ヨリ快天或微陰、廿四日昼后ヨリ雨、廿五日廿六日雨、廿七日ヨリ晦日カテ快天、今月気候多分暖和折々春寒立帰

同日　月次出仕、四時過相済、且左之通被仰付
筑前守様附御大小将横目　坂井小平代　筑前守[1]様御抱守ヨリ　渡辺右膳

付札　御横目へ
筑前守様御発駕御当日一統布上下着用之事
一、七拾間御長屋御門外下馬下乗之義、平日ハ前々之通ニ候得共、御発駕御当日迄松原屋敷石

1 斉広（十二代）

1利長室

垣角ニテ下馬下乗之事
一、七拾間御門御番人之外金谷御殿并玉泉院[1]様丸等ニ役所有之面々罷出候節、御発駕御当日ハ七拾間御長屋御門往来指留候条、何モ金谷御門ヨリ罷出申筈ニ候事、但御発駕後ハ指支不申候事
右之通夫々可被申談候事
二月
別紙之通、夫々可申談旨、前田織江殿御申聞候旨等、御横目廻状到来之由、同組筆頭・同役筆頭ヨリ廻状有之、二月二日
△喧嘩追掛者役
例之通従
三月八日ヨリ
山路忠左衛門代
千田治右衛門
千田廻状有之
只今迄之通
中村八郎兵衛
△明後十三日筑前守様御発駕之筈ニ候条、御発駕之御様子被承合、為御祝詞御用番宅迄可被罷出候、病気等之面々ハ以使者可被申越候事、右之趣可被得其意候、以上
三月十日
前田内匠助
津田権平殿　但同組連名也
十三日　前記之通
筑前守様五時御供揃ニテ四時過益御機嫌克御発駕、今夜今石動御泊之事
右ニ付前記之通、為御祝詞御用番内匠助殿御宅ヘ参出

但、御日図之通、御旅行之処、御成ニテ戸田川舟留ニ付浦和駅ニテ一日御逗留、今月廿六
日江戸御着府

十五日 月次出仕、四時相済

十八日 御用番**内匠助**殿ヨリ**自分・青木多門**連名之以御紙面、来月
朔日・二日長谷観音祭礼ニ付足軽三十人曁小頭三人召連可相詰旨被仰渡、但此一件別帳ニ記
ニ付此記略ス

△前々ヨリ江戸御供等ニテ罷越候人々ヘ餞別又ハ罷帰候節土産物無用可仕旨被仰出候旨等、於
江戸被仰渡有之候条、可被得其意旨等御用番**内匠助**殿御廻状有之前々同趣ニ付記略ス

廿二日 左之通被仰付

寺社奉行并公事場奉行兼帯　定火消ヨリ **中川清六郎**

公事場奉行　同断ヨリ **本多内記**

御奏者番　同断ヨリ **武田掃部**

御寺 **前田橘三**

御名代 **前田主殿助**

同御免 **前田兵部**

小松御城番御免除 **篠嶋典膳**

就病気、本家**前田大炊**ヨリ

廿三日　寺社奉行并公事場奉行兼帯前田内蔵太
願之通、役儀昨廿一日御免除
左之通被仰付
篠原頼母
三田村内匠
生駒内膳
定火消
廿五日　左之通
青木新兵衛
小松御城番
人持組御算用場奉行永原大学孝房
病死　享年五十九
廿八日　九時過ヨリ長谷観音ヘ為見分罷越
廿九日　宮井典膳組御馬廻樋口次郎吉逆上之体ニテ自害相果、為検使御横目水原清左衛門領五百石、居宅彦三三番町・坂井甚右衛門罷越、夜九時過相済
晦　日　長谷観音ヘ相詰候ニ付、明朔日出仕不仕候段、御組頭安房守殿ヘ以書付及御届候事
相公[1]様御帰国御発駕、四月六日ト被仰出置候処、御延引
癸巳四月小
御用番　村井又兵衛殿
御城代　奥村河内守殿
朔　日快天、二日雨天、三日四日五日晴陰交、六日七日雨、八日ヨリ晴陰交、十六日昼后ヨリ

1 治脩（十一代）

雨、十七日晴陰卯二刻丑上刻午五刻三度地震、十八日陰、十九日廿日雨、廿一日ヨリ晴陰交、廿七日雨天之処、昼ヨリ霽、廿八日廿九日陰

同　日　月次出仕、如例

二　日　前月十八日記之通ニ付、昨今共観音堂内ヘ相詰候町奉行**富永右近右衛門・井上井之助**、御先手ヨリ**自分・青木多門**、御横目昨日ハ**坂井甚右衛門**、今日ハ**大脇六郎左衛門**、其外町同心・御歩横目等也、八時過相済、番附左之通

朔日

千歳　万次郎
翁　三番叟　又三郎　高砂　甚次郎　五郎作　田村　寿助
面箱　善右衛門
野々宮　権之進　直右衛門　景清　宮門　久左衛門　羅生門　権太郎　余作
祝言　呉服　兵次郎　信之助
包丁聟　永蔵　業平餅　九郎兵衛　乳切木　弥作

二日

千歳 清助
翁
三番叟 喜市
面箱 勇五郎
加茂 七郎左衛門 太右衛門
間 御田 恒之丞
俊成忠則 陸之丞 全之助
半蔀 五郎兵衛 久左衛門
須磨源氏 権之進 蘭作
輪蔵 宮門 吉左衛門
間 鉢敲 次郎吉
乱 甚次郎 直右衛門
松楪[1] 半次郎
比丘貞 幸助
靭猿 三次

九日 左之通、御用番**又兵衛**殿被仰渡

久能吉大夫為代、江戸詰被
仰付発足ハ御留守詰之
人々発足之頃ト被仰渡

但点先**佐藤治兵衛**ニ候得共、兼役有之ニ付
次点**多門**へ被仰渡

御先手 **青木多門**

十日 **広瀬武大夫**義、**筑前守**様御供ニテ着之上ハ御先手四人ニ就相成候、御暇被下候段、前月廿五日被仰渡、同廿八日江戸発今日帰家之事

御先手 **久能吉大夫**

十五日 月次出仕、四時頃相済、且於御席、**自分・久能吉大夫**へ左之御覚書御用番**又兵衛**殿御渡ニ付同役一統へ可申談旨、及御答候事

津田権平 **杉野善三郎** **久能吉大夫** **永原佐六郎**

1松楪（まつゆずりは）

佐藤治兵衛　永原半左衛門　広瀬武大夫　青木多門
山路忠左衛門　中村八郎兵衛　千田治右衛門　村　杢右衛門
堀部五左衛門　本保六郎左衛門　吉田八郎大夫　水越八郎左衛門
茨木源五左衛門

吉田彦兵衛儀、各組足軽御褒美等被相願候節、不被及示談義不能了簡旨申聞、以来組用之義申談間敷、左候得ハ毎月各寄合ハ組用之外御用ハ無之義ニ候間、以後寄合彦兵衛出座仕間敷旨申聞候一件ニ付再三被及懸合候上、各不能存念候ニ付、以来御用之外申通間敷旨、彦兵衛へ被申入候段、先達テ以紙面被申聞、其後右一件懸合之始終モ内分ニ被申聞候、御褒美願等是迄被及示談候義ハ無之体ニ候間、可為是迄之通候、併新役之人々古役へ示談等ハ尤格別之事ニ候、寄合ハ組用之外御用ハ無之義ニ候間、出座仕間敷旨彦兵衛ヨリ発端廻状ヲ以申達候段ハ彦兵衛心得違ニモ相聞へ候、何れニモ同役不和ニテハ品ニ寄御用不弁ニモ可相成義ニ付、和順有之様彦兵衛へ申談候、尤右之趣ハ相達御内聴ニモ置候条可被得其意候、将又右体同役心得違ニモ可至義ハ猶更打返相互ニ助言等可有之義勿論之事ニ候、以後尚又心得モ可有之候事

左之通吉田彦兵衛ヨリ廻状等到来

組足軽之内御褒美願方之義ニ付去々年及御懸合候趣御達申上置候処、私義役引ニ付別紙御覚書之通御用番又兵衛殿以御紙面被仰渡候趣、以廻状得御意候、右被仰渡ニ付寄合罷出候、且又和順之義モ被仰渡候間各様思召次第相心得可申候、以上

四月十五日　吉田彦兵衛

同役十三人連名様　致承知従是モ可得御意候
別紙附廻申候

追テ御在江戸之御面々ハ彼地ヘ申達候ニ付名前相省申候、且又此廻状御示談モ可有御座候間
御順達御座候様致度候、以上

吉田彦兵衛

去々年同役中組足軽之内御褒美願之通被仰付候儀ニ付被及懸合候趣有之、以来御用之外申通間敷之旨、同役一統申聞候一件ニ付、御手前ヨリモ委曲以紙面被申聞、其後モ尚又存寄之趣紙面等被指出候、右御褒美願同役何モ不及示談段難被心得、依テ以後組用之義ハ御手前ヨリモ被及示談間敷、左候得ハ寄合ハ組用之外御用ハ無之義ニ候間、罷出不被申段、御手前ヨリ発端被申達候由、御褒美願之儀同役一統申談候義ハ是迄モ無之体ニ候間、可為是迄之通候、然し新役之人々、古役ヘ示談等ハ尤格別之事ニ候、組用之外、寄合之御用無之旨被申聞候得共、元禄年中組足軽欠如有之時分ハ割場足軽請取之、組之人高相違無之様可仕旨等、被仰出之趣有之候処、外ヨリ召抱候様不被仰付テハ指支候段、同役一統存寄之趣連名之紙面指出候、組用ニテモケ様之類モ可有之候得ハ、前段願方不示合儀迄ニ拘り、寄合ニ不被罷出段被申達候義ハ御手前心得違ニモ相聞ヘ候、何れニモ同役不和ニテハ品ニ寄御用之不弁ニモ可相成義ニ候間、和順有之可然候、此段相達御内聴ニモ候上申談候、尤外同役ヘモ右之趣申談候事

右ニ付左之通連名紙面指遣之候事
組足軽之内御褒美願方之義ニ付去々年及御懸合候趣、御達申上置候処、別紙御覚書之通
御用番又兵衛殿被仰渡候、右ニ付御自分様ヘモ又兵衛殿ヨリ御渡之御覚書御廻状御添為御
見、右被仰渡ニ付寄合御出座被成候、且又御和順之義モ私共了簡次第御心得可被成段致承
知候、御自分様御心得違ニモ相聞得候段被仰渡、以来寄合ニモ御出座被成候儀ニ御座候間、
尤存寄之義無之候条、可致御和順候
右之趣為可得御意、連名ヲ以如斯御座候、以上
四月十七日　　津田[1]ヨリ茨木迄連名判
吉田彦兵衛様
右返書左之通到来
組足軽之内御褒美願方之義ニ付、去々年及御懸合候趣、御達被成置候処、別紙御覚書之通
御用番又兵衛殿被仰渡、則為御見被成、私ヘモ又兵衛殿御渡之御覚書廻状相済得御意候
処、御承知被成右被仰渡等ニ付、御和順可被成旨御連書之趣致承知候、以上
四月十八日　　吉田彦兵衛判
津田ヨリ茨木迄十四人連名様
右ニ付一統和順仕候段村杢右衛門ヨリ引受、被得御内聴置候等示談相極、廿四日便ニ言上之
筈ニ候事兼役御近習頭故也

同日　今十五日例年之通、寺中祭礼能番附左之通、詰人御先手山路忠左衛門・千田治右衛門

1 政隣

翁　千歳　弥兵衛
　三番叟　弥三郎　万二郎　氷室　信之助　三右衛門　箙　久平
　面箱　弥作

甚次郎　江口　全作　権進　安宅　久左衛門　陸丞　小鍛冶　全之助

祝言　権太郎　志賀　太作

　松脂　万丞　宗八　理右衛門　ふす(附子)　幸助

十八日　左之人々御帰国御供御用捨、御国へ之御暇被下候段、去四日被仰渡候ニ付、同七日江戸発今日帰着

御歩頭　**今村三郎大夫**
御用人　**小原惣左衛門**
聞番　**不破半蔵**

右ニ付去四日左之通被仰付

御道中奉行等　**小原惣左衛門**代　御先手　**永原佐六郎**
御弓支配　**不破半蔵**代　聞番　**長瀬五郎右衛門**
大御門方御用　**小原惣左衛門**代　御先手　**広瀬武大夫**
　本役御持頭也

廿二日　前記二月廿五日ニ有之通、**長甲斐守**殿発出三月九日江戸着、御使者等御例之通被下、

夫々御礼勤等相済、同月廿一日於御前御懇之御意如御例、御饗応、御腰物拝領被仰付、今月七日御使御近習物頭並関沢安左衛門ヲ以御国許へ之御暇被仰出、同十日江戸発出、旅中無異儀昨夜津幡駅ニ止宿、今朝四時過帰家

同日　左之通被仰付

人持組
大野木隼人

御算用場奉行

裕次郎[1]殿御幟土橋御門外堀端ニ相建候、来月朔日ヨリ五日迄御家中并町方男女拝見之義可被申渡候

但男子ハ十五歳以下ニ候、都テ拝見人甚右衛門坂御門ヨリ御宮坂御門通り西丁口御門へ出申筈ニ候

一、拝見人供之者、御門内へ草履取壱人召連可申候

但平士以上之男女、若党壱人召連候義勝手次第之事

右之通夫々可被申渡候事

四月

右織田主税殿御渡之旨等御横目廻状有之

裕次郎殿御幟来月朔日ヨリ同五日迄土橋御門外相建候ニ付甚右衛門坂御門ヨリ御宮坂御門、為御用往来致行抜候人々、右御幟相建候内相控可申候事

右之趣寄々可被申談候事

1 前田利命（治脩男）

四月十六日

右御城代河内守殿御渡之旨等御横目廻状有之

廿六日　去十四日江戸発之町飛脚来着、左之趣申来、
去十一日、以上使御老中安藤対馬守[1]殿、相公[2]様御国許へ之御暇被仰出、御例之通白銀・御巻物御拝領、従大納言[3]様モ、以上使御老中水野出羽守[4]殿、被蒙上意御巻物御拝領、従御台様モ、以御使御広式番之頭中嶋伊予守[5]殿、御巻物御拝受、夫々御都合克相済、筑前守[6]様ニモ就御参府ニ、以上使安藤対馬守殿被為上意候事

当詰中御倹約方主付去十日被仰付　御先手　広瀬武大夫

廿八日　御用番又兵衛殿ヨリ昨廿七日依御紙面（御用之義有之候旨等切封御紙面也）今日四時過登城之処、左之以御覚書被仰渡

御手前儀御異風才許加人被仰付候事　津田権平

右ハ御異風才許広瀬武大夫在江戸ニ付テ也、且御用一件ハ別帳ニ記之

同日　左之通被仰付

越中境奉行　御馬廻組　本保監物

二之御丸御広式御用達　佐竹嘉藤次

同断　林　浅右衛門

1安藤信成
2治脩（十一代）
3徳川家慶
4水野忠友
5中嶋行敬（寛21 298頁）
6斉広（十二代）

出銀請払奉行　臼井儀兵衛
御弓矢奉行　嶋田求馬
役儀御免除　小杉御郡奉行　脇田哲兀郎
同断　定検地奉行　小篠善四郎
役儀御指除遠慮　内作事奉行并外作事奉行兼帯　副田甚兵衛
指控　福田八郎左衛門

廿九日　同断
東岩瀬御代官　大野茂右衛門
改助右衛門
名替　内記事　本多主水

甲午　五月大　御用番　前田大炊殿　御異風才許御用番
御城代　御同人　窪田左平

朔日　雨天、二日ヨリ六日マテ陰晴、七日雨天、八日ヨリ十二日マテ晴陰、十五日十四日時々（三）微雨、十五日十六日陰晴、十七日昼ヨリ雨、十八日モ同、十九日陰、廿日折々微雨、廿一日ヨリ廿五日マテ晴陰、廿六日夕微雨、廿七日廿八日廿九日晦日晴陰交、今月気候中旬ヨリ湿暑

同　日　月次出仕例之通、且左之通被仰付

御先手　山路忠左衛門

永原佐六郎儀御帰国御供
就被仰付候、御発駕御時節
被仰出次第出府相詰可申事

聞番　恒川七兵衛

長瀬五郎右衛門儀御帰国御供
就被仰付候、右同断

前月十七日紅葉山ヘ就御成ニ筑前守様御予参之処、聞番見習御供岩田源左衛門乗馬下馬之上、向ヨリ牽参候車ニ驚馳出、若御年寄京極備前守[1]殿式台ヘ駆込、夫ヨリ書院ヘ馳入於其所小仲間縄ニ跪き転ひ候所ヲ捕得候テ、馬ハ源左衛門家来ヘ被相渡候得共、内済整兼、為御挨拶御使被遣之候事

但源左衛門義、指控伺候得共、不及其儀旨被仰出

右江戸ヨリ申来候段承ニ付記之候

二　日　四日七日十日十三日十六日十九日廿二日廿五日廿八日右於三之御丸、御異風中鉄砲稽古日ニ付五時頃ヨリ出座、右相済退出、例月同断ニ付来月ヨリ記略ス

但今月ハ十三日、九十間・五十間御鉄砲所見分、十七日浅野角場ヘ出、御異風中子息砲術見分、廿日土清水焔硝蔵等見分、右初テニ付記ス、此後記略ス

五　日　端午為御祝詞、例月出仕之面々登城、如例二之御丸御居間先柵下、御石垣御普請就被

1 京極高久

仰付候、御数寄屋々敷唐御門并松坂御門往来、当月十日ヨリ指留候条、此段夫々可被申談候事

右御城代大炊殿被仰聞候旨等、御横目廻状如例出

十五日　月次出仕、四時頃済

閉門等被仰付置候者、今月廿五日迄之内有無之義紙面可指出旨等、御用番大炊殿御廻状出、前々同断ニ付略記ス

△

同　日　於江戸、左之通被仰付

組頭並聞番　物頭並聞番ヨリ　長瀬五郎右衛門

十八日　左之通菊池大学宅へ公事場奉行中等罷越申渡有之

但前記去年八月廿六日互見

不埒之趣有之ニ付、牢揚屋へ被入置候段被仰出　伊藤津兵衛　年五十四歳

父津兵衛同断、牢揚屋へ被入置　同　左兵衛

右申渡相済、公事場へ引揚有之

廿八日　左之通被仰付

坊主頭　山田栄沢代　御茶堂小頭ヨリ　広瀬下間

新知七十石被下之、外役料三十石

[1]観樹院様御七回忌御法事、来月廿八日廿九日於天徳院就御執行、頭分以上拝礼、御附相勤候平士等願次第拝礼被仰付候旨等、御法事御奉行横山山城殿夫々御触有之前々同断ニ付略記ス、寛政八年六月、同九年六月互見

△

覚

町会所調達銀　一作貸附銀　　一、同　三ヶ年賦貸附銀

一、同　五ヶ年賦貸附銀　　一、同　十ヶ年賦貸附銀

一、同　諸方預銀弐拾ヶ年賦等ヲ以　　一、同　妙立寺祠堂銀
貸附銀　　弐拾ヶ年賦貸附銀

〆　六口

右去ル丑年ヨリ去申六月迄貸附銀六口之分打込、去申十二月迄之利足并滞利足銀等元銀ニ詰込、当年ヨリ十五ヶ年賦ヲ以取立候、是迄百目ニ壱匁三分宛之利足ニ候得共、是以後百目ニ付壱匁宛之利足加へ、年賦当り百目ニ三石宛之図りヲ以、遠所米数年（カ）蔵縮払切手并証文一紙ニ相改、尤頭加奥書取立置、当年ヨリ毎歳七月五日切可有返納候、五日過候得ハ、右切手売払遂指引候、且又弐拾ヶ年賦迄借用之分ハ、取立方利足等是迄之通ニ候、証文調方等之義ハ、町会所ヘ聞合之事

但御切米之分ハ頭加奥書証文取立候、毎歳三月中返納之事

一、加入格段銀貸附　　一、今石動宿用銀貸附

一、御所務銀貸附

右三口、去未年ヨリ去申之年迄元利不取立候分、当年ヨリ致二ヶ年繰ニ、去未七月返済当り
元利当七月五日切取立候間、前々之通定之加利足、毎歳限月返納之事
但御切米之分モ右之振合ニテ毎歳三月返納之事、併二ヶ年繰之外、是迄返納方滞之分ハ、
元利此度一集ニ取立可申事
町会所ヨリ御家中侍中ヘ貸附銀、今般僉議之上別紙仕法ヲ以取立申候ニ付、拙者共ヨリ直ニ
夫々可申談候旨、御用番大炊殿ヘ相達候処、御聞届被成候段被仰渡候間御承知被成、証
文調方等之義ハ町会所聞合有之、御組・御支配并御組等之内才許有之面々ハ、其支配ヘモ右
之趣不相洩候様御申談可被成候、尤御同役御伝達、先々御順達落着ヨリ御返候様致度御座
候、以上
酉五月
富永右近右衛門
井上井之助
追テ御身当り御借用之分モ、本文之通御心得可被成候、以上
附此次七月廿六日互見
今月廿四日犀川・浅野川々除ヘ塵芥等捨、竹籠之上殺生人等往来仕間敷旨等、御家中一統
被仰渡候様仕度旨等御普請奉行津田善助等ヨリ、御用番大炊殿ヘ指出候紙面ニ六月十一日
御用番甲州殿御副書ヲ以御触有之、前々同断ニ付略記ス、但六月ニ可記処、任有畾紙爰記之

乙未六月小

御用番　長　甲斐守殿　御異風才許
御城代　奥村河内守殿　御用番自分

朔　日ヨリ六日マテ陰、七日ヨリ十日マテ快天、十一日夕方ヨリ雨降、十二日陰折々微雨、十三日快天之処雷鳴、夕方雨、十四日十五日同、十六日ヨリ廿日マテ快天烈暑、廿一日辰ノ刻大雨巳ヨリ霽陰涼風吹、廿二日ヨリ廿六日マテ快天烈暑、廿七日昼ヨリ雷鳴陰雨一頻ニテ霽、廿八日如昨日、廿九日快天烈暑朝夕微涼、今月気候烈暑至極近年無之程也、附十日丑五刻ヨリ土用ニ入

同　日　月次出仕、四時過相済

十一日　左之通

御射手才許加人御用無之旨御用番　御先手　永原半左衛門

甲斐守殿以御紙面被仰渡

御大小将組御用番之頭支配　御馬廻組ヨリ　高畠采男

御馬奉行　**武田何市**代

五拾石御加増　先知都合百八十石

金谷御広式御用達　町同心ヨリ　**水野次郎兵衛**

只今迄被下置候御役料知ハ被指除之

右**次郎兵衛**久々役義情ニ入相勤、且三十ヶ年皆勤ニ付右之通被仰付ト云々

十五日　月次出仕、四時相済

十九日　左之通被仰付

御用部屋執筆御算用者小頭並ヨリ　下村金左衛門

御次執筆数十年情ニ入、心懸宜実体ニ相勤御用立候ニ付、各別之趣ヲ以組外ニ被仰付、書写役被仰付候、御次向御用当分只今迄之通可相勤候

御算用者ヨリ　藤井宇右衛門
同　田嶋清蔵

御算用者小頭
新知八十石宛被下之

廿二日　左之通御用番甲斐守殿被仰渡

御先手　青木多門
山路忠左衛門

先達テ江戸詰被仰付置候処、相公様御持病之御疝積等ニ付、当秋迄御滞府御願之通被仰出候条、各出府之義秋ニ至り、御発駕之御様子相知次第発足之心得ニ可被罷在候事

廿四日　朝、宮腰町奉行玉井主馬宅へ三社五十人町宮腰之猟師共等五・六百人計未明ヨリ罷越及騒動、依之御使番・御横目等右宅へ罷越、是趣意ハ大野境猟場争論願方之一件ト云々、御使番津田権五郎、右主馬直ニ宮腰へ罷越、両人ヨリ彼是申宥昼頃帰ト云々

廿八日　前月廿八日有粗記如く、今明日於天徳院観樹院様御七回忌御法会御執行有之、都テ寛政九年同断ニ付略記ス、但自分拝礼、今廿八日卯刻階上横畳三畳目ニテ仕候事

1戸田氏教（老中）

今月十三日　於江戸、左之通津田玄蕃殿御申聞ニ付、御小将頭高田新左衛門ヨリ演述之事
御持病之御疝積等ニテ、当秋迄御滞府御保養被遊度旨、御用番戸田采女正[1]殿へ御願書被指出候処、昨十二日夕御願之通被仰渡候、此段為承知申達候、頭分へモ可被申談候
右之趣ニ付、御道中方先御用無之候間、夫々可申談旨奥村左京殿被仰聞候間、夫々可申談旨、諸頭へ御道中奉行高田新左衛門・永原佐六郎ヨリ廻状出之

丙申七月大

御用番　本多安房守殿　御異風才許
御城代　前田大炊殿　御用番　自分

朔　日　二日快天烈暑、三日朝微雨昼ヨリ快天、蒸暑難堪、四日雨天時々霽、烈風夜終大雨、五日六日晴陰蒸暑強、七日ヨリ十八日マテ晴陰交暑烈、十九日夕方ヨリ雨、廿日ヨリ雨天大雨交、廿三日朝ヨリ霽廿四日快天夜大雷雨、廿五日雨天、廿六日昼ヨリ快天、廿七日雨晴交廿八日晴陰秋暑退冷催、廿九日快天秋暑立帰、晦日雨天

同　日　月次出仕、如例四時過済、且半納米価左之通、余所准テ可知
地米五十二匁五分計、羽咋米四十二匁計、井波米四十目計

同　日　朝六時過二之御丸御式台之上ヨリ、橋爪御門之方へ飛行之もの有之、丸サ指渡し二尺計、長サ六尺計、形状大抵左之通、割場ヨリ指出候警固足軽笹田六郎右衛門等八人慥ニ見届候ト云々、是山鶏之老タル者也ト云説有

金色

今年夏所々蚖マムシ多く、被喰テ眼盲候者モ多し、何も二三日ハ正神不慥恍惚之体ト云々、尤其内ニモ軽重有之

稲ニ花付、実入ニ相成候間、石川・河北両御郡来月六日ヨリ九月十五日迄、御家中鷹野遠慮有之候様仕度旨、改作奉行申聞候間、夫々被仰渡候様仕度旨、六月廿六日御算用場奉行**大野木舎人**指出候紙面ニ、今月四日御用番**安房守**殿御添紙面ヲ以御触有之、例年之通ニ付略記ス

五日 左之別紙御用番**安房守**殿御渡之旨等、定番頭御用番**江守平馬**ヨリ例文之廻状有之

付札　定番頭へ

△御家中之人々勝手難渋ニ付、御救等之義、頭・支配人ヨリ段々願之趣有之、無拠相聞へ候得共、当時御運方御逼迫至極ニテ、如何共可被仰付様無之候、依之役出銀之外当年分上納之内、別紙書立之通御用捨被成候条、何分ニモ取続方之義、専要相心得候様可申渡旨被仰出候事

右之趣被得其意、組・支配之人々へ可被申渡候、組等之内裁許有之面々ハ其支配へモ相達候様可被申談候事

右之通一統可被申談候事

酉七月

覚

一、会所銀　一、産物銀

但、右二口利足銀迄上納、元銀都テ御用捨之事

一、諸方御土蔵上納ヲ初、今年分上納御用捨之事

一、当三月上納相済候分ハ来年御用捨之事

以上

七日　七夕ニ付出仕四時過如例相済、佳日ニ付諸場式日相止

且左之通被仰付

射水砺波御郡奉行　**脇田哲兀郎**代　御馬廻組　**進士求馬**

土清水薬合奉行　御異風　**大脇浅之丞**

付札　割場奉行へ

各支配足軽・小者へ去暮御貸渡銀、当春一時返上可仕処、一統難渋之旨ニテ数度願之趣紙面被指出候、右ハ当春御切米等受取次第、頭・支配人ヨリ取立上納之趣ニ申渡置候義ニ候得ハ、才覚等ニ拘り候訳ハ一円無之筈ニ候、当春御切米等相渡候節取立不申段、小頭并小者才

許共手前被相糺候処、奉迷惑至極罷在候旨先達テ紙面ニモ調被指出候、左候得ハ第一右小頭共等心得等閑故、申渡置候返上之期月如斯及遅々候段不埒之至ニ候条、右小頭等其節主付候者共急度咎可被申付候様、支配足軽・小者之内、期月全取立致返上候者共有之候得ハ、各支配ニ限り返上方品付候儀ハ一統ヘ相障り難承届候条、先達テ申渡置候通可被相心得候事

七月

御歩並之内ニハ足軽小頭ヨリモ小禄之者モ有之候得共、御借米モ被仰付候足軽・小者等ハ、左様之儀モ無之、且近年於江戸毎月被下銀一旦被指止候分モ、依願最前之通被下候得ハ、御歩並之者ト違ひ難渋申立モ無之筈ニ候処、去暮ハ不調達之体ニ付、格別之趣ヲ以御貸渡有之義ニ候得ハ、申渡置候通速ニ返上可仕処彼是申立、是迄及延引候義ハ有之間敷義、各々モケ様之所了簡モ可有之義ト存候、此段モ為心得申聞候事

右御用番**安房守**殿御渡ニ付、諸小頭共割場ヘ呼出申渡有之、且左之趣御達申候処、同月十一日重テ左之通御覚書ヲ以、重テ**安房守**殿被仰渡

付札　割場奉行ヘ

足軽・小者去暮御貸銀返上方等之義ニ付、覚書ヲ以申渡候処、主付之者被申付儀ハ、右御貸銀方主付ト申者モ無之、足軽ハ小頭共、小者ハ才許人共面々才許切ニ取捌候事故、一統咎等申付候テハ御用向モ指支御縮方モ相立不申候間、以来之義急度可申渡哉、且返上方ハ先達テ

以紙面被申聞候通、来春迄ニ追々被致上納度旨、委曲以紙面被申聞候、小頭共等ヘ以来之
義、急度可申渡置候、扨又上納延引之義ハ難承届候条、小頭共ハ急度上納被申渡、平足軽
等之義モ才覚ヲ以、急速致上納候様可申渡候事

七月十一日

九日 左之通被仰付

奥御納戸奉行　割場奉行ヨリ **塩川和一郎**

十一日 同断

隠居料二十人扶持　物頭並御右筆ヨリ **土師清吉** 七十二歳

家督無相違五百石　清吉嫡子 **土師清大夫**

清吉儀、役儀御免除願之趣被聞召届候、及極老候迄数十年御右筆方御用等彼是役儀心
懸、実体相勤候ニ付、隠居家督被仰付

清吉役料知并**清大夫**ヘ被下置ヨリ自分知ハ被指除之、附**清吉**八月六日病死

同日 跡目等、左之通被仰付

七百石　本知都合壱万千石　**本多勘解由**

内、三千石与力知如元

閑随[1]隠居知ハ本高之内ニ付テ御引足被下之

1 本多政康

亡父蔵人知行壱万石内、二千石与力知、千石同心知、自分知七千石之内
三千五百石
横山多門

多門儀幼少ニ候得共、蔵人御家老役ヲ相勤候ニ付、如斯ニ被仰付
三千石　内千五百石与力知
式部せかれ
小幡雅楽助

二千五百石　内三百五十石与力知
大学養子
永原左門

末期願置候通、同姓永原七郎右衛門嫡子左門義娘へ婿養子
四百五十石　御馬廻へ被加之
右門養子
寺嶋此母

末期願置候通、実方弟原九左衛門弟養子ニ被仰付
五百石　御馬廻へ被加之
左平太養子
岡嶋勇左衛門

末期願置候通、中村助大夫四番目娘養女ニ仕、父実方おち岡嶋与三左衛門三男勇左衛門義婿養子

二百石　平作へ被下置候御切米
御扶持方ハ被指除之、組外へ被加之
忠大夫養子
野坂平作

百石　大作へ被下置候右同断、
書写御用只今迄之通可相勤候
義平せかれ
跡地大作

亡養父左兵衛知行八百石并義六郎自分知行弐百石共都合
千石
横山義六郎

義六郎自分知ハ左兵衛先祖之御配分ニ候処、本家之養子罷成候ニ付、都合千石ニ被仰付

亡父次郎兵衛知行五百五十石之三ノ一
百八十石
次郎兵衛嫡子 山崎余所男

五百石
末期願置候通、弟九左衛門養子ニ被仰付
伝右衛門養子 村上九左衛門

四百石
末期願置候通、伊藤三郎大夫嫡女養女ニ仕久田義兵衛二男梅之助義婿養子
三郎兵衛養子 福嶋梅之助

亡父右兵衛知行三百五十石之三ノ一
百拾石
右兵衛せかれ 井上陽次郎

三百三十石
末期願置候通、実方兄伴七兵衛二番目娘養女ニ仕、実母方いとこ九津見甚兵衛次男次郎
儀婿養子
勘七郎養子 辰巳次郎

二百五十石
七郎左衛門せかれ 本保石之助

同
忠大夫養子 角尾孫兵衛

二百石
平大夫せかれ 板坂忠太郎

同
源太兵衛嫡孫 笠間与三兵衛

同
加右衛門せかれ 菅野劉平

同　組外へ被加之
理左衛門養子
横地孫左衛門
末期願置候通、弟宮腰引越、御詰塩下才許御歩横地孫左衛門儀養子ニ
被仰付、孫左衛門へ被下置候御切米ハ被指除之

二百石
善兵衛養子
池田喜左衛門

百八十石
三次郎養子
安田権三郎
末期願之趣被聞召届候、依之同姓安田孫左衛門指次弟
権三郎儀娘へ婿養子被仰付

亡養父鉄之丞、知行百六十石之三ノ一
五十
鉄之丞養子
鶴見金三郎
末期願置候通、同姓鶴見織人二男金三郎養子ニ被仰付

百五十石
善左衛門嫡子
井上清左衛門

百石
武平嫡子
進士数馬

同　組外へ被加之
宇右衛門せかれ
山岸儀平
儀平へ被下置候御切米御扶持方ハ被指除之

同
五兵衛嫡子
大村壮助

弐拾人扶持
安右衛門嫡孫
保田嘉次之助
組外並ニ被仰付、御馬方御用可相勤候

百五十石　伊平太養子　毛利千太郎

二百石
末期願置候通、実弟松之助養子被仰付　直太郎養子　中西松之助

亡父養福知行二百石之内
百三十石　養福せかれ　内山覚中

五人扶持
末期願置候通、御医者藤田道乙弟昌元養子ニ被仰付　恂庵養子　津田昌元

百三十石　庄右衛門嫡子　五十嵐弥学

百石　内五十石父遺領
　五十石御加領　金右衛門せかれ　遠田右之助

御引足弐拾俵
　先御切米都合六拾俵　孫大夫せかれ　井上庄右衛門
庄右衛門義、職業抽御用立候者ニ付、格別之趣ヲ以亡父孫大夫へ被下置候御切米高之通被仰付

百石　関助養子　佐賀又作
関助末期願置候、同人弟千助義致病死候ニ付、千助内存且一類共願之通、定番御徒小頭相川平大夫二男又作養子被仰付

百石　太左衛門嫡子　木村弥次兵衛
弥次兵衛へ被下置候御切米ハ被指除之
百石　弥三兵衛嫡子　豊原作左衛門
作左衛門へ被下置候御切米ハ被指除之
八拾石　三右衛門養子　今村豹次郎
組外へ被加之
残知
百四十石　本知都合二百石　亡父次兵衛知行無相違　駒井安次郎
三百四十石　本知都合五百石　亡父郡左衛門知行無相違　奥村栄之助
二百石　同　三百石　亡父善重郎同断　中村永之助
七十石　同　百石　亡父采男同断　橋爪栄九郎
百石　同　百五十石　亡養父覚左衛門同断　矢部鉄作
組外へ被加之

十三日　縁組・養子等諸願被仰出、其内左之通
就老年等ニ役儀願之通
御免除、及老年候迄彼是

役儀全相勤候ニ付御羽織壱・
白銀十枚拝領被仰付

御小将頭
篠嶋平左衛門

同断ニ付晒布三疋・白銀五枚
拝領被仰付

新番頭
古屋孫市

御番願之通御免除、及
老年候迄役儀等全相勤候
ニ付八講布三疋・白銀三枚
拝領被仰付

組外
堀　才之助

十五日　例年之通、盆中ニ付月次出仕無之

十六日　同断ニ付諸場式日無之

廿三日　兼役方為御用、組附・割場附・御鉄砲蔵附足軽共鉄砲稽古為見分、才川上打場へ兼同役

窪田左平同道五時ヨリ出、九時前帰

廿六日　前記五月廿八日ニ有之町奉行**富永右近右衛門**・**井上井之助**廻状之通ニ候処、今般上納

△御用捨ニ付今年取立不申候条、来戌年収納払切手等指出次第、今年分一作蔵解可相渡旨

等、今日**富永**等重テ廻状有之

今月十八日於江戸**相公**様御気色為御尋、上使御奏者番**水野左近将監**[1]殿御出、御前例之通相済、

御料理御断ニ付御餅菓子等出候旨申来候事

1水野忠鼎

1 秋元永朝ヵ（寛19 193頁）
2 織田信浮（羽州置賜郡高畠藩）

御家中之人々勝手難渋ニ付、御次銀今年々賦当り元銀并利足共不及取立、上納御用捨被仰付候旨被仰出候条、右之通御心得今年当り上納元利共末へ繰御取立可有之候、且御切米之分ハ来三月上納御用捨ニ候、此段夫々御申談可有之候、以上

辛酉七月　　不破五郎兵衛　　玉川七兵衛
村　杢右衛門　　在江戸 横山引馬
山崎小右衛門

林　弥四郎殿
山岸七郎兵衛殿
江上清左衛門殿
前田源六郎殿
中村宅左衛門殿

右林弥四郎等ヨリ同役筆頭迄廻状有之候旨廻状有之、御家中之人々勝手難渋ニ付、聖堂銀今年々賦当り元銀上納御用捨被仰出候条、利足迄取立可申候、元銀ハ末へ繰可取立旨等不破五郎兵衛等五人ヨリ申談候旨会所奉行半田惣左衛門・伴七兵衛ヨリ右同断筆頭へ迄廻状有之

江戸御式台御帳附与力萩原覚左衛門（江戸定府領百石）実弟秋元但馬守[1]殿御留守居菅沼久兵衛ヨリ物語之趣、覚左衛門ヨリ青山数馬（江戸御広式御用人、定府領百五十石）聞書到来、左之通去六月上旬ヨリ近郷之百姓共致徒党、在々所々乱妨、織田左近将監[2]殿領分家造り宜所五ケ所打毀、米穀・衣類等庭ニ積重ね火ヲ懸、其競ニ同月廿九日山形之城下町家所々へ令放火、程能

候ハ城へ押懸可申風説、同朝卯之刻頃ヨリ有之候処、最早山々谷々鯨波鳴渡、依之物頭七組、右組足軽ヲ口々ヘ為向候処、一揆共沖之原トいふ所ヨリ一組六十人宛段々町端へ押入、莚二枚合せ青竹ヲ以押立、寺々之太鼓・板・鐘取来り打合々々喚き叫テ押来候、勢ひ中々難当り見得候、于時家老**土山十郎左衛門**馬ヲ乗廻し成たけ宥め候様ニト物頭へ指図致し候内、巳之上刻頃間近ニ成候得ハ、一揆共跡之一群ヨリ俵二ツ宛附候馬ヲ夥敷牽来り、忽テ切解き内ヨリ石瓦ヲ取出し雨の降如く礫ヲ打付、此時物頭厳敷致下知防候処、折節雷鳴風雨烈敷、声限り下知ヲ伝へ候テモ中々行届兼、于時物頭之内**石川安兵衛**一人馬ヲ乗戻し、家老**土山**ニいふ様、此体ニ候得ハ押付御城下へ乱入可致候、主君明後日御帰城ニ候得ハ、是非今日只今退散し候歟、又ハ壱人モ不残討取候ヨリ外有之間敷候、御下知如何ト申候得ハ、**土山**答ニ尤之申分ニ候、乍併最早石瓦モ大体ニ見へ候、礫打仕廻候ハ必定退散可致候、此方ヨリ強く当り候ハ必死ニ成、却テ退間敷候旨云々、**石川**又いふ様、一揆ハ大勢、味方ハ小勢ニ候得ハ只今こそ大切之処ニ候、か丶る場ハ物頭之存寄也、跡ニテ御勘気ヲ蒙る共、万民之難義ニハ難替候トテ乗返し我組足軽ヲ引揚候得ハ、陣笠ニ皆石瓦厳く当り候体、直ニ右町端之横道ヨリ一揆之横合ヲ目当ニ走り懸り候時、**石川**大音ニテ壱人モ不残切取可申候、手ニ余り候ハ鉄砲ヲ以打殺せト下知ス、其手之足軽共当るヲ幸ニ切付〱働候得共、一揆共大ニ崩れ立候処、先ニ進みし者、是ヲ見て取テ返し足軽ニ渡り合ひし者モ有之、其中ニ身の長ケ六尺余り、色黒く大鉞（まさかり）ヲかろ〱とふり廻したる男二人、足軽の真甲ヲ一打ニ切込候ヲ受流し、脇指の鍔ヲ切割り候処ヲ躍り懸つて二之腕ヨリ乳之下八寸計切付候、今一人ハ所々手負なから二人

1 三河口輝昌
2 伊達斉村息（寛12 342頁）
3 松平定堅（寛1 310頁）
4 真鶴（まなづる）

ヲ相手ニ暫打合候処、跡ヨリ助之者モ無之ニ付、大勢之中ヘ駆込候、此時生捕十二人・手負四人・即死二人、山形勢ハ怪我無之、此節雷雨モ止み最早月モ覆むき斬々退候、此夜千歳山トいふ所ニ一揆共屯し篝火・明松（ママ）野山ニ満テ、其勢一万計、恰モ白昼之如く鯨波時々ニ発し螺ヲ吹立、兵糧ヲ馬ニ附配り渡候等之体、カコヤ之松トいふ大木之下ニ、野袴ヲ着し四尺計之一刀ヲ帯し、人数ヲ指揮する者有、又惣身赤き木綿ヲ着候者六人有之、何事モ人数配り等之事ヲ承る体也、暁天之頃ニ至り人数二千計ヲ城之南ヲ指テ押出せり、物頭是ヲ見て足軽一組引連れ乗廻し候処、城中之水之手ヲ取切、依之一大事也ト右一手ヲ以追払テ、鉄砲之筒先揃ヘテ今や打んトする勢ひ成しかハ、是ヲ見て一揆共早々引揚候

一、御代官三河口太忠[1]殿ヨリ松平政千代[2]殿ヘ、山形ヘ一揆共乱入候間、御加勢トして御人数御指出可被成段被申遣候ニ付、無程人数八百人笹谷峠ヘ出張有之候事

廿八日　於江戸、上使御使番松平源大夫[3]殿ヲ以御鷹之鶴[4]、御両殿様御拝領、御作法等御例之通

丁酉**八月大**

御用番　**横山山城**殿　　御異風才許
御城代　**奥村河内守**殿　　御用番**窪田左平**

朔　日二日雨、三日四日晴陰交、五日昼ヨリ雨、六日雨、七日八日陰晴、九日大雨昼ヨリ晴、十日ヨリ十三日マテ雨天、十四日十五日晴、十六日大雨風　昼ヨリ小雨、十七日晴、十八日ヨリ廿六日マテ雨天或陰或風、但廿日記互見、廿七日快天、廿八日雨、廿九日晦日快天、今月気候大概応時

同　日　月次登城之処、御弘之趣有之段、御用番山城殿被仰聞候由御横目中演述、四時頃例之通柳之御間列居之処御年寄衆等御列座ニテ、左之通山城殿御演述

相公様御気色為御尋、去月十八日上使水野左近将監[1]殿ヲ以被為蒙御懇之上意、御存懸モ無御座難有御仕合思召候、此段可申聞旨御意ニ候

右畢テ今日御弘ニ付、御用番宅ヘ不及相勤候、座上ヨリ当座ニ恐悦申上候趣ニテ宜、且又今日出仕不罷出人々ヘ伝達ニモ不及旨之御覚書山城殿御渡之由、於横廊下披見候様御横目中申談有之、各披見之上退出

△従跡々相達候両度触御定書之趣、急度可被得其意候、自是跡書加申品無之候ニ付帳面不及指越候条、可有其御心得候、以上

酉八月十七日　　本多安房守印

津田権平殿　如例同組連名

廿　日　夜前ヨリ大風雨、昼ヨリ風止雨天、于時今朝辰之上刻頃狂風之刻、御馬廻組七十間御長屋御門御番人長谷川三九郎 領八百石小立野宝円寺向町 泊番帰ニテ通行之処、松大木枝等捻折、不明御門屋根ヘ落、夫ヨリ地ヘ落候節、三九郎腰ヲ摺り着類裂破れ、刀・脇指之鞘等割れ砕け、尤身モ大ニ損し鍔鉄ニ候処、内之方ヘ曲り候由、三九郎身体ハ怪我無之候、持せ候槍ハ木ニ当折し鎗持小者少々致怪我候、且御表小将津田和三郎門吹倒し、本家家根板等不残吹散し、土塀・屋根モ同断、其外門吹倒等右同断之、風損所数多有之、御表小将上坂久米助 領百五十石御小人町 居宅致作事頃日上棟ニテ壁ハいまた不附候処、今朝之風ニテ捻潰しニ

1 水野忠鼎（寛6 74頁）

相成、蔕穴(ほぞ)折れ候ニ付作り直し不申テハ難建直族ニ相成候由云々

博奕之義度々被仰出モ有之様、在方なとハ今以不相止段相聞不届之事ニ候、依之以来不時ニ町奉行組之者被指遣、御料・私領之無差別、博奕打候もの共召捕ニテ可有之候、右廻り之者召捕来り候類モ多有之候ハ、御代官・領主・地頭之等閑ニモ相当候間、其品ニ寄被及御沙汰義モ可有之候条、猶更無油断心ヲ付、去る寅年相達候趣ヲ以厳相制候様可致候、且又博奕ヲ相改候ニ事寄、悪党者共廻り之者ト偽候類モ難計候間、能々心付怪敷品モ候ハ其所ヘ留置、早々訴出候様可致候

右之通可被相触候

六月

戸田采女正[1]殿御渡候御書付写壱通、相達候間被得其意、答之義ハ安藤大和守[2]方ヘ可被申聞候、以上

六月廿四日　大目付

御名殿留守居中

博奕之義ニ付、従公義相渡候御書付写壱結弐通相越之候条、被得其意、御組且又御家来末々迄、可有御申渡候、以上

辛酉八月廿二日　奥村河内守印

本多安房守殿

1 戸田氏教（老中）
2 安藤惟徳（寛19 304頁）

右従安房守殿、例之通御廻状有之候

廿四日　前田内匠助殿今朝発足、江戸表へ出府

廿五日　左之人々此節之義ニ付御咎御免許被仰付

観樹院様当六月御七回忌御相当之

御赦相延有之候故也

御馬廻組
佐々直記

遠慮御免

十郎兵衛養子
栗田無理兵衛

父之依罪、流刑被仰付置

候得共御免

但十郎兵衛ハ当春於配所病死也

御異風
中村与右衛門

指控御免

附右与右衛門指控ハ同人弟九左衛門先年出奔、去冬立帰候ニ付縮所へ入置候処、

去四月重テ令出奔候ニ付、自分ニ為指控置可申哉ト五月五日御用番大炊殿へ相伺

候処、其通ト御指図有之候、前洩ニ付爰ニ記之

廿八日　左之通被仰付

御小将頭　篠嶋平左衛門代

筑前守様御用物頭並ヨリ
人見吉左衛門

筑前守様御用ハ御免

拾五人扶持被下之

御細工者御装束方ヨリ
松本金八郎

組外ヘ被仰付御近習番加人
只今迄被下置候御扶持ハ被指除之

今月十四日　左之通被仰出候旨被仰渡、御小将頭高田新左衛門ヨリ諸頭ヘ演述之旨、江戸ヨリ申来御持病之御疝積少々御滞方ニ候得共、御気滞御眩暈御出来・不出来御座候間、御快節ハ為御保養折々御下屋敷ヘ御行歩ニ御越被成度旨御願書御月番ヘ被指出候処、御願之通、昨晩被仰渡候事

八月十四日

同十五日　於江戸表、御小将頭高田新左衛門、御先手永原佐六郎、聞番長瀬五郎右衛門ヘ御帰国御供被仰付置候得共、御供御用捨於御国ヘ之御暇被下候旨被仰出候間、代人出府次第交代可致旨津田玄蕃殿御申渡、依之九月七日左之通御用番又兵衛殿被仰渡

御先手
山路忠左衛門

江戸詰被仰出

聞番
恒川七兵衛

同断

御小将頭
団　多大夫

右ニ付御小将頭ヘモ順先書出被仰渡候ニ付今年助先岡田助右衛門并組共書出候処、御僉議之趣有之、来年御供組等ヨリ繰上ニ相成、九月十一日左之人々ヘ江戸詰被仰付、用意出来次第発足被仰渡

御大小将御番頭
中村宗左衛門

来年御供番ヨリ繰上

同　詰番ヨリ繰上　　同　御横目　大脇六郎左衛門

同　御供番ヨリ繰上　　同断　坂井甚右衛門

　　　　　　　　　　　御大小将　岡田主馬等

　　　　　　　　　　　　　　　　十四人

同十四日　於江戸、左之通被仰付

　　十五人扶持　　　　　　　**塩川鯉一郎**

鯉一郎義、外科方宜体被聞召、是以後御用可被仰付候、依テ為御合力如斯御扶持方被下之

　　　戊戌**九月**小

　　　　　　御用番　**村井又兵衛**殿　御異風裁許

　　　　　　御城代　**前田大炊**殿　御用番**自分**

朔　日快天、二日陰雨、三日四日五日雨天、六日ヨリ十日マテ晴陰交、十一日十二日十三日雨天、十四日快天、十五日十六日雨、十七日晴、十八日ヨリ廿日ヨリ雨、廿一日ヨリ廿六日マテ快天、廿七日廿八日雨、廿九日晴、今月気候応時

同　日　月次出仕、如例四ッ時過相済、

出雲守[1]様御気色御滞之処、不被為叶御療養、前月廿六日被成御卒去候旨、江戸表ヨリ申来候、依之諸殺生・普請・鳴物等今三日ヨリ明後五日迄日数三日遠慮之筈候条、被得其意、組・支配之面々へ可被申渡候、組等之内裁許有之人々其支配へモ相達候様可被申聞候事

1 前田利謙（富山藩八代）

右之趣可被得其意候、以上

九月三日

村井又兵衛

九日

右御触出、例之通安房守殿ョリ御廻状来

重陽為御祝詞出仕、如例四時過相済、且左之通被仰付

宗門奉行加人

御小将頭
人見吉左衛門

付札　御横目へ

石川御門続御櫓下石垣孕所、御普請有之候ニ付、右御櫓取除被仰付候間、来月二日ョリ往来指留候条、御城中御番人且又就御用罷出候人々河北御門ョリ往来之筈ニ候、火事之節ハ石川御門往来不指支候、此段一統不相洩様可被申談候事

九月廿五日　　附十月廿五日ョリ往来不支段重テ廻状

別紙御城代大炊殿被仰聞候旨等、御横目廻状出

付札　御横目へ

前田内匠助儀、今般江戸表へ出府相詰候処当時之知行高ニテハ乗物乗用指支候ニ付、本多玄蕃助出府之節振ヲ以、壱万石被下置候趣ニ被仰渡候事右之趣向寄ニ夫々可申談候事

酉九月

右本多勘解由へ御横目中演述有之旨、同組前田兵部ョリ廻状有之

1 五嶋盛道（寛3 377頁）
2 五嶋盛運（寛3 378頁）
3 成瀬正定（寛15 133頁）
4 大村純鎖（寛12 203頁）

去ル八月二日酉上刻**五嶋大膳**[1]領内黒瀬ト申所之沖ヘ船人共阿蘭陀体ニ相見ヘ候船壱艘碇卸候ニ付、早速警固番船指出、勤番堅申付置様子相尋候得共、言語筆談難相分、乗組人数男女九人之内、唐人体之者壱人乗組居候ニ付、得ト様子相尋候処、是又言語筆談聢トハ不相分候得共、呂宋国辺之船ト相聞ヘ近国ヘ為商売所々ヨリ人数四十四人乗組候テ致出船候処、逢難風ニ於陽洋中ニ追々致死去、残九人ニ相成、致漂着候趣ニ先相聞ヘ候旨、右**大膳**并**五嶋近江守**[2]ヨリ長崎ヘ注進申越候由、彼地ニ指置候家来之者ヘ今月十四日**成瀬因幡守**[3]相達候通申越承知仕、翌十五日之日付ニテ御用番ヘ**大村信濃守**[4]殿ヨリ御届有之、右日付ニテ今朝御達申候旨、十月十三日**信濃守**殿ヨリ御使者為御知申来候由、江戸ヨリ申来伺晶紙爰ニ記ス右ニ付**五嶋近江守**殿参勤延引

附、**成瀬因幡守**殿ト申ハ長崎奉行ニ候也

乙亥**十月**大　　御用番　**長　甲斐守**殿　　御異風裁許
御城代　**奥村河内守**殿　　御用番**窪田**

朔日雨天、二日三日快天、四日五日六日雨天、七日八日晴、九日雨、十日十一日晴、十二日夜前ヨリ大風雨雷鳴朝ヨリ静謐雨天、十三日雨、十四日晴、十五日十六日雨、十七日十八日晴、十九日雨、廿日昼ヨリ雨、廿一日モ昼ヨリ雨、廿二日廿三日雨、廿四日暁ヨリ初雪終日雨霰交降、廿五日廿六日廿七日雨、廿八日廿九日晦日晴陰交、今月気候応時

同日　月次出仕、如例四時過済

十三日　左之通被仰付

窪田左平

御手前義、御異風裁許被仰付置候得共被指除候旨被仰出候事右ニ付御異風才許方御用番拙者[1]引受候事

付札　御異風裁許へ

豊嶋左門

右左門義不応思召儀有之候ニ付役儀被指除、遠慮被仰付候付候条、此段可被仰渡候事

右御覚書御用番甲斐守殿御渡ニ付拙宅へ呼出、小頭井上源兵衛指引ニテ申渡之、委曲御用留帳ニ有

同　日　左之通甲斐守殿於御宅、御横目指引ニテ被仰渡

四人共不応思召儀有之候ニ付役儀本役兼役共被指除、指控被仰付

御馬廻頭兼御算用場奉行　小寺武兵衛
同　兼御倹約奉行　高畠五郎兵衛
同　同　宮井典膳
同　同　前田甚八郎

十五日　月次出仕、如例四時頃相済

十六日　左之通被仰付

1 政隣

御家老役ハ只今迄之通
加判并若年寄兼帯御免　西尾隼人

右就病気、名代前田橘三ヘ被仰渡
弓料
一、五拾石宛　平田孫三郎
嶋田源大夫
松原権丞

其方中家芸心懸情ニ入相勤候段被聞召候、依之如斯弓料被下之
異風料
一、三拾石　国府采右衛門

采右衛門儀家芸心懸宜敷入情達者ニ打候由被聞召候、依之如斯異風料被下之
異風料
一、三拾石　今村源蔵

源蔵儀課家芸入情中りモ宜敷、役向心懸相勤、流儀モ相極罷在候段被聞召候、依之如斯異風料被下之
異風料
一、三拾石　今村次兵衛

次兵衛義家芸心懸入情相勤、中りモ宜段被聞召候、依之異風料如斯被下之
異風料
一、三拾石　不破久兵衛

御馬廻組　小堀左内
同　江守要人
御馬廻組　山森小源太
同　半井平蜂
定番御馬廻組　吉田要人
御異風　不破久兵衛

久兵衛儀実体相勤候段被聞召候、依之格別之趣ヲ以如斯異風料被下之

右於御席、御年寄衆等御列座、御用番被仰渡

魚津町奉行
御作事奉行
定検地奉行
同
内作事奉行加人
土清水薬合奉行　広瀬藤兵衛代
右頭々へ御用番被仰渡、宅々へ呼立申渡

廿二日　左之通被仰付

御馬廻頭帰役　野村伊兵衛代
御役御免頭列ヨリ　中村九兵衛
御馬廻頭　小寺武兵衛代
御小将頭ヨリ　岡田助右衛門
御先筒頭　小原惣左衛門代
組外御番頭ヨリ　音地清左衛門
御倹約奉行只今迄之通

御先筒頭　河内山久大夫代
御大小将御番頭ヨリ
平田三郎右衛門
御算用場奉行兼帯
御馬廻頭
水野次郎大夫
御倹約奉行兼帯
同
青地七左衛門
同断
同
和田源次右衛門
御呼出之処病気ニ付不罷出
但翌廿三日病死享年六十一
御歩頭
田辺長左衛門

附記　御馬廻頭
年七十
今井甚兵衛
改又夢
隠居料
一、弐百石
家督無相違
一、五百石
同
荘九郎

甚兵衛儀、先達テ役儀御免除相願置候処、其後大筒武器等焼失ニ付、早速御免除相願度趣委細紙面モ指出候得共、思召モ有之ニ付、御猶予被成置候、及極老ニ候迄数十年品々役義等全相勤候ニ付隠居家督被仰付、甚兵衛役料知ハ被指除之、荘九郎義ハ御馬廻ヘ被加之候

廿三日　左之通被仰付
御小将頭帰役　岡田助右衛門代
御役御免頭列ヨリ
堀　平馬

付札　定番頭ヘ

毎歳正月一統被指出候人馬数帳等是以後ハ当分御在国之正月迄可被指出旨、安永九年申渡
候通ニ付、来春ハ御滞府之儀ニ候間、尤被指出候ニ不及候、此段夫々可被申談候事
酉十月

右御用番甲斐守殿御渡之旨等如例武田喜左衛門ヨリ廻状出

前洩　今月朔日本納米価左之通、余ハ准テ可知之
地米　五十五匁五分　羽咋米　四十九匁七分　井波米　四十四匁五分

今月十一日於江戸、左之通被仰付候段、前田内匠助殿被仰渡

石黒平九郎

弓料
一、五拾石

平九郎義、家芸相励達者ニテ中りモ宜、奥儀モ
相極候段、被聞召候、依之如斯弓料被下之候

今村源助

異風料
一、三拾石

源助儀、家芸流儀相極中りモ宜敷段被
聞召候、依之異風料被下之候

今月廿八日於江戸、左之通被仰付、直ニ江戸表ニ相詰罷在候様被仰渡

御馬廻頭　**高畠五郎兵衛**代

御小将頭ヨリ　**団　多大夫**

今年

相公[1]様就御滞府ニ、前條八月［（空白）］日記ニモ有之通、御詰番御小将頭ヲ初、御帰国御供御用捨ニテ夫々交代被仰付

今年

寿光院[2]様御広式就御造営ニ、坂下御馬場辺、林ヲ伐平均、御厩ハ西之口三十人者小屋前へ移之、其跡等ニ御造営之図りニ被仰出

同年南火之見櫓建直し被仰付、八九間有之樫ケヤキ也ヲ埋柱ニ致し丈夫ニ被仰付

但享保十五年御建直之侭也、尤其後御修覆ハ有之

庚子　**十一月**小

御用番　**前田大炊**殿

御城代　**御同人**

朔日快天、二日雨雪、三日快天、四日風雨烈、五日六日快天、寒冷穏也、七日風雨烈夜雪降、八日九日十日十一日快天続、十二日雨天也、十三日十四日快天、十五日雨昼ヨリ風雨烈雷鳴、十六日快天之処昼ヨリ雨、［（十七日脱）］、十八日雨雪、十九日風雨烈、廿日廿一日晴陰交、廿二日雨霰、廿三日雪降積寸余、廿四日快天、廿五日雨雪烈大雷数声、廿六日風雨荒、廿七日雪降寒気大ニ募積雪五六寸、廿八日雪折々、廿九日同、今月気候応時

1 治脩（十一代）

2 重教（十代）室

同　日　月次出仕、例々之通

十一日　左之通被仰付

御宮請取火消　定火消ハ御免　**本多勘解由**

神護寺請取火消　同断　**青山将監**

定火消　**山崎伊織**

同　**富田外記**

今日

御奏者番　**多賀帯刀**

病死　享年三十七

十五日　月次出仕、例々之通

町同心　御算用者小頭ヨリ　**水野惣大夫**

右去十一日被仰付、前洩爰ニ記之

十八日　来年頭献上物之義并人馬数帳等之義ニ付、

安房守殿御廻状到来、前々之通ニ付記略ス

寛政八年十一月互見有委記

廿二日　左之通被仰付

坊主頭　御歩小頭ヨリ　**斎田与一右衛門**　改丹弐

内作事奉行　**加藤新兵衛**

不慎之趣有之候ニ付、

役儀被指除急度指控

辛丑十二月大

御用番　奥村河内守殿
御城代　御同人

朔　日雨雪、二日雪降積雪五寸余、三日雪、四日晴陰、五日六日雪積尺余、七日快天入寒後寒気寛也、八日雨、九日十日快天、十一日朝陰昼烈風夕ヨリ雨、十二日昼ヨリ霽、十三日快、十四日雨、十五日風雪烈、十六日雪七八寸積寒威大ニ烈、十七日ヨリ廿一日マテ快天続長閑如仲春気候尤寒穏也、廿二日風雨、廿三日廿四日廿五日雪積五六寸、廿六日廿七日廿八日廿九日晴陰交長閑也、晦日風雨雪、今月気候如右

同　日月次出仕、例々之通

付札　定番頭へ

御家中一統難渋ニ付、御救方之義諸頭中ヲ初、組・支配之人々毎度願之趣有之候得共、各粗承知之通御勝手御運方御難渋之上、不時成御物入モ指続、大坂表莫大之御借金ニテ江戸表御仕送モ出来兼申族ニ候、乍然段々願之趣達御聴候処、難渋之趣被聞召、尚更可遂僉議旨被仰出候ニ付、打返種々詮議之上誠ニ御当用ヲ打欠、別紙割合之通、五百石以下之平士等へ各別之趣ヲ以御貸渡被成候、右以上とてモ指支候人々モ可有之候得共、御かね指支候故無是非右之通ニ候、猶更遂勘弁取続可申候、且又返上之義ハ追テ可申渡候
右之趣被得其意、組・支配之人々へ可被申渡候、組等之内才許有之面々ハ其支配ヘモ相達候様可被申談候事、右之通一統可被申談候事

酉十二月

御知行之分

一、自分知六十九石迄都テ百弐拾目当り
一、同　七十石ヨリ九十九石迄百三十目当り
一、同　百石ヨリ百四十九石迄百七十目当り
一、百五十石ヨリ百九十九石迄弐百目当り
一、同二百石ヨリ二百四十九石迄二百五十目当り
一、同二百五十石ヨリ二百九十九石迄三百目当り
一、同三百石ヨリ三百九十九石迄三百五十目当り
一、同四百石ヨリ五百石迄四百目当り

御扶持方之分

一、拾四人扶持以下都テ百二十目当り
一、拾五人扶持ヨリ十九人扶持迄百三十目当り
一、弐拾人扶持ヨリ二十九人扶持迄百七十目当り
一、三拾人扶持弐百目

御切米之分

一、御切米之分都テ百弐拾目当り
　但新番并御切米六拾俵以上ハ百三十目
一、足軽之分都テ壱人三拾目
一、坊主三拾目
一、小者弐拾目

一、去暮御貸渡之分、当時全返納無之人々ヘハ御貸渡無之候事

右御貸付方之儀ハ、委曲御算用場奉行へ申渡置候条、直ニ承合可申事
以上

十六日
右定番頭御用番武田喜左衛門ヨリ、御用番河内守殿被仰聞候旨等例文之廻状出
左之通跡目等被仰付

八百石 御馬廻へ被加之　伊兵衛せかれ 野村伊太郎
三百五十石 組外へ被加之　武右衛門養子 大屋権三郎
八百石　伊兵衛せかれ 丹羽伊太郎
四百五十石　甚左衛門せかれ 内藤十兵衛
四百石　藤兵衛せかれ 木村鉄太郎
二百石　斎宮嫡子 小塚甚右衛門
甚右衛門へ被下置候御切米等被指除、組外へ被加之
七十石　九郎大夫養子 由比伴吾(吉)
三十俵六人扶持　次郎助嫡子 近藤直平
直平へ被下置候御切米被指除之、組外へ被加之
二百五十石　玄左衛門養子 林　一之進
百五十石 組外へ被加之　太郎右衛門せかれ 石川与右衛門

百石
源太兵衛へ被下置候御切米被指除、組外へ被加之
道策せかれ
村上源太兵衛

七十石
此並之新知ハ遺知之御沙汰無之候得共、金大夫格別之
趣ヲ以如斯被仰付、藤左衛門へ被下置候御切米被指除之
金大夫せかれ
村松藤左衛門

百拾石
右之外、与力跡十六人被召出
又八養子
東郷弥十郎

十七日　縁組養子等諸願被仰出、且其内左之通
御役御免之頭列
治右衛門せかれ
松田八兵衛

親之願之通、御番入被仰付、但御馬廻組御番所へ被指加
同断
左大夫せかれ
安井藤左衛門

廿二日　左之通被仰付
割場奉行
御大小将ヨリ
葭田左守

廿四日　御算用者被召抱

かけの諸勝負ハ御制禁ニ候処、近年町在之者
今日　例年同断ニ付、留略ス

役儀被指除

御大小将組会所奉行
土方勘右衛門

廿八日　左之通被仰付

本高之内隠居料
五百石

筑前守様御用人持組
藤田求馬
年七十

父求馬知行二千石之内
千五百石

同　五郎

求馬儀及老年候迄品々役儀相勤
筑前守様御用モ相勤候ニ付、旁以隠居家督被仰付

御用有之候間早速用意
旅中せり込出府可仕旨、今日被仰渡

組頭並聞番
長瀬五郎右衛門

但翌年正月朔日発足暫相見合候様被仰渡、
二月十三日発足廿五日江戸着、岩田源左衛門ト交代

廿九日　歳末為御祝詞五時登城　御留守歳之例也、御在国ハ御帳ニ四時ヨリ九時迄之内附、直ニ退出之事　御帳ニ
付四時頃柳之御間列居、御年寄衆等謁退出之事、但例月出仕之人々迄也

聖廟九百回御忌、来年二月廿五日就御相当ニ、京都北野
社ヘ御代拝等之御使、人持組前田橘三ヘ被仰付
但二月七日発足ト翌正月廿九日御用番山城殿被仰

渡、則同日発足、且御献納物ハ江戸ヨリ北野へ被遣候ニ付、
指副取捌御歩**井関右平太**、従金沢取捌為御用御歩
中西八郎、**橘**三同日発足之事、附各三月二日金沢へ帰

享和二年

●享和二壬戌歳　壬寅正月小　　御用番 横山山城殿
　　　　　　　　　　　　　　御城代 前田大炊殿

元癸酉日時々微雪長閑也、二日三日雪降、四日五日六日快晴、七日雨雪八日快天、九日雨雪、十日快天之処晡時ヨリ風雨烈、十一日十二日雨雪春寒、昏頃ヨリ風雨烈十三日ヨリ十八日マテ快天続、十九日廿日廿一日雪風交春寒立帰、廿二日廿三日廿四日廿五日快天春寒強、廿六日廿七日廿八日雨或雪、廿九日快天春寒強、今月気候応時

同日　御留守年、例之通頭分以上熨斗目・半袴着用登城、五時ヨリ同半時迄御帳出附之、四時過柳之御間ニ列居、御年寄衆等御列座ニテ被謁畢テ退出、且左之通任承記之例々之通表御式台虎之間境之御杉戸前辺ヘ御奏者・御横目并御帳附与力二人出座

四日　御射初・御打初・御乗初御規式御例通

学校御用寄合 前田木工

今朝於学校、母之服未明之義不心付、聖像ヘ拝礼仕不念ニ付、先自分ニ指控可罷在哉之御用番山城殿ヘ相伺候之処、不及其儀ニ旨、御指図等有之

七日　人日為御祝詞、例月出仕之面々登城之処、四時過御年寄衆等謁相済退出、但頭分以上熨斗目着用

八日　月次経書講釈、如例春今日相止候段、旧臘廿三日御横目申談、但来ル廿三日来月八日ヨリ例年之通月次有之

十五日　月次出仕、例之通四時過相済、但頭分以上熨斗目着用

1 政隣

2 政隣

正月十九日ヨリ喧嘩追掛者役　中村八郎兵衛代　本保六郎左衛門
例之通本保ヨリ廻状有之　只今迄之通　千田治右衛門

右之通ニ候処、翌十六日本保兼役就被仰付候、茨木源五左衛門相勤候段同人ヨリ十七日廻状有之

十六日　拙者[1]儀御用有之候条、今日四時過登城可仕旨、御用番山城殿ヨリ昨日封し御紙面到来ニ付、則致登城候処、最初永原、其次小川、其次自分へ四時過於御席御年寄衆等御列座、左之通御用番被仰渡

御歩頭　田辺長左衛門代　津田権平[2]
御役料百五十石被下之、先御役料ハ被指除之、
御異風裁許加人ハ御免除

右ニ付、組用御歩頭御用番今村三郎大夫ヨリ引請、且御異風方御用ハ本保六郎左衛門へ引渡之、将又今日左之人々転役等被仰付

御小将頭　団　多大夫代　御先弓頭ヨリ　永原半左衛門
新番頭　古屋孫市代　御持弓頭兼御用人ヨリ　小川八郎右衛門
御用人ハ御免除
組外御番頭　青地清左衛門代　定番御馬廻御番頭ヨリ　不破七兵衛

御大小将御番頭　平田三郎右衛門代
御大小将組御普請奉行ヨリ　富田左門　改九郎右衛門

御異風裁許兼帯　窪田左平代
御先筒頭　本保六郎左衛門

今般転役ニ付、御歩頭御用一件ハ別帳ニ記之

十七日　左之通被仰付

御用人兼帯
御先筒頭　水越八郎左衛門

十八日　同断

御異風裁許加人兼帯
御先弓頭　中村八郎兵衛

[以下一帳脱カ]

出旨等今月廿三日御用番山城殿御廻状写ヲ以、同役御用番今村三郎大夫ヨリ廻状到来、
前々同断ニ付略記ス

廿八日　左之通被仰付

筑前守様御膳所御用
御歩横目　飯尾一平太

右一平太役儀、被指除遠慮被仰付
附記去年十一月四日暁酒狂之体ニテ寿光院様附紀州様御家来寺川助右衛門御貸家へ入込、彼是及懸合候ニ付、其砌御国へ御返、急度相慎罷在候様被仰出置候処、今日右之通被仰付

付札　定番頭へ
御家中之人々、遠所収納米蔵宿へ申談、所払ハ難相成、於当所中買へ売払候様、明和七年

一統申渡置候通ニ候、然処近年御家中払米御召米被仰付、都テ石詰を以御買上相成候ニ付、右残少々之半米相払候節、中買共容易ニ買受不申払方指支、且又飯米致不足遠所ヨリ為取寄、右駄賃銀渡方ニ少々之半米相渡候節等、所払ニ不致テハ甚指支候体相聞ヘ候、依之以来壱石ヨリ内之半米致、所払ニ候義承届、蔵宿共ヘモ夫々申渡候様、御算用場奉行等ヘ申渡候、尤半米之外ハ所払難相成趣、前段明和七年申渡置候通、尚更無違失様可相心得候

右之趣被得其意、組・支配之人々ヘ可被申渡候、組等之内才許有之面々ハ、其支配ヘモ相達候様可被申談候事

右之通一統可被申談候事

壬戌正月

右御用番山城殿御渡之旨等、定番頭御用番武田喜左衛門ヨリ廻状到来之由等、同役御用番今村三郎大夫より廻状ヲ以写来候事

癸卯二月大

当役組御用番自分
御用番　本多安房守殿
御城代　奥村河内守殿

朔日　二日三日四日快天長閑也、五日快晴風起夜雪降、六日雪昏頃迄ニ積三四寸、七日ヨリ快天、十一日雨、十二日風雪積五寸余春寒大ニ強、十三日雪昼ヨリ霽晴、十四日ヨリ快天続暖和、廿日ヨリ雨天、廿三日ヨリ晴或陰、廿七日廿八日雨或霰、廿九日快天、晦日雨天、今月気候右之如し
（夜雨風）

同　日　月次出仕、如例四時過相済、十五日同断、
今月二日一季居奉公人之義ニ付、公事場奉行中廻状、
同月十四日春秋出銀之義ニ付、**庄田兵庫**ヨリ廻状、
同月廿五日火之元之義ニ付、御用番**安房守**殿ヨリ御廻状、
同月廿九日御城中所々御番所等火之元之義ニ付、御城代被仰渡候旨等、御横目廻状
右例年之通同断ニ付記略ス

四　日　式日ニ付登城、四時ヨリ相詰九時過御用モ無之段、御用番**安房守**殿被仰聞候段、御横目演述之上退出
但、組御用番之節、式日四日・十一日・十六日・廿二日・廿八日御留守中御城詰同断ニ付此末記略

十　日　明日・明後日就御法事、宝円寺へ為惣見分、御法事御奉行**奥村河内守**殿等四時過ヨリ御越ニ付、拙共御用番ニ付罷越九時過帰、但私共同役御寺詰之内前々之通拝礼仕候段、右御奉行**河内守**殿へ口達ヲ以御届申置候、外役モ御寺詰有之分ハ同断之事

十一日・十二日　於宝円寺**謙徳院**[1]様五十回御忌御法会御取越御執行、同役替々壱人宛相詰、十一日ハ九半時相済、十二日ハ八時頃相済候事
但、御法事相済候上御法事御奉行席へ頭分以上詰人追々出、無御滞相済候恐悦申述
一、前記之通ニ付今十二日詰之内（四時ヨリ相詰）階上横畳三畳目ニテ拝礼仕、且御歩小頭中詰人之外、未刻ヨリ申刻迄之拝礼ニ付、右相済候迄詰延罷在、七時過帰候事

1 重凞（八代）

但御歩頭拝礼当り日ハ、昨十一日卯刻ヨリ辰上刻迄各ヘ先達テ御法事御奉行御廻状出、其外御横目中ヨリ之五通廻状前々之通ニ付記略、今月二日到来之事

十三日　同役寄合宿ニ付、同役中三人　**原田又右衛門**本役当在江戸・**安達弥兵衛**兼役御用人当り在江戸并小頭中三人組当在江戸　并小頭中九人出座之事

但例月今日定日宿、同役替々内寄合、例月一度日不定、尤小頭中出座無之候事右此次ヨリ記略

御持筒頭**伊藤津兵衛**代

御近習只今迄之通

御近習奥取次頭御表小将
御番頭ヨリ　**林　十左衛門**

右今月四日於江戸被仰付

十六日　左之通被仰付

付札　**武田何市**ヘ

桜井金兵衛

小谷平蔵

右両人儀、常々不行状等之段被聞召候得共、相慎申義モ可有之哉ト御猶予被成置候処相嗜不申、不届之至被思召候、依之閉門被仰付

大屋奥右衛門

右奥右衛門義、常々不埒之趣等被聞召候得共、相慎申義モ可有之哉ト御猶予被成置候処相嗜不申、同組之風儀モ引損可申体相聞ヘ不届之至被思召候、依テ閉門被仰付

右之通被仰付候条、此段可被申渡候事

戌二月十六日

十八日　自分母方叔父御馬廻組領八百石奥村五郎左衛門、春来老病之処不相叶療養、今日病死享年七十六歳、依之忌中役引書付御用番安房守殿宛所ニテ出之、且忌引中組御用番同役矢部七左衛門ヘ相送之、其外諸向案内等御用方留帳ニ就記之、爰ニ略ス

博奕賭之諸勝負前以御法度ニ候処、近年一統ニ相ゆるみ武士屋敷・寺社又ハ於茶屋・辻等ニ、右体不埒成義致す者有之趣相聞候ニ付、以来右体之義有之候ハ、吟味之上、懸り合之先々迄モ無用捨相糺仕置可申付候、尤右体之儀有之ハ奉行所ヘ可訴出、急度御褒美可被下候、同類之内たる共訴出、自分旧悪ヲモ於相改ニハ是又御褒美可被下候、右之趣天明八申年相触候処、近頃猶又武家屋敷内或寺社・在・町等ニテ右体不届之義致すもの有之趣相聞、既ニ追々召捕候ものモ有之、畢竟等閑成義如何之事ニ候、以来武士屋敷内末々長屋等ニ至迄厳重ニ申付、無油断相改可申候、寺社・在・町等モ一統同様相心得入念可申候

右之通御料・私領・寺社領・町方迄不洩様可被相触候

十一月

戸田采女正[1]殿御渡候御書付写壱通相達候間被得其意、答之義ハ久田縫殿頭[2]方ヘ可被申聞候、以上

十一月廿二日　　大目付

御名殿留守居中

博奕賭之諸勝負之義ニ付、従公儀相渡候御書付写壱結弐通相越之候条被得其意、組・支配

1 戸田氏教（寛14 379頁）
2 久田長考（寛19 232頁）

之人々ヘ可被申渡候、組等之内裁許有之面々ハ其支配ヘモ相達候様被申聞、尤同役中可有伝達候事右之趣可被得其意候、以上

壬戌二月十八日

本多安房守印
奥村河内守印

津田権平殿　但新番頭等御用番壱人宛連名

廿七日　明日ヨリ忌明ニ付、御用番安房守殿ヘ出役書付、使者ヲ以指出、同役中ヘモ廻状ヲ以、明日ヨリ組御用番モ相勤候段、及案内候事

付札　御横目ヘ

二之御丸御居間先柵下石垣御普請相済候ニ付、御数寄屋屋敷・唐御門并松坂御門、来月十一日ヨリ往来不指支候事

一、甚右衛門坂御門台等、石垣御普請就被仰付候、来月十一日ヨリ右御門往来指留、御宮坂御門往来之筈ニ候事、

右之趣末々可被申談候事

二月廿九日

右御城代河内守殿被仰聞候旨等、御横目廻状出

廿八日　左之通被仰付

公事場附御横目　近藤小守代

御大小将
池田三九郎

喧嘩追掛者役　千田治右衛門代　平田三郎右衛門

例之通平田ヨリ廻状出　三月九日ヨリ只今迄之通　茨木源五左衛門

同　日　於江戸御表御居間ヘ年頭初テ寿光院様・御前様・松寿院様被為入、御饗応有之、御囃子等被仰付、御番組左之通、当番切拝見被仰付

筑前守様御太鼓

鶴亀　宝生大夫　三郎右衛門　仁九郎　養五郎　千鳥　春哲　金斎　宗見

胡蝶　権五郎　伝蔵　九之丞　吉左衛門　筍立

安宅　金春権作　猪之助　享作　養五郎　柿山伏　八右衛門　兵三郎

春日龍神　弥三郎　元吉　次郎吉　長次郎　源蔵

祝言
岩船　権之進　台五郎　山三郎　太次郎　源蔵

甲辰三月小

御用番　奥村左京殿　御歩頭
御城代　前田大炊殿　御用番　矢部七左衛門

朔　日ヨリ快天或陰春暖長閑、七日雨、八日九日快天、十日昼ヨリ雨、十一日ヨリ雨天続、十八日十九日快天、廿日昼ヨリ雨、廿一日雨天、廿二日廿三日快天、廿四日昼ヨリ雨、廿五日雨、廿六日廿七日快天、廿八日昼ヨリ雨、廿九日快天、今月気候寒暖混雑

1 武藤安徴（寛14 7頁）
2 斉広（十二代）

同日　月次出仕、如例四時過相済

二日　於江戸、御隠居御家督之御願書**武藤庄兵衛**[1]殿御用御頼之御先手衆也ヲ以被出候処、御用番**戸田采女正**殿御受取、依之同日ヨリ、**筑前守**[2]様御居間書院ヘ被遊御引移、御附之人々尤御館ヘ相詰勤仕、御附御歩小頭并御歩中、裏御式台御使者之間、右小頭等溜ニ渡り相詰、尤右等之趣達御聴候旨等云々

三日　上巳為御祝詞、例月出仕之人々登城、如例四時過相済

四日　左之通被仰付

定番頭　**中川四郎左衛門**代　御馬廻頭兼学校御用ヨリ　**佐藤勘兵衛**
学校方御用ハ御免除

同日　**長甲斐守**殿発足十五日江戸ヘ参着、**前田織江**殿六日発十七日着、**今村**（枝）**内記**殿・**不破彦三**殿七日発十八日着、前洩**織田主税**殿ハ前月六日発足
右ハ今般御内定之御願書被指出候ニ付テ之御用ト云々
前記二日互見、且御前例御願書被指出、七ケ日目ニ被仰出候得共、八日就御日柄、九日ニ御願之通可被仰出ト云々

八日　於江戸左之通被仰付

御馬廻頭　**宮井典膳**代　**筑前守**様附御小将頭ヨリ　**青木与右衛門**
筑前守様御近習只今迄之通
組頭並　役料百五拾石

同断　同断御歩頭ヨリ　井上勘右衛門

物頭並　御表小将御番頭　当分兼帯

同断　同断御大小将御番頭ヨリ　辻　平之丞

御表小将御番頭

同断　同断同役ヨリ　坂井小平

御使番

同断　同断御大小将横目ヨリ　戸田伝太郎

御表小将横目　同断御抱守ヨリ　永井貢一郎

同断　原　惣大夫

江戸御広式御用人帰役　同断同勤ヨリ　中泉七大夫

同断御側小将ヨリ　山森権八郎

小林猪太郎

筑前守様御表小将　今村藤九郎

多羅尾左一郎

改田直次郎

神戸金三郎

御同所様御近習勤仕　同断御抱守ヨリ　原　九兵衛

筑前守様附御次番ヨリ
山本左次馬
田内宗左衛門
横山次郎兵衛
不破平兵衛
沢村甚右衛門
明石数右衛門
中川助三
石黒平九郎
今村源助
同断御抱守ヨリ
池田範蔵
太田数馬
同断同勤ヨリ
大地順左衛門
神保又三郎

筑前守様御近習番

当分
御同所様御膳奉行
御同所様奥御納戸奉行

十五日　月次出仕、例之通四時過相済

付札　定番頭へ

年寄中席へ御家中之人々先祖由緒一類附帳、先達テ指出置候処、年月経候之間、此度増減等相改、当五月中迄ニ可指出候、帳面口張等不及候、本組与力且御歩等之内、御知行被下候人々之分モ最前之通可指出候、当時旧宅之分ハ追テ跡目被仰付候上可指出候事

右之趣、組・支配有之面々へ可被申談候事

三月

右、定番頭御用番**武田喜左衛門**ヨリ例文之廻状出
当春、各江戸詰先并**原田又右衛門**組交代之儀ニ付、先達テ紙面被指出候得共、当春不及交代候事右、今日御用番**左京**殿被仰渡、諸向同断之事
猶以病気等ニテ難被罷出面々ハ其段名之下ニ可被書記候、以上
申達儀有之候条、明十八日五半時常服ニテ可有登城候、以上

三月十七日　　　　　　　　　　　　　**奥村左京**

津田権平殿　但同役連名

十八日　昨日御用番**左京**殿依御廻文、今朝五半時ヨリ頭分以上登城、於表御式台御帳ニ附、四半時頃柳之御間ニ一統列居之処、御年寄衆等御列座、**左京**殿左之通り御演述、畢テ各退出

相公様近年御持病之御疝積等度々御指発、尤夏以来御勝不被成、色々被遂御保養候得共、御全快可被遊御様子無御座、依之御隠居、**筑前守**様ヘ御家督御相続之義御願被成候処、御老中方依御奉書、去九日**相公**様御名代**前田信濃守**[1]殿并**筑前守**様御登城被成候処、於御座之間**相公**様御願之通御隠居、**筑前守**様ヘ御家督被仰出、段々御懇之被為蒙上意候旨**前田内匠助**等ヨリ以早飛脚申来候、先以恐悦之御事ニ候、此段先為承知申達候、御祝詞被申上候儀ハ追テ委細之御様子被仰下候上可申達候事

今日頭分以上ヘ申聞候趣、当病等ニテ不罷出人々ヘハ筆頭又ハ向寄ヨリ伝達有之様夫々可被申談候事

三月十八日

1前田長禧(寛20 244頁)

右左京殿被仰聞候旨、御横目中申談候事

同　日　左之通被仰付

筑前守様
御表小将　　　筑前守様御側小将ヨリ(表)
中村兵三郎

同断
御近習詰　　　同断　御抱守ヨリ
荒木平左衛門

同断
御近習番　　　同断　御供役ヨリ
小森新次郎

同断
当分奥御納戸奉行　　　同断　同役ヨリ
寺田弥左衛門

付札　御横目へ

是以後、相公様御身分之儀、只今迄之通相心得、其外窺事等之義、都テ筑前守様へ相窺可申旨被仰出候

右、御役人中へ夫々可被申談候事

別紙之趣、御役人中へ可申談旨御用番左京殿被仰聞候条、御承知被成、御組・御支配之内諸役懸之人々へ不相洩御申談可被成候、以上

三月十九日　　　御横目

御歩頭衆中

廿二日　四半時過、左之通御廻状到来、但頭分以上一役等連名

猶以病気等ニテ難被罷出人々ハ其段名之下ニ可被書記候、以上

御意之趣可申聞候条、熨斗目・布上下着用、追付可有登城候、以上

三月廿二日

奥村左京

津田権平殿

右下書相調順達、追付九時頃登城、御式台ニテ御帳ニ附、暮頃一統柳之御間ニ列居之処、六時過御年寄衆等御列座、左之通安房守殿 御用番左京殿依御風気ニ也 御演述

当月八日御老中方依御奉書、翌九日相公様御名代前田信濃守殿并筑前守様御登城被成候処、於御座之間相公様御隠居御願之通被仰出、御家督筑前守様ヘ被仰付候旨段々被為蒙上意、重畳難有御仕合被思召候、右之趣何モ召寄可申聞旨、今般御使者林十左衛門ヲ以従御両殿様被仰下、御書モ被成下候、先以御願之通被仰出、目出度御儀恐悦之至ニ候事

三月廿二日

右畢テ、於桧垣之御間、安房守殿左之通御演述

但一役切等ニテ追々御呼立、御横目中誘引之事

相公様御隠居、筑前守様御家督被仰出候段、只今申達候通ニ候、此上ハ不相替、筑前守様ヘ急度御奉公仕候様可申聞旨、此度分テ御意ニ候間可被得其意候

右相済御横目ヲ以、左之通安房守殿被仰聞、

今日御弘之趣、為御祝詞今日中年寄中・御家老中宅ヘ可相勤候、且又幼少・当病等ニテ今日登城無之面々ハ今般之御様子向寄ヨリ伝達、為御祝詞御用番宅ヘ以使者可申越候、当番等ニ

テ難罷出人々ハ当廿五日相勤可申候
一、今般之御様子、組・支配之人々ヘモ申聞、為御祝詞組頭等宅ヘ罷出可申候
右之趣、夫々可被申談候事
小紙ニ
御祝詞勤、今日相残候分当廿五日相勤候事
右之通候得共、一統退出夜五時前ニ至候ニ付、一統今夜ハ御用番**左京**殿御宅ヘ迄相勤、其外ハ廿五日ニ廻勤之事
一、右御使林**十左衛門**御持筒頭兼御近習儀、去十一日江戸発出、夜前津幡駅ニ止宿、今朝五時頃御城ヘ参着御使勤之、**土佐守**殿ヘ之御使ハ同人宅ヘ罷越勤之就当病ニ御請等都テ名代**大野木舎人**翌廿三日休息、廿四日発出、大聖寺ヘ之御使廿五日ニ勤之、廿六日帰家、廿七日廿八日頃発足帰府之筈、但廿八日発出、四月十日江戸着
付札　御横目ヘ
相公様御名**肥前守**様ト御改
筑前守様御名**加賀守**様ト御改被成候条、一統可被申談候事
△別紙之通、夫々可申談旨御用番**左京**殿被仰聞候条、御承知被成、御同役御伝達、御組・御支配御申談可被成候、且又御組等之内才許有之面々ハ其支配ヘモ不相洩相達候様、御申談可被成候、以上
三月廿七日　御横目

廿八日　左之通被仰付

御歩頭衆中

定番頭並
御近習御用只今迄之通
御馬廻頭ヨリ
関屋中務

御使番
御近習御用只今迄之通
御部屋附御大小将横目ヨリ
渡辺久兵衛

相公様御近習御用無之
加賀守様御奥小将御番頭
只今迄ハ御奥小将御番頭
中村才兵衛

乙巳四月小

御用番　村井又兵衛殿
御城代　奥村河内守殿
御歩頭御用番
河内山久大夫

朔　日　快天、二日雨、三日同昼ヨリ霽晴、四日ヨリ晴陰交続、九日雨天昼ヨリ霽晴、十日快天夕風雨、十一日ヨリ晴陰、十四日雨、十五日十六日快天、十七日雨、十八日十九日陰冷気、廿日ヨリ廿七日迄陰晴交、廿八日廿九日雨、今月気候下旬冷気立帰

同　日　月次出仕、例之通四時相済

同　日　例年之通、長谷観音祭礼、能番組左之通

翁
千歳　弥兵衛
三番叟　八之助
面箱　弥三郎

高砂　甚次郎　文次

田村　権三郎　勇五郎

羽衣 陸之丞 全之助　正尊 宮門 久左衛門　葵上 甚次郎 直右衛門
祝言 金札 文三郎 太作
八幡前 又四郎　才宝 九兵衛　狐塚 三次

二日　同断

千歳 卯之助
翁 三番叟 庄吉　氷室 小左衛門 久平　実盛 忠蔵 権右衛門
面箱 長内
斑女 甚次郎 直右衛門　弱法師 宮門 康助　融 甚次郎 全作
祝言 養老 林五郎 弥助
粟田口 権九郎　通円 幸助　二王 次郎吉

△都テ窺候品、先例有之義、先例ヲ引相伺候様被仰出候条、此段諸役人へ寄々可被申談候事

三月

別紙之趣、諸役人へ可申談旨、**内匠助**殿ヨリ申来候条、御承知被成、御組・御支配之内諸役懸り之人々へ不相洩様御申談可被成候、以上

四月五日　御横目

御歩頭衆中
四　日　左之通被仰付
御普請奉行加人　御馬廻組　石川兵勝

△泰雲院[1]様十七回御忌御法事、五月十一日・十二日へ御取越、於宝円寺御執行ニ付、御法事御奉行奥村左京殿、今日□日諸向へ夫々前々之通被仰渡、且又御廻状并御横目廻状等追々有之、都テ前々同断ニ付記略

十三日　於江戸、左之通被仰付
御先筒頭　安達弥兵衛代
相公様御近習只今迄之通　［（山口清大夫）］
御表小将御番頭　林十左衛門代　［（横山引馬）］
御使番
相公様御近習只今迄之通　［（大橋作左衛門）］
御引足
六拾石　都合弐百石　［　　］

同　日　於江戸、御奏者番阿部播磨守[2]殿・脇坂淡路守[3]殿近々御家督御礼之御習礼ニ御出之事

十五日　月次出仕、例之通四時過相済、且今日例年之通
寺中祭礼能有之、番組左之通

1重教（十代）
2阿部正由（寛10 370頁）
3脇坂安董（寛15 75頁）

千歳　七郎左衛門
翁　三番叟　三次
面箱　九郎次

昌七郎
志賀　作之助

太郎兵衛
兼平　茂助

甚次郎
加茂物狂　直右衛門

宮門
蟻通　全作

宗五郎
殺生石　善左衛門

祝言　三右衛門
岩船　長右衛門

鞍馬参　喜市

胸突　九郎兵衛

口真似　専三助

同　日　於江戸、御家督御礼被仰上候ニ付、御表向御勝手共御目見以上熨斗目・布上下、其外ハ服紗袷・布上下着用、翌十六日ハ一統服紗袷・布上下着用、但前々ハ御当日ヨリ三ケ日布上下着用平詰ニ候得共、十七日御日柄ニ付、右之通両日之旨等昨十四日御横目ヲ以**内匠助**殿等被仰聞、且今日頭分以上ヘ御弘之趣（於金沢廿五日御弘之趣ト同断ニ付記略）、於御席**内匠助**殿御演述、畢テ於竹之間ニ御祝詞之御帳ニ附、夫ヨリ今日・翌十六日之内在江戸年寄衆等六人之御小屋ヘ為御祝詞相勤候様被仰聞候旨、御横目中申談之事、同十五日頭分以上於船之間ニ、年寄衆等一席ニテ御御祝之御吸物・御酒・御肴一種被下之、給事御大小将、指引同御番頭・御横目、取持御表之物頭、且御近習頭ヲ以御意有之候、猶御歩並以上ヘモ御台所辺ニテ御吸物・御酒被下之

十六日　左之通被仰付

本高之内隠居料
一、五百石　　附記最前寺社奉行・公事場奉行・若年寄御家老役当時無役 七十歳 同年六月廿七日病死　伊藤内膳 改白鴎

父内膳知行二千八百石内三百石与力之内
一、二千三百石　内三百石与力知　伊藤靱負 附記四十八歳

内膳儀久々彼是役儀相勤及極老候ニ付隠居家督被仰付

新知
一、七十石　外三十石役料　　御奥小将附御歩横目ヨリ 大平幸助 改愚休
坊主頭被仰付、只今迄被下置御切米
御扶持方ハ被指除之

附 愚休 七月五日病死ス

御呼出之処、頼母内縁之者病死、就
忌中ニ気滞之趣ヲ以不罷出、　　玉井主税
此次廿八日互見　　同　頼母

十七日　於江戸、紅葉山御予参

廿二日　左之通被仰付

定番御馬廻御番頭　不破七兵衛代　　御大小将横目ヨリ 三宅平太左衛門

△

裕次郎[1]殿御幟土橋御門外御堀端ニ相建候ニ付、石野主殿助申聞之一通御城代河内守殿御渡
之一通御横目中ヨリ廻状有之、去年四月同文段ニ付留略ス互見

1 治脩養子利命

猶以病気等ニテ難被罷出人ヘハ其段名之下ニ可被書記候、以上御意之趣可申聞候条、布上
下着用、明廿五日五時過可有登城候、以上

四月廿四日

村井又兵衛

津田権平殿　同役連係

廿五日　昨日依御廻文今朝五時過、頭分以上登城、御帳ニ付四時過一統柳之御間ニ列居之処、年寄衆等御列座、御用番**又兵衛**殿左之通御演述、畢テ御同間於横御廊下、左之通披見退出、去十五日**加賀守**様御家督之御礼可被仰上旨、御老中方御連名之御奉書并御家来七人御目見被仰付候間、可被召連旨、御別紙前日到来、則御登城被成候処、於御黒書院御礼被仰上御懇之上意、御手自御熨斗鮑御頂戴、其上**甲斐守**等御目見被仰付、恭御仕合被思召候、此段可申聞旨、御意ニ候、将又**相公**様御隠居之御礼、同日以御名代可被仰上旨、御老中方御連名之依御奉書、為御名代**前田信濃守**殿御登城、御首尾能御礼被仰上候段モ**甲斐守**等ヨリ申来候事

付札　御横目へ

御家督御礼被仰上候為御祝詞、今明日之内年寄中等宅ヘ可相勤候、幼少・病気等ニテ今日登城無之面々ハ御弘之趣向寄ヨリ伝達、為御祝詞御用番宅ヘ以使者可申越候、此段可被申渡候事

四月

右之通ニ候処、御家老役且加判之**津田玄蕃**殿実母之忌中ニ付相勤候否之義各ヨリ御横目中迄相尋候

処、則御用番又兵衛殿へ被伺候得共、無構相勤候様御指図之由ニ付何れモ相勤候事

一、右御弘之内、御家来七人ト有之候得共、御家老役之内今枝内記殿・前田織江殿ハ忌引ニ付登城、玄蕃殿ハ不幸之飛脚参着以前ニ付登城有之候事

廿六日 左之通被仰付候段、於御席御用番又兵衛殿被仰渡

不応思召趣有之ニ付
役儀被指除候段被仰出　御小将頭　**伊藤平大夫**

廿八日 左之通被仰付

御小将頭　**伊藤平大夫**代　御歩頭ヨリ　**今村三郎大夫**

本高之内
一、五百石
祖父主税知行五千石　内五百石与力知之内
一、四千五百石　内五百石与力知　附記人持組七十四歳　改宗仙　**玉井主税**

主税儀、久々役儀相勤及極老候ニ付隠居家督被仰付　**主税**嫡孫　承祖　**玉井頼母**

御隠居御家督ニ付京都
へ之御使表立被仰付
但御内意ハ先達テ被仰渡　人持組　**多賀左近**

逼塞御免許　無役頭分　**遠藤次左衛門**

三月中旬ヨリ今月中へ懸、風邪大ニ流行、尤軽重ハ有之候得共、不煩者ハ一人モ無之、今月朔

1江戸と金沢

2政隣

日・二日観音祭礼能もやう〳〵ニ不指支族、同日等諸祭礼例年親族等招候家例も多分延引、今月下旬ニ令来客右風邪江戸表も同様之流行、依之長髪之侭供人も大小名中等共応分限、格別之減少ヲ以、登城等可致旨、御大目付衆ヨリ御触有之、且江戸町裏店等ニ居住之貧人へ薬代鳥目御貸渡、此代金都合十万両余ト云々、将亦此度風邪ハ日本中流行ニ候得共、東北[1]別テ多く候由也

附記　平生手足之爪ヲ小指ヨリ取始め拇ニテ終り候事曁余日ニ不取、寅之日毎ニ取候得ハ風邪ヲ煩ふ事無之、万一煩候テモ床付候程之義ハ無之旨云々、此度一統ニ煩候処、御旗本衆之内、五六人不煩人々有之、是ハ幼少ヨリ爪ヲ小指ヨリ取候始候面々也ト云々

右寅日爪取候事千寅ニ満候得ハ開運等之委曲予[2]所持之

丙午五月大

御用番　**前田大炊殿**　　御歩頭
御城代　**御同人**　　御用番　**自分**

朔日雨、二日陰、三日雨、四日快天、五日陰、六日七日八日雨、九日十日晴陰、十一日ヨリ十七日マテ雨天続、十八日十九日晴、廿日ヨリ廿九日マテ雨天続、晦日陰、今月気候上旬冷強、綿入小袖重着、中旬同、下旬応時

同日　月次出仕、如例四時過相済

四日　左之通被仰付候筈之旨、御内証被仰渡

中将御転任被仰出候得ハ
京都ヘ之御使被仰付候筈
人持組　篠原頼母

五日　端午為御祝詞、例月出仕之通登城

跡目并新知等御役儀被仰付候面々、当時御省略ニテ加賀守様ヘ都テ年頭之通、献上可仕候筈ニ付、相公様ヘ献上物左之通加賀守様ヘ御省略以前御太刀銀馬代・紗綾三巻又ハ二巻献上仕候分相公様ヘ都テ御太刀銀馬代献上可仕候

右之外

加賀守様ヘ年頭之通、御太刀銀馬代献上仕候分、何御礼ニテモ

相公様ヘ御肴代百匹

同　鳥目百匹献上仕候分ハ何御礼ニテモ鳥目五十疋

同　五十疋ハ同三十疋

同　三十疋以下ハ都テ二十疋

右品々献上物目録相添可指上候事右献上物於江戸表ハ勝尾半左衛門ヘ相達、於此表ハ諸方御土蔵ヘ上納可仕候、献上目録ハ御奏者方ヨリ遂披露候筈ニ候条、此表之分ハ江戸表ヘ指上可申候事

一、婚礼之為御礼献上之御肴代ハ加賀守様ヘモ御省略中、献上無之候間、相公様ヘモ不及献上物候事

以上　壬戌五月

相公様ヘ為年頭御祝儀献上物加賀守様御同事ニ指上可申候、目録ハ御奏者方ヨリ遂披露候間、此表之分ハ江戸表ヘ指上可申候、御太刀代銀・御馬代銀・青銅代金銀ハ此表諸方御土蔵ヘ上納可有之候、於江戸ハ勝尾半左衛門迄相達可申候事

但無息人ヨリハ献上物被不及候事

以上　壬戌五月

相公様ヘ年頭等献上物之義ニ付、別紙両通相越之候条被得其意、組・支配之面々ヘ被申渡、組等之内裁許有之人々ハ其支配ヘモ相達候様被申聞、尤同役中可有伝達候事

右之趣可被得其意候、以上

五月九日　　　前田大炊

津田権平殿　但新番頭等御用番連名

附記

相公様ヘ年頭御祝儀曁跡目并新知等御役儀被仰付候節、於江戸表献上物候御太刀馬代銀等ハ勝尾半左衛門迄相達候様、先達テ相触候得共、重テ僉議之趣有之、江戸表御進物所ヘ致上納候筈ニ候条、被得其意、組・支配之面々ヘ被申渡、組等之内才許有之人々ハ其支配ヘモ相達候様被申聞、尤同役中可有伝達候事

右之趣可被得其意候、以上

七月四日　　　奥村左京

河内山久大夫殿

十日　明日・明後日御法事ニ付、宝円寺へ為惣見分罷越、前々之通ニ候事

十一日・十二日　前月四日記之通、於宝円寺、泰雲院様十七回御忌御法事御執行、自分拝礼

前々之通、御寺詰中ニ仕候事

十五日　例月出仕、四時過相済、且左之通被仰付

人持組　佐々木誠善

御奏者番

湯浅友右衛門せかれ　湯浅栄次郎

新番組御徒ニ被召出、
書写役

新番組小泉新兵衛せかれ　小泉万五郎

定番御徒ニ被召出、御宛行
四十俵被下之、書写役

御持筒頭小原惣左衛門組足軽小頭ヨリ　野崎覚之大夫

定番御徒　御宛行四十俵

右覚之大夫今年七十二歳之処、鉄砲中りモ今以宜、入情ニ相勤、小頭モ四十ヶ年余相勤、
被召抱候以来五十ヶ年余入情ニ相勤候、御褒美之由云々、且只今迄之御宛行三十八俵也

十六日　左之通被仰付

人持組　奥村源左衛門

御奏者番

1 徳川治保

一、一昨十四日御算用場ヨリ自分御役料知仮所付可相渡候条、今日四時過請取人可指出旨紙面就到来、則指出候処請取来候、但先役之節ヶ所同断、戸出入・滑川入也、印章紙面為持

廿一日　左之通於江戸被仰付

組頭並聞番ヨリ
御馬廻頭　**前田甚八郎**代
長瀬五郎右衛門

右之通被仰付、代人参着迄聞番兼帯ト被仰渡之処、物頭並聞番**不破半蔵**六月廿六日参着ニ付、同廿八日江戸発帰

廿四日　於江戸、左之通被仰付

付札　御小将頭へ

附記御大小将横目也
大脇六郎左衛門

右**六郎左衛門**儀、当十五日御登城御供罷出候ニ付、御縮方之義専一可相心得処、等閑ニ相心得、言上方等彼是不応思召儀有之ニ付、役儀被指除遠慮被仰付

附記御大小将也
中村兎毛

右**兎毛**義、当十五日御登城御供罷出候処、**水戸様**[1]御通行之節、御先払之者ニ両手ヲ被捕押候段、於御行辺侍之身分心得モ可有之処、不心得至極沙汰之限ニ被思召候、依之厳敷御咎可被仰付候得共、御大赦之砌ニ付、一等御宥免、御大小将組御指除、組外へ被指加、閉門被仰付

右之趣可申渡旨被仰出候条、夫々被申渡、御国へ罷帰候様、是又可申渡候事

戌五月廿四日

付札　御歩頭へ

御歩横目
塚本九左衛門

右九左衛門義、当十五日御登城御供罷出候処、役向不心得之趣有之ニ付指控被仰付、御国へ御返被成候条罷帰、急度相慎罷在候様可被申渡候事

戌五月廿四日

右三人翌廿五日夫々発出罷帰、且今廿四日左之通被仰出

御大小将御番頭
御大小将横目

一、御登城之節、下馬下乗ハ不及申ニ、其外御勤先等ニテモ作法宜、急度蹲踞可致候、晴雨ニ依テ差ひ候義心得違之様ニ被思召候、是以後右之趣、急度相心得可申候

一、御登城之節、御三家様・御老中方等御登城之節、猶更急度致蹲踞可申候、御縮人ヨリ不及催促様相心得可申候

右之趣夫々可申談旨被仰出候

五月

青木与右衛門 附御用部屋勤之御近習御用也 口達ヲ以、別段被仰出之趣左之通

昨日御咎被仰出候儀ニ付、御供方之者共、猶更心得違無之様がさつ成義モ無之様可相心得候、御三家様御通行之節、此方様御家柄ニ拘はり緩怠之義ハ無之筈ニ候間、前廉ヨリ蹲踞仕可申候

廿六日　於江戸表於御席、左之通頭分以上へ甲斐守殿御演述

当七月中御国許ヘ之御暇被仰出候様御願置被成候処、御願之通被仰出、忝御仕合被思召候、此段何モヘ可申聞旨御意ニ候
附同月廿八日記之通被仰付
御入国御供
長　甲斐守
前田織江
同断　御道中奉行
御馬廻頭
団　多大夫
御小将頭
中川平膳

廿七日　自分妻去々年以来煩之処、今日病死ニ付、忌中役引書付出之
廿八日　当年江戸御留守詰順先書出候様、諸向ヘ御用番大炊殿夫々被仰渡
今月中旬、越中筋等川々近年之洪水破損所多、金沢廻ハ無別異

御用番　本多安房守殿
御城代　奥村河内守殿
御歩頭御用番
矢部七左衛門

丁未六月小

朔日ヨリ五日マテ晴陰交属暑、六日昼ヨリ雨、七日ヨリ十一日マテ快天続段々大暑ニ至、十二日ヨリ廿四日マテ快天或陰、追日朝夕微涼、廿五日雨天折々雷鳴終日涼風、廿六日廿七日快天涼風吹、廿八日廿九日雨天、今月気候如右
（夜夕立雨一頻）

同日　月次出仕、如例自分儀ハ忌引ニ付、不致登城候事

四日　左之通被仰付

御家老役　寺社奉行ヨリ　前田修理

物頭並聞番　聞番見習ヨリ　岩田源左衛門

長瀬五郎右衛門代

猶以病気等ニテ難被罷出人々ハ其段名之下ニ可書記候、以上御意之趣可申聞候条、布上下着用、明後六日五時過可有登城候、以上

六月四日　本多安房守

津田権平殿　奉得其意候

忌中役引仕罷在候間
登城不仕候

六日　一昨日依御廻文、頭分以上登城御帳ニ付、柳之御間列居之処、御年寄衆等御列座、御用番安房守殿左之通御演述、

加賀守[1]様今年御参勤年ニ候得共、相公[2]様近年御所労ニテ久々御在府ニ付、御国許御仕置等被仰付度義ニ候得ハ、当七月御暇被下候様御願被成候処、前月廿五日松平伊豆守殿へ聞番被召呼、御願之通御暇可被進旨、右御願紙面ニ御付札ヲ以被仰渡、重き御願之筋早速被仰渡、忝次第被思召候、此段何モヘ可申聞旨拙者共迄以

御書被仰下候事

右畢テ於横廊下、例之通御横目中申談ニテ左之御覚書披見

1 斉広（十二代）
2 治脩（十一代）

付札　御横目へ
今日御弘之趣ニ付、為御祝詞今日中御用番宅へ可相勤候、幼少・病気等ニテ今日登城無之
人々ハ同役又ハ向寄ヨリ伝達為御祝詞御用番宅へ以使者可申越候
右之趣夫々可被申談候事
六月六日
寺社奉行

七日　左之通被仰付
右矢部氏ヨリ写被指越、拙者義忌中ニ付、尤使者不指出候事
御奏者番ヨリ
前田兵部

付札　御横目へ
貞琳院[1]殿御儀、御家督之上ハ、御代々様御生母様之御取扱ニ被成候ニ付、今般御格式御改
被成候、様付ニ唱候義ハ御様子モ有之候間、先是迄之通、殿付ニ唱可申旨被仰出候条、此
段頭・支配人等へ寄々可被申談候事
別紙之通、夫々可申談旨、御用番安房守殿被仰聞候条、御承知被成、御同役御伝達、御組
・御支配御申談可被成候、且又御組等之内才許有之面々ハ其支配へモ不相洩相達候様御申談
可被成候、以上
六月八日
御横目
御歩頭衆中

1 斉広生母

十一日　左之通

右**貞右衛門**義、御尋之趣有之候間、先又縮無之様被仰渡候ニ付、一類御算用者**西永嘉平太**方ニテ縮所ヘ入置之

御料理人　坂野次大夫せかれ　**坂野貞右衛門**

但翌月九日暁、逃出七ッ屋口野辺ニテ自殺

附於風呂屋ニ賊疑之趣有之ニ付、如本文

十五日　月次出如例、**自分**ハ就忌中不致登城候事

犀川・浅野川々除ヘ塵芥等捨間敷旨等、前月六日御用番**大炊**殿ヘ御普請奉行**小幡右膳**等連名之紙面出候写ニ御添書面ヲ以今月御用番**安房守**殿ヨリ御触有之、前々同文ニ付略記ス

十七日　**自分**今日ヨリ忌明ニ付出勤、則以書付昨日御用番ヘ及御断候事

於江戸浮腫煩、御暇願今月五日江戸発之処、越中泊駅ニテ同十四日病死

江戸御広式御用物頭並　**土肥庄兵衛**　享年七十

今月十四日病死　享年四十三

人持末席公事場奉行　**横山大膳**

十九日　去九日江戸発之町飛脚着、十四日同断廿二日ニ着、追々左之通り来、

当秋御帰国御発駕、左之通御懸日之内御発駕可被遊旨被仰出

八月四日、六日、七日、十三日、十六日

一、今月七日御近習頭等ヘ御入国御供被仰渡、且**青木**

与左衛門義ハ御婚礼方主付御用被仰付、詰延ト被仰渡

一、同十日左之通御国御供被仰付

御先筒頭ヨリ　広瀬武大夫

御筒支配

同断　青木多門

御弓支配　今月廿二日於金沢被仰渡
為御迎出附

御持弓頭　窪田左平

物頭並聞番　菊池九右衛門

御用人ニテ御供被仰付
御道中奉行申談可相勤旨被仰渡

御歩頭兼御用人　安達弥兵衛

御歩頭　原田又右衛門

御近習頭ヘ加り騎馬御供

御大小将御番頭　宮崎蔵人

一、同十一日頭分以上ヘ於御席左之通被仰出之趣、甲斐守殿御演述、附記故(於)カ金沢モ一統可申渡旨被仰出候段等、七月十三日御書立写、御用番奥村左京殿御廻状出

今般入国ニ付、供之人等旅中之器財・着服等粧候儀モ可有之候間、是等之義堅禁止可申付

候、都テ見苦儀ハ貪着無之候条、有来之品相用可申候、修覆等不加テ不叶品々ハ格別候事

一、餞別ヲ含参会ヲ企、或ハ品物送り候義可為停止候、土産之品是又堅無用之事

一、武器ハ古来定モ有之候条、応分限為持候テ可然候事

但是迄召連来候人数不増候共、雑用ヲ省候ハ相弁可申義ニ候

戌六月

別紙御書立写之通、今般御供之人々等ヘ不相洩様可申渡候、是迄等閑ニ相成来候ニ付、此度改テ被仰出候条、若此上心得違等有之人々ハ無御用捨急度可被仰付候間、堅相守可申事

右之通可申渡旨被仰出候条、被得其意組・支配之人々ヘモ厳重可被申渡候、組等之内才許有之面々ハ、其支配ヘモ可申渡旨可被申談候事

右之趣可被得其意候、以上

六月十一日

右ニ付組・支配之人々御殿ヘ呼立、於竹之間申渡有之、且御歩中ヘモ小頭中ヨリ申聞御請指出候様申談、原田・安達引受之、御請書甲斐守殿等ヘ相達

一、同十三日中将御転任御弘金沢同趣ニ付留略ス、右畢テ於竹之間頭分以上御帳ニ付、為恐悦同日十五日之内、甲斐守殿・織江殿御小屋ヘ相勤候様被仰聞候段、御横目中申談之事

但右之趣ニ付、平士ヨリ御歩並迄為恐悦、頭・支配人之御小屋ヘ相勤候様、夫々申談有之、尤御転任之義夫々触出有之

御官名前々之通、可唱旨御横目廻状出

一、同十三日　左之通被仰付

物頭並江戸御広式御用

御大小将横目　**大脇六郎左衛門**代

江戸御広式御用人ヨリ
中泉七大夫

御大小将ヨリ
鈴木左膳
改三左衛門ト

廿一日　土用辰之四刻ニ入

猶以病気等ニテ難被罷出人々ハ其段名之下ニ可被書記候、以上

御意之趣可申聞候条、布上下着用、明廿二日五時過可有登城候、以上

六月廿一日　　**本多安房守**

津田権平殿　但同役連名

廿二日　昨日御用番依御廻状、今日頭分以上登城、如例御帳ニ附、四半時過柳之御間列居之処、御年寄衆等御列座、御用番**安房守**殿左之通御演述

当月十三日御登城被成候様、前日御老中方御連名之御奉書到来、則御登城被成候処、被任中将候段御老中方御列座、**安藤対馬守**殿被仰渡、難有御仕合被思召候、此段何モヘ可申聞旨、拙者共迄以御書被仰下候事

右相済御同間於横廊下、**安房守**殿御渡之由ニテ、左之御覚書披見候様、御横目中申談有之

今日御弘之趣為御祝詞、今日・当廿五日両日之内、年寄中等宅ヘ罷出可申候、幼少・病気等ニテ今日登城無之人々ハ最寄ヨリ伝達、為御祝詞御用番宅ヘ以使者申越候様可被申談候事

今般中将御転任ニ付、前々之通御官名相唱申筈ニ候、此段寄々可被申談候事

六月

右ニ付山城殿御忌中ニ候得共、前々之通無構相勤、尤式台取次モ布上下着用有之、将又修理殿・隼人殿ハ加判未被仰付候ニ付、尤前々之通廻勤ニ不及候事

同　日　右御弘以前、左之通被仰付

寄合御近習頭
志村五郎左衛門

御先筒頭　津田権平代
御近習御用只今迄之通

廿六日　去十九日江戸発之町飛脚来着、左之趣申来

相公様御膳所御歩横目矢部七左衛門組　四十三歳
吉田治大夫

右治大夫今月十五日朝、御膳所買上物直段聞合御用之由ニテ御門出、湯嶋天神境内茶屋ヨリ家来相返直ニ不罷帰、但勝手困窮至極借金等多、無是非致出奔候旨おち篠田判大夫・那古屋恒佑宛名之書置書状有之

矢部七左衛門組
御歩小頭
四十四才
木村久左衛門

今月十七日朝

四時過、於御貸小屋、脇指ヲ以自殺、亡気之体ニテ候由、為検使御横目坂井甚右衛門・鈴木左膳夕方罷越見届、尤御歩頭原田又右衛門・安達弥兵衛立会見届相済、同夜根津七軒町禅宗東淵寺ヘ送葬、然処右久左衛門一類津田久平并同役小頭橋本八大夫・那古屋恒佑立合、

久左衛門所持之品相改候処、今月五日夜御歩大村栄八被盗候定紋晒帷子上下等八品有之、
則栄八ヘ見分為致候処、相違無之候事

御近習御用人持組
横浜善左衛門

右今月十八日今般御家督等ニ付、日光山ヘ之
御使被仰付、御献納物指添、御歩土山八郎・田中市蔵
附同月廿六日江戸発七月七日帰府

廿七日　自分母方祖母、当時斎田市郎左衛門実母ニ付、用人方厄介人之処、昨廿六日痛死(ママ)、然
処奥村故市右衛門妾ニテ由緒無之候ニ付、自分義今日ヨリ気滞之趣ニテ役引、書付調御用番
本多安房守殿ヘ指出之

廿八日　左之通被仰付

御歩頭　今村三郎大夫代
兼役ハ御免除

御先筒頭兼御倹約奉行ヨリ
吉田八郎大夫

御歩小頭　但吉田八郎大夫組
新知百石被下之

御歩横目ヨリ
三上浅右衛門

新知七拾石

火矢方組外並
小川久大夫

入情相勤候ニ付
御加増五拾石

御右筆
不破半六

数年実体相勤候ニ付
　同断　五拾石
　　　　　　　　　　　　　　　定番御馬廻篠嶋茂平組
　　　　　　　　　　　　　　　　矢嶋半左衛門
　　　　　　　　　　　　　　　　　七十五歳

及老年候迄御番全相勤候ニ付
同断　二拾石
　　　　　　　　　　　　　　　本吉引越定番御歩
　　　　　　　　　　　　　　　　中嶋伊左衛門

　隠居料十五人扶持
　　　　　　　　　　　　　　　武田何市組定番御馬廻組
　　　　　　　　　　　　　　　能美郡
　　　　　　　　　　　　　　　御代官
　　　　　　　　　　　　　　　　松野源左衛門
　　　　　　　　　　　　　　　　　七十八歳

　家督無相違
　　　　　　　　　　　　　　　源左衛門せかれ
　　　　　　　　　　　　　　　　松野庄之助

同　日　当年御留守詰、左之人々へ順番之通被仰付
発足日限ハ、追テ可被仰聞旨御用番被仰渡
附記□発足日限肩書ニ書入

御小将頭　　　　　　　　　　　七月七日発
　　　　　　　　　　　　　　　　堀　平馬

御歩頭　　　　　　　　　　　　同廿日発
　　　　　　　　　　　　　　　　吉田八郎大夫

御用人　　　　　　　　　　　　同断
　　　　　　　　　　　　　　　　水越八郎左衛門

御先手物頭　　　　　　　　　　同廿二日発
　　　　　　　　　　　　　　　　中村八郎兵衛
　　　　　　　　　　　　　　　　（堀部五左衛門

御大小将御番頭
同断
仙石兵馬
御大小将横目
同廿三日発
水原清左衛門

△当年照強、頃日村々田地用水段々及減少、番水等申付候得共、今以潤雨モ無之、所ニヨリ飲水モ指支申体ニ付、水源ニテモ随分水致大切ニ、少ニテモ流末ニ至候様可相心得旨、改作奉行ヨリ御郡方ヘ一統申渡候段、御算用場奉行申聞候、右体之儀ニ候得ハ、侍屋敷之内相通り候用水、并金沢町・遠所町共家廻り用水流通り候所ハ猥ニ堰留、打水等仕候義ハ、人々心得モ可有之儀ニ候事

右之通被得其意、組・支配之人々ヘ可被申渡候、組等之内才許有之面々ハ、其支配ヘモ相達候様被申聞候、

右同役中可有伝達候事、右之趣可被得其意候、以上

六月廿八日
本多安房守

矢部七左衛門殿

右矢部氏ヨリ例之通廻状有之

御奏者番
金谷請取火消ヨリ
奥野左膳

右モ今日被仰付候処、前洩ニ付爰ニ記ス

同　日　於江戸、左之通被仰付

五百石御加増　先知都合三千石
御家老役　　　　内五百石与力知只今迄之通
若年寄兼帯、御近習御用モ只今迄之通

若年寄御近習御用ヨリ
織田主税

御使番　「（空白）」
御近習頭兼帯　「（空白）」
御引足米拾俵　「（空白）」

今月廿日　御老中方御連名之依御達書、翌廿一日御登城、御転任之御礼於御黒書院被仰上、御下城ヨリ直ニ御老中方并**水野出羽守**[1]殿御廻勤

同廿七日　夕方ヨリ同廿八日廿九日大風雨ニテ京都ヨリ大津迄之往還道ヘ山突出し、江州砂川洪水ニテ草津迄水附、人家過半流失、旅人等死人多く、江州野洲川モ洪水ニテ守山駅モ水附余程家流、是又旅人等死人多、草津之間、渕ニ相成、其外江州川々石砂洪水ニテ木之本駅迄街道筋所々水損、**蜂須賀阿波守**[2]殿江州高宮駅旅宿ニテ二日逗留、本陣ヘ水付やうく寺院之内不水付所ヘ被退、其後武佐駅ニ逗留、大坂天満橋流落、八軒屋迄水付家々寛留迄、八幡・淀・伏見一丈八尺計水かさ付、所々水損之程委くハ未相知候事

右之趣、京都町飛脚棟取ヨリ町会所ヘ書出し紙面ヲ以用文抜書之

一、関東筋并信州・越後筋モ洪水ニテ今月廿四日等江戸発之飛脚七月十日漸金沢ヘ到着

---

1 水野忠友（寛6 58頁）
2 蜂須賀治昭（寛6 248頁）

附、七月朔日・二日大坂筋大洪水ニテ川上筋村々ヘ溢込、流失家多、右在郷家之者共家々棟ヘ逃上り候処、其侭ニテ流候モ有之、天満橋長百三十間之処、橋杭ヘ家共流懸り候ニ付、所之者精誠防候得共多分押流し天神橋長百廿七間之処是モ同断流落、尤助船数艘出命助り候者モ有之、右等之趣大坂詰御算用者瓜生作兵衛ヨリ来状之内要文写也

前洩今月廿八日御大小将ニ被仰付候人々左之通

千四百石　二十才　富田小与之助景明
千二百石　二十才　北川栄太郎輝胤
四百五十石　十九才　森田馬之助景長
四百石　二十才　毛利震太郎守一
三百五十石　二十二才　金子吉郎左衛門定能
三百石　二十三才　堀　孝次郎政之
三百石　廿七才　槻尾次郎大夫直方

戊申
七月大

御用番　奥村左京殿　御歩頭御用番
御城代　前田大炊殿　河内山久大夫

朔日ヨリ五日マテ雨天或陰天涼、六日ヨリ快天或陰交、十日昼后ヨリ雷鳴風雨昏前ヨリ静謐霽晴、十一日ヨリ快天続、但山夕立ニテ陰雷折々有之、十五日夕微雨、十六日微雨、十七日昼ヨリ快天暑立帰、十八日ヨリ廿二日マテ快天折々陰交、廿三日ヨリ快天但夕立雨一頻宛有、

廿六日雨天昼ヨリ快晴、廿七日廿八日廿九日快天也、晦日大雨昼ヨリ属晴、今月気候秋暑
多分強

同　日　月次出仕、如例自分義、前月廿七日記之通ニ付、気滞之趣ヲ以出仕不仕段及御断候事

同　日　左之通被仰付

割場奉行加人　御馬廻組　**河村茂三郎**

同　日　半納米価左之通、余所准テ可知之

地米　五十目五分　羽咋米　四十二匁九分　井波米　三十八匁

四　日　於江戸御家督後初テ御表居間ヘ**相公様**[1]・**寿光院**[2]様・**御前様**[3]・**松寿院**[4]様御招請、於御同所
御饗応、御表舞台ニテ御能、御番組左之通

高砂　宝生権五郎　尾上万次郎
箙　宝生弥五郎　山田金三郎
半蔀　宝生大夫　宝生万作
道成寺　金春大夫　宝生新之丞
金春三郎右衛門　幸左衛門
金春惣右衛門　森田長蔵
間　大蔵弥右衛門　大蔵半助
祝言　岩船　土田村次　建部勝右衛門
粟田口　大蔵八右衛門
千切木　大蔵弥右衛門
福の神　大蔵八右衛門

右之御図りニ候処、御能ハ俄ニ御延引被仰出

1 治脩（十一代）
2 重教室千間
3 治脩室正
4 重教女頴

同　日　自分父方おは病死ニ付、左之通書付出之
私儀気配悪敷役引仕罷在候処、父方おは御大小将組
神尾昌左衛門母、昨三日夜病死仕候ニ付、重テ忌中役引
仕候、右為御断如斯御座候、以上
戌七月四日　　津田権平判
奥村左京殿
附、同月廿三日ヨリ忌明ニ付出勤書付、且気配快出勤書付共両通、前日以使者左京殿へ出之候
事
付札　定番頭へ
御家中之人々勝手難渋之上、町方調達モ指支申体ニ付、近く連年諸上納御用捨等被仰付候
処、今年モ世上甚不通用ニテ銀子調達等不致出来体ニ候、依之役出銀之外諸上納之分ハ、追
テ申渡候迄先不及指上候事、
右之趣被得其意、組・支配之人々へ可被申渡候、組等之内才許有之面々ハ其支配へモ相達候
様可被申談候事、右之通一統可被申談候事
戌七月
右定番頭御用番佐藤勘兵衛ヨリ御用番左京殿御渡之旨等、如例廻状到来
七　日　七夕御祝詞登城、如例自分儀忌中ニ付出仕不仕段、如例及御断候事

八日　月次経書講釈、就忌引中ニ左之通紙面昨日出之、拙者儀忌中致役引罷在候ニ付、明八日経書講釈為聴聞不罷出候条、御案内申達候、以上

七月七日　**津田権平**

御横目衆中

御倹約奉行加人兼帯　定番御馬廻御番頭　**武田何市**

不埒之趣有之ニ付指控　御馬廻組　**伊東卯兵衛**

右一昨六日被仰付候段、承ニ付記之

十日　左之趣御用番**左京**殿諸向ヘ被仰渡

天珠院[1]様五十回御忌御法事来月四日五日ヘ御取越、於天徳院御執行都テ近例之趣ヲ以可書出旨等夫々被仰渡有之、且閉門等被仰付置候者、今月廿三日迄有無共可書出旨

附記本文之通ニ候処、九月四日・五日ヘ御取越ト重テ被仰出候旨、同月十三日**左京**殿如以御紙面夫々ヘ被仰渡事、

但御法事御奉行被仰渡候旨之御横目廻状前々之通ニ付、記略ス

同日　**左京**殿、左之通諸向ヘ被仰渡

御入国御暇被仰出候ハ八月六日御発駕ト被仰出候条、御発駕前江戸表ヘ参着之心得ニテ可有発足、尤組之人々ヘモ可申渡旨夫々以御紙面被仰渡有之候事、但本文之通於江戸ハ今月朔

1 吉徳（六代）室

日被仰出有之、
右ニ付御留主詰之人々今月廿日前後之頃追々ニ発足之事、附八月十九日御着城ト被仰出

△稲ニ花付実入ニ相成候間、石川・河北両御郡、当月十五日ヨリ九月十日迄、御家中鷹野遠慮之義等之儀ニ付、今月二日御算用場奉行**水野次郎大夫**紙面写ヲ以従御用番**左京殿**御廻状有之

十一日 左之通被仰付

本組与力ヨリ　**笠間伊大夫**

数十年彼是役儀相勤、御城方御用モ数年入情相勤候ニ付組外へ被指加、御城方御用只今迄之通可相勤旨被仰出、附記、領知百拾石也

定番御徒小頭ヨリ　**中村少兵衛**

数十年彼是役儀全相勤候ニ付、組外へ被指加書写方御用只今迄之通可相勤旨被仰出

御算用者小頭　**松波六郎大夫**

御引足弐拾石
先知都合百石

役儀入情相勤候ニ付如此被仰付

御年寄衆席留書　**福村久左衛門**

御引足三拾石　先知都合百五十石

同断　同断　百三十石　御城代方与力 角尾金左衛門

同　日　左之通御用番左京殿於御宅、横山山城殿御立会、
御横目永原治九郎指引ニテ被仰渡、尤行山等以下頭々於宅申渡

指控御免許　小寺武兵衛
　　　　　　高畠五郎兵衛
　　　　　　宮井典膳
　　　　　　前田甚八郎

逼塞御免許　行山次兵衛
　　　　　　青木左仲

指控御免許　副田甚兵衛

遠慮御免許　飯尾一平太
但当分江戸表ヘ指遣間敷旨被仰渡

流刑　御免許　御近習頭支配定番御徒 宮田仙吾

右小寺等此節之義ニ付御免許之段被仰渡、是泰雲院[1]様十七回御忌前月御相当、非常之御
大赦故也

十五日　例年之通月次出仕無之
今般御入国御供之人々、旅用指支可申体ニ粗相聞候、行装等省略之義被仰渡モ有之候得

1 重教（十代）

共、当時於御国調達出来兼候体、御供道中之義ハ彼是費用モ有之候ニ付、難渋之人々モ可有之候、御上ニモ御勝手御難渋之上、今年ハ過分之不時御入用ニテ弥増之御指支ニ候得共、今般ハ御入国之義旁御供人古詰之人々ハ御扶持方代仕切之外壱人百目宛、当春以来罷越此度御供之人々ハ壱人百六十目宛御貸渡被成候条、此段御供人一統可被申聞候事

戌七月

右、**長甲斐守**殿御渡之旨等組頭廻状有之候旨、江戸ヨリ申来

廿二日 **自分**義明廿三日就忌明出勤書附出之、前記四日互見

△今般御入国之上、御家中之人々一統御目見被仰付ニテ可有之候、其節奉敬人々装束改候心得モ可有之候哉、聊其義ニ不及事ニ候、熨斗目・上下等有合ヲ着用、見苦ハ不苦候、熨斗目損難用候ハ新ニ拵候ニハ不及、服紗袷并小袖或ハ綿衣勝手次第着用可仕候、此段可申渡旨被仰出候条、被得其意組・支配之人々ヘ不相洩様可被申渡候、組等之内才許有之面々ハ其支配ヘモ相達候様可被申聞、尤同役中可有伝達候事、右之趣可被得其意候、以上

七月廿二日

奥村左京

河内山九大夫殿

右伝達廻状有之候事

廿六日 犀川蛇谷渕ニテ御歩中水練為見分、同役中并為指引小頭中、九半時ヨリ罷越、然処**拙者**義先日以来湿瘡発、頃日指重り着座等難義ニ付、指懸り不罷越、組方家来**岸原儀左衛門**指出、委曲之義別帳御歩方諸事留ニ就記之、爰ニ略ス

廿八日　御家中之人々勝手難渋指支候体ニ付、役出銀之外諸上納之分、追テ被仰渡候迄、先不及指上旨被仰渡候ニ付御城御造営方人足賃銀モ取立方相見合、根高帳ハ一統相改候間、帳面前々之通ニテ当八月中可指出旨等今日御普請会所ヨリ廻状出、同断ニ付、御所務銀・今石動宿役銀・加入格段銀調達銀十五ケ年賦之分モ当年分、御家中ヨリ返済取立方御用番ヘ御達申、追テ被仰渡候迄不取立旨等、町奉行富永右近右衛門・井上井之助ヨリ廻状出●御次銀上納方、追テ被仰出候迄、先上納及延引候様被仰出候旨、小杉喜左衛門・渡辺久兵衛・永井貢一郎ヨリ申談紙面之写ヲ以、林弥四郎・山岸七郎兵衛・前田源六郎・中村宅左衛門ヨリ廻状出●聖堂銀上納方追テ被仰出候迄、先上納及延引候様被仰出候旨、小杉喜左衛門・渡辺久兵衛・永井貢一郎ヨリ申談紙面之写ヲ以会所奉行佐藤八郎左衛門等ヨリ廻状出

今廿八日

宗門奉行当分加人被仰付　御小将頭　永原半左衛門

「(空白)」　御馬廻頭　中村九兵衛

御小将頭　人見吉左衛門

右九兵衛・吉左衛門義、今般御着城御当日御供之年寄衆等ヘ御料理等被下之候ニ付、右御用主付被仰渡、依之来月朔日ヨリ虎之御間ニ役所相建致出席、右御用しらヘ方等取捌候筈之事

今月十八日於江戸、左之通被仰付

御家老役等前記互見
織田主税

加判

右之趣、今日此表於御横目所ｦ諸向ﾍ夫々申談有之

今月廿五日 以上使、初ﾃ御国許ﾍ之御暇被蒙仰、同廿八日御暇之御礼等被仰上、委曲八月七日御弘之条ﾆ有之通ﾆ付爰ﾆ略ｽ、右互見

己酉**八月**大

御用番 **横山山城殿** 御歩頭御用番
御城代 **奥村河内守殿** **自分**

朔日 快天之処昼ﾖﾘ雨天、二日三日四日雨、五日快天、六日七日八日雨、九日晴陰交、十日雨、十一日快天秋暑穏涼風吹、十二日ﾖﾘ晴陰交、十四日秋暑立帰、十五日ﾖﾘ雨天、廿日属晴霽、廿一日廿二日快天、廿三日雨天、廿四日廿五日快天、廿六日廿七日廿八日晴陰交、廿九日雨天、晦日快天、今月気候応時

同日 月次出仕、如例四時過済

四日 左之通被仰付

不破五郎兵衛組足軽小頭
山本平次右衛門

御切米四拾俵
只今迄被下置候御宛行ﾊ被指除之

弓術入情数十年高歩射続、小頭役ｦ久々心懸候ﾆ付定番御徒ﾆ被仰付

同断　　　　　　　　　　　　　　　　庄田要人組足軽小頭
　　　　　　　　　　　　　　　　　　浦山十郎兵衛

同断

鉄砲稽古無懈怠数十年高歩打続、強薬別手前ヲモ致伝授、小頭役モ久々心懸候ニ付定番御徒ニ被仰付

同断宛　　　　　　　　　　　　　　　割場附足軽小頭惣組役
　　　　　　　　　　　　　　　　　　吉川半左衛門

同断　　　　　　　　　　　　　　　　**藤田権作**

　　　　　　　　　　　　　　　　　　松田善八

半左衛門・権作・善八数十年御奉公全相勤、惣組役ヲモ久々情ニ入相勤候ニ付、定番御徒ニ被仰付

六日　左之通於江戸被仰出

相公[1]様御国許温泉御湯治御願、十月初頃御発駕御帰国可被遊旨、今日被仰出

猶以病気等ニテ難罷出人々ハ其段名之下ニ可被書記候、以上

御意之趣可申聞候条、布上下着用明七日五時過可有登城候、以上

八月六日　　　　　　　　　　　　　**横山山城**

津田権平殿

七日　昨日之依御廻文、頭分以上登城、御帳ニ附四半時頃柳之御間列居之処、御年寄衆等御列座、左之通御用番**山城**殿御演述

1 治脩（十一代）

1安藤信成（寛17 180頁）
2水野忠友（寛6 58頁）
3徳川家斉室寔子
4小笠原義武（寛19 63頁）

前月廿五日上使以安藤対馬守[1]殿、初テ御国許へ之御暇被仰出、白銀・御巻物御拝領、従大納言様モ以水野出羽守[2]殿御拝領物 私記、御巻物也 有之、従御台様[3]モ御使小笠原大隅守[4]殿ヲ以御巻物御拝受被成候

右為御礼同廿八日御登城被成候処、於御黒書院御目見、御懇之上意殊ニ御手自御熨斗鮑御頂戴、其上御腰物・御鷹・御馬御拝領、且又長甲斐守・前田織江御前へ被召出御巻物頂戴之、重畳難有御仕合被思召候、右之趣何モ可申聞旨、以御書被仰下候、

右畢テ於横廊下、左之御覚書披見退出

付札　御横目へ

今日御弘之為御祝詞、年寄中等宅へ今日・当十日両日之内可相勤候、且又幼少・病気等ニテ登城無之人々へハ向寄ヨリ伝達、為御祝詞御用番宅へ以使者可申越候

右之趣、夫々可被申談候事

今日

加判被仰付　御家老役　前田修理

病死　人持組　前田内蔵太

覚

一、御着城之節、人持并頭分以上何モ三御丸へ罷出申筈ニ候、常々御帰城之節、虎之御間等并二御丸・三御丸・河北御門外へ罷出候平士、是又前々之通其所々へ罷出可申候、猶更御横目へ

可被相尋候事

一、人持・頭分以上ハ御着城以前何モ二御丸ヘ集有之、御着城近寄候ハ三御丸ヘ罷出可申候、二之御丸ヘ罷出溜所之義、其外ヘ万端御横目致指引申筈ニ候

但御着被遊候ハ蹲踞之所ヨリ直ニ二御丸ヘ被罷出御帳ニ附可被申候、尤込合不申様段々可被罷出候事

右人々御城ヘ被罷出候節ハ河北御門手寄宜候共、右御門ハ指支候条何モ石川御門ヨリ罷出申筈ニ候事

一、右之通石川御門ヨリ罷出候ハ馬・乗物・惣供腰懸之所込合可申候間、坂下御門并紺屋坂御門・新柵御門、右三御門之外ニテ下馬下乗可有之、尤馬・乗物等之分其所ニ残置、往来不指支候様可被相心得候事

一、不及申候得共、登城并退出之節モ騒ケ敷無之様人々相心得、尤家来共ヘモ作法宜様ニ急度可被申付候事

一、石川御門ヨリ内ハ若党壱人・草履取壱人、雨天ニ候ハ傘持壱人召連可被申候、三御丸ニテ蹲踞之節、召来候者ハ御馬廻番所之後之辺ヘ出し申筈ニ候事

一、家来共惣テ罷在候所ヘハ御歩横目并御横目足軽、其外下馬縮之足軽指出指引致申筈ニ候、万端御歩横目并御横目足軽等指図次第可仕旨、此義ハ家来共ヘ別テ厳重ニ可被申付候事

一、御着城之御刻限未相知不申候間、其砌御横目ヘ可被承合候事

右之趣被得其意、組等之内罷出候者ヘモ可被申聞候、

且又同役中可有伝達候事

八月

別紙之趣可被得其意候、以上

八月十日　横山山城

津田権平殿

十一日　左之通

一昨九日心得違ニテ御本丸へ若党召連罷出候ニ付、　御大小将横目　永原治九郎
昨十日ヨリ先自分指控之処、不及其義ニ旨、今日
御城代河内守殿就御指図出勤

十五日　月次出仕、例之通四時相済

今般御入国今月六日江戸御発駕、同十九日御着城ト先達テ被仰出候処、少々時気ニ御触御勝れ不被遊ニ付、六日御発駕御延引之処、段々御快然ニ付、今月十三日江戸御発駕、同廿五日御着城ト被仰出候段、去八日立之早飛脚今日来着申来候事

△今般御家督・御転任・御入国、彼是相兼為御祝儀中将[1]様御入国之上、各ヨリ鳥目百疋宛可有献上候、其節相公[2]様へモ御隠居為御祝儀、鳥目百疋宛可有献上候事

一、中将様へ献上目録、二御丸へ持参、御奏者番へ直ニ被相達献上之筈ニ候事

一、献上之鳥目代金ハ座封ニテ名印記上認、杉原紙ニテ包交名書記、御進物才許へ可被相渡候事
但在江戸之人々ハ同役等ヨリ目録等可有持参候事

1斉広（十二代）
2治脩（十一代）

一、相公様へ献上之分ハ目録披露状、江戸詰合御家老中迄町飛脚ニ伝附、直ニ被指遣、鳥目代金ハ諸方御土蔵へ可有上納候事

一、在江戸之人々ハ目録等於彼地用意有之、此表ヨリ一統献上物差上候節、目録ハ直ニ相達、鳥目代金ハ同所御進物所へ可被指出候事

一、右献上等日限之儀ハ追テ可被申談候事

右之趣可被得其意候、以上

八月十五日　横山山城

津田権平殿　但同役在江戸共六人連名

附記　鳥目代金上認等左之通ニテ折懸包

鳥目代金百疋壱封
津田権平

十九日　左之通被仰付

御大小将横目　三宅平太左衛門代

御大小将ヨリ
篠嶋頼太郎

廿一日　去廿三日江戸御発駕之御飛脚今朝来着、糸魚川迄被為入候御飛脚廿三日朝来着

廿四日　明日御着城ニ付登城小頭中へ御用、夫々申談、且左之趣於御横目所致承知候事

御着城御待請揃刻限朝六時之事

廿五日 津幡駅朝六時不遅御供揃ニテ御発駕、森下御中休、昼九時頃益御機嫌克御着城被遊候、前記御用番**山城**殿御廻文之通三之御丸ヘ奉出迎候処、御意有之、夫ヨリ為御祝詞於御式台ニ御帳ニ附、夫々御用方相済、八時頃致退出候事、附同役一人宛毎日四時ヨリ八時マテ詰之事

出マシタカト

但御入国之御着城ニ付御供人御歩並以上御料理被下之、足軽小頭以下ヘハ赤飯・御酒等被下之、御作法都テ御前例之通ニ候事、御作法委曲別冊諸御作法書之内ニ有互見

△御入国御着城之上是以後御歩並以上之人々交代等ニテ江戸表ヘ罷越候節、発足前日御用之有無、拙者共席相尋候様頭支配人ヘ夫々御申談可有之候事

八月　　**関屋中務**

右御横目中ヨリ以添書廻状有之

廿六日 五半時御供揃ニテ宝円寺・天徳院ヘ御参詣、御入国初テ之御参詣ニ付御供人布上下着用之事

廿八日 左之通被仰付、但於御席、御用番**山城**殿被仰渡

図書嫡子
前田又勝

新知千石
人持組ニ被仰付、座列**津田外記**次ヘ
引離列可申候

図書儀、数十年重き役儀等相勤度々江戸へモ相詰致苦労候、依之せかれ又勝被召出新知
如此被下之候
今石動等支配ヨリ
遠田誠摩

於御前被仰付
公事場奉行

廿九日　去十九日　江戸発足之御用状来着、左之通申来
今般御普請被仰付候寿光院様御殿、是以後悔之御殿ト相唱候様被仰出候
御広式番ヨリ
村上金九郎
十一日　御広式御用人ニ被仰付
十三日　五人扶持被下之、御針医ニ被召出
久保江元

相公様御帰国御道中御供、左之通被仰付
御道中奉行
御持頭
林　十左衛門
御先手
山口清大夫
但林・山口、相公様御近習也
御供被仰付　御弓支配
御先手
山路忠左衛門
同断　御長柄支配
御大小将
湯原友之助

御隠居・御家督等ニ付献上物之義先達テ相触候通、来月十三日可有献上候、刻限之義年寄中

ヨリ人持中迄
以使者指上候分ハ六時ヨリ五半時迄、頭分等持参之人々ハ五半時ヨリ四時迄ニ指上可申候事
一、御太刀馬代ニ不限、都テ献上物代金銀之分ハ御進物裁許ヘ直ニ相渡、御肴代等上包迄御奏者番ヘ相達可申候、尤認方等之義ハ先達テ申達候通ニ候事
但御進物上ケ下切手年頭献上之通可被相心得候、且又金銀座封月越ニ相成候義指支不申候事
一、相公様ヘ之献上物披露状来月十三日之日附ヲ以、惣代使者等即日発足指上可申候、町飛脚ニ伝附之人々モ披露状十三日之日付ニテ十四日出ニ指上可申候、其外先達被申達候通ニ候事
右之趣可被得其意候、以上
八月晦日　横山山城
津田権平殿　但新番頭御歩頭連名

前洩
今度御着城之上相公様ヘ之御使志村五郎左衛門御先筒頭兼御近習ヘ被仰付、翌廿六日発足

同断
今月廿六日左之通被仰付

役儀御指除　　　宮腰町奉行御馬廻組　**玉井主馬**

同断

順正院[1]様御七回忌、今廿九日就御相当ニ讃岐高松へ御代香之御使被仰付、今月十一日発足　　　御先手物頭　**杉野善三郎**

但九月廿二日金沢へ帰着、帰帆ニ海上十一ヶ日之逗留有之ト云々

同断

相公様今般従東海道御帰国、御持筒頭兼御用人御先三品就被召連候、御道中御筒支配御供就被仰付候、組足軽召連遠州横須賀迄為御迎可罷越旨、今月十一日被仰渡　　　**小原惣左衛門**

但十月二日金沢発

同断

今般、**相公**様東海道御通行ハ冬向之御旅行、其上従**中将**様被仰上候趣モ有之ニ付被仰出ト云々

御用番　**前田内匠助**殿　　御歩頭御用番
御城代　**前田大炊**殿　　**矢部七左衛門**

庚戌**九月**大

朔日　快天、二日雨、三日ヨリ五日マテ快天、六日陰、七日時々雨、八日陰、九日十日十一

1重教女藤（高松徳川頼儀室）

日雨天、十二日十三日十四日快天、十五日モ同之処昏前ヨリ雨、十六日ヨリ快天続、但十九日夜ハ雨、廿日快天之処、昼ヨリ雨天雷鳴、廿一日雨昼ヨリ快天廿二日陰、廿三日時雨雷鳴、廿四日廿五日快天、廿六日雨廿七日雷風雨大ニ荒、廿八日雨天昼ヨリ快天、廿九日如昨日、晦日快天、今月気候応時（夜ハ雷鳴）

同日 月次出仕、一統於柳之御間、御目見被仰付、目出度ト御意、御請、座上之**本多安房守**取合言上、畢テ四時過各退出

御膳所定役御歩横目ヨリ
安田源太左衛門

新知百石被下之
御歩小頭ニ被仰付

右桧垣之御間二之間ニテ御家老**横山又五郎**殿御申渡

付札　定番頭へ

今般御家督等為御祝儀、御太刀馬代并鳥目献上ニ付夫々目録ハ二御丸へ持参、柳之間入口横於御廊下通御奏者番へ可被相達候、御太刀代・御馬代・鳥目代ハ家来ヲ以、御進物所へ指出、御進物才許与力へ相渡申筈ニ候事

右之趣夫々可被申談候事

九月

付札　御横目へ

△九月十五日ヨリ御礼被為請候節、服之義御城へ罷出候者ハ十五日・十六日・十九日三ケ日御歩並以上布上下着用、御門方之義ハ十五日ヨリ廿八日迄御礼被為請候日、年頭之趣ヲ以、

可被申談候事

八月

右今朔日定番頭御横目ヨリ例文之廻状ヲ以到来

二日　今般御入国為御祝儀、従淡路守[1]様 富山 御使者生田四郎兵衛登城、柳於三之御間御料理被下之、相伴新番頭ヨリ小川八郎右衛門給事御歩、且右御使者於桧垣之御間、御目見被仰付、委曲別冊諸御作法書之内ニ有之ニ付略記ス互見

三日　明日・明後日就御法事、天徳院惣見分

四日　前記七月十日ニ有之通、於天徳院天珠院[2]様五十回御忌御法事御取越御執行、同役替々相勤九半時過御法事相済、八時過御参詣被遊御焼香、追付御還城之上、八半時頃御寺詰人罷帰、且前々之通御寺詰中拝礼仕、尤其段昨日惣見分之節、御法事御奉行御達申置候事

五日　於天徳院、昨日同断御執行、今日モ御参詣上堂御聴聞等被遊候事

六日　左之通被仰付

於御前　物頭並江戸御広式御用
用意出来次第発足江戸詰被仰渡
組外御番頭ヨリ
林　源太左衛門

同断　組外御番頭　篠原権五郎代
定番御馬廻御番頭ヨリ
伊藤権五郎

於御席　定番御徒小頭
定番御徒ヨリ
三橋安兵衛

今般御入国ニ付御家中之面々当十五日ヨリ段々独礼被仰付候旨被仰出候条、被得其意、組・

1 前田利幹（富山藩九代）
2 重靖（九代）

支配之人々ヘモ可被申聞候、年頭之通献上物有之筈ニ候、組頭以上之面々御太刀ニテ不及献上ニ、御太刀代年頭之通可有献上候、右以下鳥目ハ御進物所ヨリ頭支配人ヘ請取申筈ニ候、年頭ニハ御礼銭座封ニテ鳥目ト取替候得共、今般ハ余日無之候間仮切手ヲ以人々身当御礼日前日鳥目被請取、追テ座封銀ト右切手取替可被申候事

一、頭分以上ハ十五日六時揃ニ候、平士等御礼日限并揃刻限ハ頭支配人ヘ御横目ヨリ直ニ申談候筈ニ候事

但頭分以上之せかれ、年頭之通御礼被為請候日限ハ廿五日六半時揃ニ候事

一、在江戸等之人々モ当御礼日献上物有之儀等、年頭之通可被相心得候事

右之趣被得其意、組・支配之人々ヘモ可被申渡候、組等之内才許有之人々ハ其支配ヘモ相達候様被申達、尤同役中可有伝達候事、右之趣可被得其意候、以上

九月六日　　前田内匠助

矢部七左衛門殿　但**矢部**氏ヨリ伝達廻状有之

猶以万事年頭之通可被相心得候、以上

今般御礼日等左之通

一番座　六半時揃

二番座　五半時揃

十五日　御年寄衆ヨリ頭分以上、御小将等ヨリ坊主頭迄一先被為入、重テ年寄衆息、人持末席御役御免頭分**前田木工**等ヨリ新番御歩迄

十六日　昨日御用ニテ相残候頭分以上御小将等御馬廻組、小松・魚津等遠所在住平士
十九日　御馬廻組同御用番支配
廿一日　定番御馬廻・組外
廿二日　煩本復人、且定番頭支配、小松・魚津御馬廻与力・諸小頭等
廿五日　隠居之面々月次出仕無之、御年寄衆息方ヨリ頭分以上迄之息方并他国町人
廿六日　寺社方、但正月六日之通
廿八日　寺庵方、但正月十五日之通

七　日　明日就御法事、神護寺惣見分

八　日　前記之通於神護寺**浚明院**様御十七回忌御法会有之、畢テ御参詣御拝被遊候、同役代々
一人宛相詰九半時相済、其外前々之通ニ付略記ス

同　日　月次経書講釈有之候得共、御寺詰ニ付相断候事

当十五日御入国御礼被為請候ニ付、独礼難仕座付御礼相願候人々有之候ハ、身分当り御礼
日当日ニ被仰付候間、名書御指出之節、其段御書加御指出可被成候、且又十五日以来当病
等ニテ不罷出人々廿五日御礼被為請候間、御組・御支配御申談、当廿二日切各書御書出可
被成候、揃刻限五半時ニ候条、是又御申談可被成候、以上
　九月七日　　　御横目
御歩頭衆中

九　日　重陽為諸祝詞出仕、前々之通御表ヘ御出無御座、四時過年寄衆謁相済

十　日　左之通被仰付

御馬医御厩方
石黒昌蔵
新知百二拾石

御歩小頭ヨリ
竹内善大夫
改　義方
附只今迄二十人扶持

坊主頭　役料三十石

御鷹方取次支配御歩並
御鷹匠
四十俵ヨリ
棚橋平六
御引足拾俵　都合五十俵
六組御歩ニ被仰付

平六儀、鷹方心懸宜実体相勤御用立候ニ付、如此被仰付

十一日　於御前、被仰付

御役料百五十石組頭並御近習ヨリ
井上勘右衛門
役料二百石
列是迄之通ニテ今石動等支配被仰付、
御近習御用ハ御免除、先役料知ハ被指除之

御表小将横目ヨリ
永井貢一郎
定番御馬廻御番頭　伊藤権五郎代
金谷御広式御用兼帯被仰付、御近習ハ御免除

御大小将組会所奉行
佐藤八郎左衛門
御大小将横目　鈴木故三左衛門代

同　日　於御席、御用番内匠助殿左之通被仰渡

本高七百石
一、五百石　　町奉行　井上井之助

御配分
一、弐百石　　井之助嫡子　井上元吉
井之助願之趣被聞召届、尤被思召候、依之如斯御配分被仰付、元吉儀御馬廻ヘ被加之

故平馬知行二千六百六十石　内千拾石与力知
一、千石　　奥村平馬跡相続　奥村獲馬
父中務儀、乱心之体ニ付、流刑被仰付、跡式ハ不被及御沙汰候、併思召有之ニ付故平馬為跡式中務二男獲馬被召出、如斯相続被仰付、前田杢等並ニ被仰付

故四郎左衛門知行八百石之内
一、三百五十石　　松田四郎左衛門跡相続　松田彦右衛門
只今迄六組御歩相勤有之嫡子波江ハ出奔、依テ二男被召出
父権大夫儀、致自害相果候ニ付、名跡ハ不被及御沙汰候、併思召有之ニ付、権大夫二男彦右衛門ヘ如斯被下之、四郎左衛門跡相続被仰付、彦右衛門ヘ被下置候御切米ハ被指除之、組外ヘ被加之

祖父内蔵太知行七百石之内
一、三百石　　葛巻内蔵太跡相続　葛巻喜太郎
父内蔵太儀、致自害相果候ニ付、名跡ハ不被及御沙汰候、併思召有之ニ付、喜太郎被召出、

祖父内蔵太跡如此相続被仰付、組外へ被加之

同日　跡目并残知等左之通被仰付、於柳之御間御年寄衆等御列座、御用番内匠助殿被仰渡

伊藤靭負

亡父白鷗隠居知
一、五百石
本高都合二千八百石　内三百石与力知、白鷗隠居知ハ
本高之内ニ付テ御引足被下之

帯刀嫡子
多賀清次郎

亡父帯刀知行三千石之三ノ一
一、千石

源右衛門嫡子
津田文次郎

一、二千五百石　内千石与力知
末期願置候通、同姓津田藤兵衛嫡子文次郎義
嫡女へ聟養子被仰付

大膳嫡子
横山予吉郎

一、千石

平馬嫡子
江守千之助

一、千三百石　御馬廻へ被指加之

長左衛門せかれ
田辺長太郎

一、三百石　組外へ被加之

才記せかれ
松平九左衛門

一、二百五十石　同断

三郎左衛門嫡子
北村宗兵衛

一、三百二十石　同断

庄兵衛嫡子
土肥権六郎

一、五百四十石　御馬廻へ被加之

一、二百石　組外へ被加之　(采)宋右衛門養子　有沢余所之助

一、二百五十石
三郎兵衛へ被下置候自分知ハ被指除之、附記百石　八郎兵衛せかれ　村田三郎兵衛　附記三郎兵衛只今迄モ組外

一、二百石　組外へ被加之　丈助養子　千秋宗助

一、五百石
末期養願之趣被聞召届候、依之おい為兵衛三男又吉義惣領娘へ聟養子被仰付、御右筆見習被仰付、当分御小将頭支配　清大夫養子　土師又吉

一、八百石　五郎左衛門養子　奥村卯八郎

一、四百石　組外被加之　一学養子　沢田大次郎
末期願之趣被聞召届候、依之中村才次郎弟養子被仰付

一、五百石　直記せかれ　黒坂左兵衛

一、三百石
末期願置候通、実方兄同姓寺西清左衛門四番目弟直五郎養子被仰付、組外へ被加之　新作養子　中西直五郎

一、四百五十石　助四郎せかれ　栂　助九郎

一、三百石　多吉せかれ　名越主馬佐

一、同
末期願置候通、四番目弟鉄五郎養子被仰付
孫大夫養子　里見鉄五郎

一、二百五十石
武左衛門養子　金子寿之助

一、二百石
半助養子　関屋兵作

一、同
末期願之趣被聞召届候、依之同姓板坂平馬弟左守養子被仰付
右膳養子　板坂左守

一、百石
三郎左衛門せかれ　半田兵助

一、二百石
末期願置候通、養方実兄久田権佐惣領娘養女仕、実母方いとこ永原七郎右衛門三男左次馬儀養女へ聟養子被仰付
与三左衛門養子　安見左次馬

一、百石
与久兵衛嫡子　上坂喜藤太

一、百五十石
末期願置候通、吉田宇左衛門二男八百次郎義娘へ聟養子被仰付
左兵衛養子　青山八百次郎

一、七十石
森右衛門養子　鶴見佐兵衛

一、百五十石
末期願置候通、片岡左膳二番目弟弁次郎養子被仰付
彦右衛門養子　高畠弁次郎

一、百石　小市郎せかれ　毛利融次郎

一、百二十石　十右衛門養子　毛利左五郎
末期願置候通、同姓父実方いとこ毛利和平太嫡子左五郎
養子被仰付

一、二百石　甚右衛門せかれ　小塚八十吉

一、百石　金左衛門嫡子　大村惣蔵

一、五人扶持　玄順せかれ　江間順哲

一、七人扶持　下間嫡子　広瀬八十郎

父市郎左衛門へ最前被下置候御切米御扶持方高之通
一、四十俵　外ニ八人扶持　勝木市之丞
市之丞へ被下置候御切米御扶持方ハ被指除之

一、百五十石　和大夫嫡子　関　源進

一、同　久右衛門嫡子　松田安左衛門

一、五人扶持　九八郎せかれ　片岡辰五郎

一、九十石　与左衛門せかれ　不嶋仙太郎

残知被下候分、左之通

父蔵人知行無相違
一、六千五百石　　　　　　　　　　横山多門
本高都合壱万石　内二千石与力知千石同心知

亡養父図書知行無相違
一、千石　　　　　　　　　　　　　加藤廉之助
本知都合千五百石　前田杢等並被仰付

亡養父老次郎知行無相違
一、二百七十石　　　　　　　　　　別所五百次郎
本知都合四百石

亡父逸角知行無相違
一、百四十石　　　　　　　　　　　鷹栖伝次郎
本知都合二百石

亡父清大夫知行無相違
一、百石　　　　　　　　　　　　　津田兵三郎
本知都合百五十石

亡父弥一郎知行無相違
一、二百七十石　　　　　　　　　　細井弁次郎
本知都合四百石

十二日　宝円寺ヘ御参詣有之

付札　御馬廻頭ヘ

今般跡目并残知被仰付候人々御礼之儀、家督之献上物ハ目録相添御奏者番ヘ相達、御入国ニ付テ之御礼申上、尤献上物可仕候事

右之趣可被得其意候事

別紙覚書御用番内匠助殿御渡、各様へ私ヨリ可致伝達旨被仰聞候ニ付、則写相廻申候、且又献上物目録指上候日限之儀ハ御奏者番中承合候処、御入国ニ付テ組当り御礼申上候、同日ニ指上可申旨、相公様ヘ献上物目録日限モ同様之筈之旨被申聞候、右為御承知致廻状候、御順達可被返遣候、以上

九月十二日　　　　岡田助右衛門

矢部七左衛門様

但寺社奉行ヨリ定番御馬廻御番頭迄之御用番六人連名

十三日　前記八月廿九日ニ有之通ニ付、今朝五半時頃熨斗目・半袴着用登城、左之通献上目録上包之侭、柳之御間入口於横御廊下通ニ、御奏者番ヘ相渡之候事

但鳥目代金ハ左之通――――仮役前田橘三

切手ヲ以惣代使者御用番矢部七左衛門ヨリ指出、裏御式台之上於御廊下通、御進物裁許与力ヘ相渡、請取切手取請候事、附前条山城殿御廻文之趣ニテハ鳥目代金上包ハ自分ヨリ御奏者番中ヘ直渡之様ニ有之候得共目録迄直ニ相渡之、上包ハ金子包候テ従使者与

力へ相渡候筈ニ相成候事

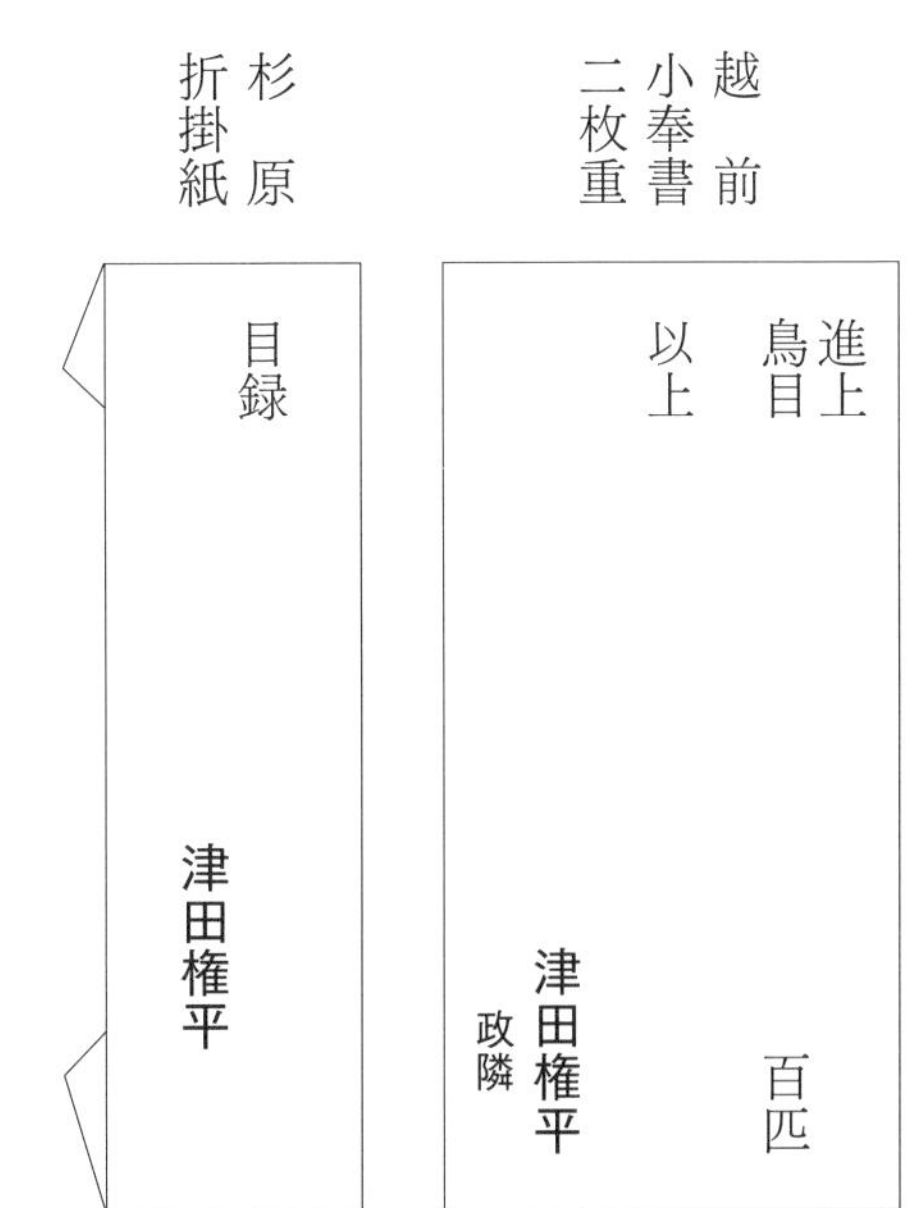

覚

一、文金　壱歩壱切 鳥目百匹代
一、
一、
一、

原田又右衛門
矢部七左衛門
河内山久大夫
安達弥兵衛

一、───
一、───
右今般御家督・御転任・御入国、彼是相兼為
御祝儀、同役中并自分共、献上之鳥目代金
上之申所如件

津田権平
在江戸 吉田八郎大夫

享和二年九月十三日

御用番 矢部七左衛門 印

御進物才許与力 交名六人殿

下ケ切手右ニ准し調出ス
相公様へ献上方モ、前記八月廿九日ニ有之通ニ付左之通相調、御用番同役矢部七左衛門方迄
指遣、同人方ニテ一集ニ認之、明十四日出町飛脚ニ被指出候、惣認上書モ御家老衆御両人・
同役五人連名之事

目録調方并上包モ中将様へ之献上ト同断

一筆啓上仕候、今般 御隠居・御家督為御祝儀 相公様へ目録之通献上之仕候、御序 之刻可然様御披露可被下候、恐惶謹言

右鳥目代金ハ例之通

切手ヲ以諸方御土蔵
へ同役六人一紙ニテ
御用番矢部一印
如前同断

九月十三日
津田権平
政隣判
前田修理様
織田主税様
人々御中

当十五日ヨリ御入国御礼被為請候ニ付、初日ハ何モ長袴着用御奏者番披露、御小将ハ十五日ヨリ十九日迄三ヶ日長袴着用、廿一日・廿二日・廿五日ハ半上下着用、廿六日ハ長袴着用、廿八日ハ半上下着用、其外ハ十六日ヨリ御礼日毎携候人々、何モ熨斗目・半上下之趣ニ夫々可申談ト奉存候、明和八年等之振を以御達申候
一、十五日・十六日・十九日三ケ日之分御城へ罷出候人々、御歩並以上之人々布上下着用之儀、先達テ被仰談候ニ付、右三ヶ日与力以上之人々、熨斗目着用之儀ト相心得可申奉存候事
九月九日
右ハ御横目中ヨリ御用番内匠助殿へ被伺候処、其通ト被仰聞候由ニ付、借受写之
付札　定番頭へ
今般御入国御礼罷出候頭分以上之せかれ名前書記、当廿日切可被指出候、在江戸之人々ハ代判人ヨリ可被書出候事
右之趣被得其意、頭分以上之面々へ可被申談候事

九月十三日

右**武田喜左衛門**ョリ例文廻状出

御家老役
西尾隼人

今十三日病死

十四日　明十五日御入国御礼ニ付、其節献上之青銅仮切手ヲ以、今日御用番**矢部七左衛門**ョリ請取人へ出之、青銅受取之御歩番所へ預置候段被申越、明朝於御城御歩小頭中ョリ受取可申筈之事

但代金ハ今月中ニ、**矢部**氏ョリ一集ニ上納之筈ニ候事

十五日　月次出仕ハ相止候段、重陽御祝詞登城之節、於御帳前申談有之候事

一、前記今月朔日以来ニ有之通、今日御入国御礼就被仰付候、今朝六時出宅登城、御帳ニ附九時前御出、於桧垣之御間年寄中・御家老中・若年寄中迄御礼被為請、直ニ柳之御間ニ御着座ニテ、人持・頭分等前記之通三切ニ御礼被為請、〔自分・奏者**永原久兵衛**〕且座付之

御礼人ハ、〔痛或老人等依頼座付也、将又同断ニ付、押テ独礼ハ申上候得共、依願半袴着用之人々モ有之候事〕柳之御間横御廊下ニ着座御衝立之外迄御出、奏者唱之

右惣様七半時過相済候事

一、**吉田八郎大夫**献上目録、左之通御席へ持参、〔**自分**義代判故也〕御用番へ懸御目、夫ョリ御奏者所へ持参、**竹田掃部**へ相渡之、代金ハ**矢部**氏ョリ同役中一集ニ、今月中ニ御進物所へ上納之筈ニ付、**矢部**

氏迄座封之表致代印遣候事

越前
小奉書
大サ等年頭
之通

右御入国御礼被仰付候処、就在江戸
鳥目　百匹
以目録献上之仕候、以上
九月十五日
吉田八郎大夫

十六日　前記之通御入国御礼被為請、御迫込ニ付、一二番座共四時過相済候事
但今朝五半時御表ヘ可被遊御出旨、昨夜被仰出、依之少々之不行届義ハ御見通可被遊旨モ被仰出候処、其刻限御礼人列立等不相済候得ハ大支ニ付、御用番御請甚御難渋有之、御奏者番・御横目ヘ段々御僉儀之上、夜四時過ニ示談極リ御請相済、右ニ付今日御礼人習仕、御奏者番見届無之、頭々見届候迄ニテ列立、一行ニ相立御礼席ヘ出口ニテ御横目指引仕、左右ヘ分之、且又御奏者番披露、覚帳御礼人交名之下ニ下付書不致右之趣ニ候故、五半時ニ御礼始り不指支候事
附御奏者番・御横目・御礼人手前ニモ為指（さしたる）不調法モ無之相済候事

同　日　於御横目所、左之覚書披見申談有之候事、
跡目・残知等并御役等被仰付候人々、御礼献上物目録ヲ以上之申候ニ付、跡目・残知等之人々、先達テ御礼勤有之候ニ付、今日御礼勤仕ニ不及、役儀被仰付候人々ハ、今日御礼勤可仕候、此段向寄ニ可申談旨、**内匠助**殿被仰聞候事

同　日　去ル十日江戸発之早飛脚来着、今般相公[1]様為御湯治御帰国、十月六日江戸御発駕可被遊旨被仰渡候段申来、且左之通東海道十九御泊ニテ、同月廿五日御帰国之段モ申来

品川御泊　川崎御中休　六里十八丁　金川御泊　戸塚御中休
五里十二丁　藤沢御泊　大磯御中休　八リ八丁　小田原御泊　箱根御中休
八リ　三嶋御泊　原　御中休　六リ六丁　吉原御泊　由比御中休
七リ十六丁計　江尻御泊　岡部御中休　十リ十六丁　島田御泊　掛川御中休
九リ二丁　見附御泊　浜松御中休　八リ廿六丁　新居御泊　吉田御中休
七リ廿六丁　赤坂御泊　岡崎御中休　十一リ五丁　鳴海御泊　清洲御中休
八リ十八丁　起　御泊　大垣御中休　七リ四丁　垂井御泊　春照御中休
十一リ　木本御泊　中河内御中休十リ十八丁　今庄御泊　脇本御中休
五リ　府中御泊　福井御中休　九里十八丁　金津御泊　大聖寺御中休
八リ　小松御泊　松任御中休　七リ余　金沢御着　以上

附記十月六日江戸御発駕之処、相州湯本川出水橋落候ニ付、小田原ニ一日御逗留、且又松任ニ御泊、同月廿七日御着ト被仰出候処、重テ於御旅中廿四日小松御泊、翌廿五日御着ト被仰出、則同日御着、猶同日記互見

十七日　左之通被仰付

御歩横目
吉本弥左衛門

右弥左衛門於大坂表不慎之趣被聞召、役儀モ有之

1治脩（十一代）

候処別テ不埒之至ニ付、役儀被指除遠慮被仰付

十九日　前記之通、御入国御礼被為請

今日左之通被仰渡

寄合
長　作兵衛

相公様御湯治御帰国御願之通去十一日就被仰出候、江戸表ヘ之御礼御使被仰付、但御内証ハ去十三日ニ被仰渡

附今月廿三日発足、且右御暇之上使等之委曲ハ十月朔日ニ有、互見

人持組
三田村内匠

相公様御着国之上為御礼、江戸御使

御馬廻頭
青地七左衛門

同断従
中将様之御使

久右衛門養子
片山半之助

十人扶持被下之、御厩方乗役ニ被召出

廿　日　五半時御供揃ニテ、御宮神護寺・如来寺ヘ御参詣

／喧嘩追掛物役　茨木源五左衛門代

永原佐六郎

九月十九日ヨリ
只今迄之通

佐六郎ヨリ例文廻状出　**平田三郎右衛門**

廿一日　前記之通御入国御礼人有之

廿二日　同断、且御入国為御祝儀、**西本願寺**殿御使者登城有之

相公様御帰国御供**織田主税**
気滞ニ付、右代御供為御用発足　御家老役
但十月二日江戸参着　**今枝内記**

相公様御供代等、一昨日以来追々発足出府

付札　定番頭へ

嘉節朔望出仕之人々、是迄御用番支配之分ハ病気等ニテ登城難成趣、当朝ニ至、断紙面指出候得共、以来前方相知候分ハ前日断紙面可指出候、当朝ニ至、病気等之節ハ早速御横目へ直ニ断紙面指出、尤支配々々へモ可及断候、出仕列立等及遅々候儀ニ付、今般被仰出之趣別紙ニ申達候通ニ候条、当朝ニ至、病気等之分ハ、御横目へ断、不及遅滞様可相心得候、右之趣被得其意、出仕以上之諸頭等へ夫々可被申談候事

戌九月

付札　定番頭へ

嘉節朔望出仕之人々所々散罷在、列立之義御横目ヨリ申談候テモ、不行届及遅々候人々モ有之体被聞召、不作法之義ニ被思召候、以来ハ四時ヲ限り列相立候様被仰出候間、其心得可

有之候、如斯被仰出候上自然列居ニ洩候ハ、其者之可為不念候、右之趣一統可申渡旨被仰出候条被得其意、出仕以上之諸頭等ヘ夫々可被申談候事

戌九月

右定番頭御用番**武田喜左衛門**ヨリ、例文之廻状出、廿四日也

廿五日 前記之通、御入国御礼被為請、但無息之人々ハ年頭之通於桧垣之御間御礼被仰付

廿六日 前記之通、御入国御礼被為請、且左之通被仰付

御馬廻組
津田弥三郎

相公様就御帰国御拝領物為御礼、従**中将**様江戸表ヘ被指出候御使今日表立被仰渡、明後廿八日発足之筈ニ候事、但御内証ハ先達テ被仰渡

廿七日 左之趣御横目廻状出

相公様御着国之上、御歩並以上交代等ニテ江戸表ヘ罷越候節、発足前日金谷御殿ヘ罷出、御用之有無拙者共席ヘ相尋候様、頭・支配人ヘ夫々可有御申談候事

九月

石野主殿助

廿八日 前記之通、御入国御礼被為請、且左之通昨廿七日被仰付

奥附御歩横目

御歩横目ヨリ
服部又助

廿九日 **東本願寺**殿御使者、御入国為御祝儀登城、**御前**少々就御風邪、御表ヘ御出無御座、且委曲ハ別冊諸御作法書之内ニ有互見、且今日左之通被仰付

御用人当分加人

御持弓頭
窪田左平

但庄田要人気滞役引、小原惣左衛門来月二日相公様御迎為御用発足之筈、安達弥兵衛壱人ニ相成候ニ付、本文之通、附十一月廿五日ヨリ御用無之

付札　定番頭へ

△今般御入国御礼銭代、金銀御進物所へ来月十日ヨリ十五日迄ニ一統可有上納候事、右之趣被得其意、組・支配之人々へ可被申渡候、組等之内才許有之面々ハ其支配へモ相達候様可被申談候事

九月

晦　日　五半時御供揃ニテ天徳院へ御参詣、且左之通被仰付

右御用番内匠助殿御渡之旨等武田喜左衛門廻状出

宮腰町奉行　玉井主馬代　御大小将ヨリ　松原安左衛門

指控被仰付置候処、御免許　御馬廻組　伊東卯兵衛

同断　御免許　役儀ハ被指除　御歩横目　塚本九左衛門

遠慮被仰付置候処御免除　御異風　豊嶋左門

今月十九日　江戸発之御用状同廿八日来着、左之趣申来

相公様御国許温泉へ御入湯御暇之義、従中将様御願之通、去十一日上使ヲ以被仰出、同十

五日御名代ヲ以御礼等之義、同日御家老衆迄就被仰出候、則前田修理殿ヨリ江戸詰御小将頭堀平馬へ御覚書御渡之、平馬ヨリ諸頭へ可及演述旨御申聞之由、且為恐悦翌十六日四時過布上下着用御家老衆御席へ可罷出候、此段モ及演述候様修理殿御申聞之旨、平馬ヨリ諸頭連名廻状有之、但十月朔日御弘之趣ト右修理殿御渡之

覚書ト同趣ニ付爰ニ略記ス

御家老役
織田主税

浮腫ニ付御国へ之御暇被下

九月十五日江戸発同廿六日金沢帰着

十月十二日病死

御馬廻頭
山森藤右衛門

来春御参勤御時節御伺之

江戸御使今月［　］(空白)日被仰渡、十月二日発足十一月九日帰着、互見

同廿四日出、廿九日出十月八日来着、左之趣申来伺畾紙爰ニ記之

相公様今般従東海道御帰国ニ付、御供人へ仕切御扶持方代之外左之通被下之

古詰之者へハ壱人扶持ニ付　百八十目宛

詰不足之者へハ同断ニ付　二百三十目宛

但乗馬ハ無差別壱疋(カ)ニ付　八十目宛増銀

同断ニ付於御道中、支配方左之通

御供之御歩小頭并御歩致支配　　御使番頭　田辺判五兵衛
候様被仰渡　　　　　　　　　　　　　大橋作左衛門

今月廿四日　白山祭礼ニ付、御門前等山引渡候ニ付、当番平士ヨリ御歩並迄見物勝手次第可出
旨、従**相公**様被仰出

辛亥十月小　　御用番　**村井又兵衛**殿　　御歩頭御用番
　　　　　　　御城代　**奥村河内守**殿　　　**河内山久大夫**

朔　日　快天昼ヨリ微雨、二日ヨリ八日迄快天或陰天、九日十日十一日雨天、十二日十三日十
四日快天、十五日ヨリ廿一日迄雨天、廿二日快天、廿三日雨天、廿四日ヨリ廿七日マテ晴陰
交如春、廿八日雨風、廿九日同、今月気候冷穏也

同　日　月次出仕、如御例一統御目見目出度ト御意有之、御取合等年寄中座上ヨリ言上、右相
済左之通御用番**又兵衛**殿御演述、
畢テ於横御廊下、左之御覚書披見、四時頃一統退出、
相公様御国許温泉ヘ御入湯御暇之義、従**中将**様御願置被成候処、去十一日上使**内藤豊前守**[1]
殿（私記御奏者）ヲ以御願之通被仰出、且又同十五日御登城、御湯治御暇之御礼可被仰上候、
若御病気候ハ御礼被仰上ニ不及、御名代被指出候様、前日御老中方御連名之御奉書到来之
処、御持病御勝不被成候ニ付、御名代**飛騨守**[2]様御登城被成候処、於御白書院御掾頬御老中
方御列座、就御病気ニ御目見候ハ不被仰付候、御拝領物（私記御羽織五ツ也）被仰付候旨、**松平**[3]

---

1 内藤信敦（寛13 203頁）
2 前田利考（大聖寺藩八代）
3 松平信明（寛4 410頁）

伊豆守殿御演述、御羽織御拝領被成難有御仕合思召候段、御両殿様ヨリ拙者共迄被仰出候事

付札　御横目へ
今日御弘之為御祝詞、今日中御用番宅へ可相勤候、且又幼少・病気等ニテ登城無之面々ハ御弘之趣向寄ヨリ伝達、為御祝詞御用番宅迄以使者可申越候、此段夫々可被申談候事

十月朔日

同　日　左之通被仰付

川嶋伴七せかれ
川嶋忠兵衛

御切米三十俵
右伴七及老年候迄御鷹方御用全相勤候ニ付、忠兵衛義御歩並御鷹役ニ被召抱、御宛行如斯被下之、御鷹方取次支配ニ被仰付

同　日　本納米価左之通、余所准テ可知之
地米六拾目　羽咋米五拾二匁　井波米四拾七匁五分

二　日　縁組・養子等諸願被仰出、其内左之通
但跡目等ハ前月十一日被仰付、諸願モ其砌被仰出候御例ニ候得共、此度ハ御僉議之筋有之故ニ候哉、今日被仰出

御歩頭
矢部七左衛門

眼病等ニ付願之通
役儀御免除　但気滞役引ニ付、名代河内山久大夫出

就病気願之通
役儀御免除
同断

御先弓頭
千田治右衛門
定番御馬廻御番頭
立川金丞

付札　前田兵部へ

附記織部支配頭寺社奉行也　小塚織部

右織部家ト小塚八郎左衛門・小塚八十吉・御異風小塚藤左衛門同姓ニ候処、織部ヨリハ同姓ニテ無之段申聞、先祖以来指上置候正統之系図、不正様ニモ相聞へ心外之至迷惑仕候間、御糺相願候ニ付、夫々紙面等指出候ニ付織部手前相糺候処、八十吉之祖父斎宮ヨリ指出候系図之趣ニテハ、同姓ト相見得候得共、織部手前ニテハ先祖以来同苗有之儀不及承、同姓之伝聊無之旨紙面等差出候、然上ハ同姓共難決義ニ付可為是迄之通候、併同姓之儀ハ大切之事ニ候間、此後織部手前何とか旧記等見当り候義モ候ハ可及断候、且又八郎左衛門等手前ニテハ先祖以来同姓之趣ニ書上来候得ハ今更可相改訳ハ有之間敷段申渡候条、是等之趣織部へ可被申聞候事

戌十月

右小塚織部養子ニ、人持組小塚雅楽助弟織人去々年願書付指上置候得共、右同姓争論一件ニ付未被仰出候処、今日右織人養子之義モ可為願之通旨、被仰出有之候事

三　日　五時御供揃ニテ野田惣御廟御参詣、御帰之節桃雲寺へ御立寄

五日　五半時御供揃ニテ天徳院曁同境内天珠院様御廟へ御参詣

七　日　左之通被仰付

長谷川準左衛門

準左衛門儀泰雲院様御書物御用烈敷相勤、其後学校都講被仰付置候処数年入情相勤、及老年候ニ付組外被仰付、能美郡御代官被仰付、御儒者役相勤可申候、都講并学校御用ハ御免被成、只今迄被下置候役料ハ被指除之

白銀五枚　染物二端　同人

学校御用数年入情相勤候ニ付、於年寄中席被下之

八　日　御馬廻頭四人、於御居間書院壱人宛御前へ被為召、翌九日モ四人同断、尤御人払、右畢テ四人宛へ両日共御親翰被成下、但御請ヲ人別ニ指上候様被仰出

十　日　御小将頭四人附高田新左衛門ハ煩役引ニ付不罷出、御前へ被為召候義御親翰被下候義、御馬廻頭同断

十二日　五半時御供揃ニテ宝円寺へ御参詣

但御出之節表御式台、御帰ハ御平常之通奥之口

十三日　左之通今度御入国御道中、歩御供無懈怠相勤候人々ハ今日夫々拝領物被仰付　但相公様御入国之節、御例之通被下之候事

十四日　五半時御供揃ニテ如来寺へ御参詣

十五日　月次出仕之面々四時頃如御例、於柳之御間一統御目見、目出度ト御意有之、御取合年

寄中、座上ヨリ言上、夫ヨリ桧垣之於御間ニ佐藤勘兵衛息等初テ御目見被為請、且長谷川準左衛門組替等之御礼モ被為請候事

同　日　左之通被仰付

五十石御加増、先知都合百五十石被下之　大村七郎左衛門

御大小将組ヘ被指加　御右筆組外　中西順左衛門

新番御徒ニ被召出　御右筆見習　桜井為兵衛せかれ　［（空白）］

会所奉行

十六日　左之通被仰付

物頭並　辻　平丞

奥取次　御表小将御番頭　坂井小平

但三人共是迄モ御近習　御使番　神戸金三郎

山帰大鷹据上持参上之候ニ付、白銀弐十枚拝領被仰付　越後国青海駅　油屋建右衛門

付札　御横目へ

中将様御疱瘡未被為済候ニ付、御近辺相勤候人々ハ家内疱瘡病人有之候者、三番湯懸り候迄ハ罷出候儀指控可申候

一、疱瘡病人ハ相見ヘ候日ヨリ三十五日過候ハ肥立次第罷出相勤可申候
右之趣被得其意、組・支配之内、御近辺相勤候人々ヘ可被申渡候、組等之内才許有之面々ハ其支配ヘモ相達候様被申聞、尤同役中可有伝達候事
右之通、頭・支配人ヘ可被申談候事
十月

付札　御横目ヘ
△中将様御疱瘡未被為済候得共、表向之人之家内疱瘡病人有之節、二御丸ヘ罷出候義不及遠慮候段被仰出候、乍然年寄中等ハ右病人有之節ハ三番湯懸り候迄ハ指控候、表向之面々モ御目通ヘ罷出候義ハ了簡モ可有之事ニ候間、右之趣頭々ヘ可被申談候事
十月

右両通、如例御横目廻状出

同日　同役御用番**河内山久大夫**ヘ御用之儀有之候条、今十六日九時過可有登城旨、昨日御用番**又兵衛**殿依御紙面、則登城之処、左之通被仰出之趣御書立御渡、同役中ヘ演述、組・支配之人々ヘモ可申聞、尤同役連名之御請可指出旨被仰聞候事
御家中諸士暮方等質素有之候様、従御先代毎度被仰出モ有之候処、等閑ニ相心得候体、此義ハ尚更追々可被仰渡モ被為在候、先以頭分之儀ハ諸人之目当ニ相成候処、参会等花麗且又転役等被仰付候節、大勢相招料理数多指出、其中ニモ甚心得違之者モ有之、於奥向及深更候迄大酒いたし候族被聞召候、此等之趣ヲ懇意之様ニ心得候段不心得之至ト思召候、尤

追テ可被仰渡候得共、当時別テ猥ニ相成候体被聞召候之条、急度可相心得候、先此段拙者共ヨリ諸頭等へ可申聞置之旨被仰出候事

戌十月

右御請左之通、今日之日付ニテ翌十七日上之、吉田八郎大夫御請ハ従江戸到来次第御達申筈ニ候事、今般御家中諸士暮方等之儀ニ付、被仰出之趣、御覚書ヲ以被仰渡、奉得其意候、依テ御請上之申候、以上

戌十月十六日　　原田又右衛門判　河内山久大夫判
　　　　　　　　安達弥兵衛判　津田権平判

村井又兵衛殿

右被仰出之趣、諸組筆頭頭々等宅へ呼立、右御書立写相渡申聞、夫々伝達之義申談有之、御歩方ニテモ小頭筆頭岩倉庄助儀ヲ御用番河内山宅へ呼立、写相渡同役中演達、御歩中へモ可被申聞旨河内山申渡有之候事

無役頭分
加須屋団右衛門

今日病死、享年六十九
最前物頭並学校御用之処寛政九年二月御免除

十七日　左之両通之趣、可申談旨、御用番又兵衛殿被仰聞候旨等例文之御横目廻状出

付札　御横目へ

相公様今般御国へ被為入候ニ付、金谷御殿へ御着之筈ニ候、右御着之節、定番頭・御留守居物頭・定番御馬廻御番頭・御前様等御附御使者、御玄関へ向右之方板塀際へ罷出可申候、二御丸詰御奏者番・組頭・新番頭・御歩頭・御用人・御大小将御番頭・御使番・御横目、右何モ当

番之外、七拾間御長屋御門外腰懸前へ罷出候筈ニ候、且又御馬奉行壱人金谷御広式往来門向御堀端へ罷出可申候、割場奉行モ壱人七拾間御長屋御門前柵御門之内、足軽番所之向へ罷出可申候、且又定番御歩小頭、御玄関中ハ同前へ罷出可申事
一、右之人々、御着前何モ二御丸へ集有之、御着近寄候ハ土橋御門通り甚右衛門坂ヨリ右之所へ罷出可申事
但右之節従者数、若党壱人・草履取壱人、雨天ニ候ハ傘持壱人召連可申候、且又蹲踞之節召連候者共ハ神護寺門内へ入置可申候、右之所へ御横目足軽指出置候条指図次第可仕旨、家来共へ厳重ニ可被申付候事
一、御着之刻限等未相知候条、其砌御横目へ可被承合候事
右之趣、夫々可被申談候事
十月
付札　御横目へ
相公様御着御当日、一統布上下着用之事
一、七拾間御長屋御門外下馬下乗之義、平日ハ前々之通ニ候得共、御着日迄右御門前柵御門之外ニテ下馬下乗之事
一、七拾間御長屋御門番人之外、金谷御殿并玉泉院様丸等ニ役所有之面々罷出候節、御着前ハ七十間御長屋御門往来指悶候条、何モ金谷御門ヨリ罷出申候筈ニ候事
但御着後ハ指支不申事

右之通、夫々可被申談候事

十月

十八日　左之通、於御前被仰付

御留守居物頭　**北村三郎左衛門**代　組外御番頭兼御近習ヨリ **小杉喜左衛門**

御近習ハ御免

御先弓頭　**永原半左衛門**代　寄合学校方御用ヨリ **戸田斎宮**

学校方御用ハ御免

物頭並

御近習奥取次只今迄之通　御表小将御番頭等ヨリ **坂井小平**

組外御番頭　**林源太左衛門**代　定番御番頭并両御広式ヨリ **岩田内蔵助**

御近習御用兼帯御広式御用ハ御免

御表小将横目　**永井貢一郎**代　御膳奉行ヨリ **太田数馬**

同　日　新番組御歩ニ被召出候人々

甚右衛門嫡子 **沢村喜多之助**　半助せかれ **飯尾吉左衛門**　庄兵衛せかれ **安武甚八郎**　弥左衛門弟 **寺田徳次郎**

弥一郎二男 **石丸三郎**　左兵衛弟 **高嶺助六**　喜平太弟 **中村甚左衛門**　数右衛門二男 **明石九一郎**

勘左衛門四男
河内山橘三郎　長田彦大夫実弟
前波英次郎

十九日　左之通被仰付

於御前
御表小将御番頭　坂井小平代
奥取次只今迄之通　御使番奥取次ヨリ
神戸金三郎

於御席
学校御用　寄合ヨリ
小塚織部
改八右衛門

相公様去六日江戸御発駕之旨等之御飛脚、今日来着、前記九月十六日互見

廿日　左之趣、御城代河内守殿被仰聞候旨等例文之御横目廻状出

付札　御横目へ

金谷七拾間両御門之内、三之御丸格合ニ准し候得共、相公様御座所ニ相成、御門内手狭ニテ供之人数込合可申候条、二之御丸格合ニ召連筈ニ候、此段夫々可被申談候事

戌十月廿日

廿一日　去四日出江戸御用状来着、左之趣告来

今般、御隠居・御家督為御祝詞、相公様へ献上之目録、今月朔日被遂披露候間、在江戸之分四時頃前田修理殿へ可相達旨、御同人御申聞候段、堀平馬ヨリ先達テ就廻状、則熨斗目・

上下ニテ各持参之事

寿光院様、今月朔日辰之中刻御供揃木(本)御行列ニテ、御本宅御広式御玄関ヨリ御出、長塀通り梅之御殿へ御移、御供人侍以上熨斗目・上下着用、御道筋警固足軽相建候事

一、火事之節馬上ニテ罷出候者、梅之御殿前罷通り候刻、下り立候ニハ及間敷ト奉存候段相公様へ申上候処、其通ト被仰出候条、組・支配ヘモ達旨等、田辺判五兵衛・大橋作左衛門・杉江助四郎・水原清左衛門連名之廻状諸頭へ出

一、今般東海道御供之人々物入多指支候ニ付、頭々等ヨリ依願組用金夫々ニ准御貸渡、御歩方へハ五十五両願高之通御聞届御貸渡、返上方ハ尤於御国ニ被仰渡、

但御迎ニ罷越候人々ヘモ古詰人之通御貸渡有之、最初ハ新詰人之通ト被仰渡候処、御僉議之上重テ古詰之振ト被仰渡候事

一、追帰御供人御着国之上無程就帰府ニ、於金沢御貸渡之会所銀、於江戸表御振替御貸渡之義、依願御聞届之事

廿二日　左之通被仰付

御表小将　　御大小将ヨリ　神田才次郎
（井上靫負）

同　見習組、組ハ其侭　　組外　片岡助左衛門

同　日　去十四日出御用状来着、左之趣申来

寿光院様就御気滞、去十三日ヨリ御前様、梅之御殿へ為御看病被為入御詰被遊候事

右ニ付為御見廻御近習御使番戸田伝太郎へ早打御使被仰付、今廿二日暮出立、従相公様御旅中モ為御見廻――附、十一月五日帰着御近習御使番田辺判五兵衛へ於起(おこし)駅被仰付発出之処、十一月二日朝金沢へ帰着之事

附十一月五日帰着此次廿五日互見

廿三日　左之通

猶以難被罷出人々ハ其段名之下ニ可被書記候、以上

相公様明後廿五日小松ヨリ御着之筈ニ候条、御着之御様子被承合被登城、御着之御祝詞、且被相伺御機嫌中将様へモ恐悦可被申上候、若御着七時以後ニ候ハ、翌廿六日四時ヨリ九時迄之内可被罷出候、病気等之面々ハ御用番宅迄以使者可被申越候、以上

十月廿三日　村井又兵衛

津田権平殿　但同役連名

廿四日　左之通於御前被仰付

定番御馬廻御番頭　立川金丞代　［(空白)］

御呼出之処、当病不罷出

私母方実いとこ御馬廻組吉野善太郎義、昨廿三日夜病死仕候、右御断申上度如此御座候、以上

戌十月廿四日　津田権平判

村井又兵衛殿

右善太郎長病之処、段々指重、右之通也、且末期養子善太郎実いとこ御馬廻組柘植三左衛門嫡女養女ニ致し、御大小将神尾昌左衛門二男安太郎婿養子願也、于時定番御馬廻組吉野稲右衛門ヨリ善太郎家ハ同姓ニテ稲右衛門方本家之旨、則善太郎家之御知行ハ稲右衛門家之御知行也ト系図帳ニモ有之由、長瀬五郎右衛門へ申達、五郎右衛門尋之趣有、重(カ)ニ付、今月廿九日左之紙面指出之

吉野善太郎儀、当月廿三日致病死候処、末期養子願方之儀ニ付、吉野稲右衛門同姓ニテ無之哉御尋之趣致承知候、系図帳等ニモ右稲右衛門同姓等之体相見得不申、尤前々ヨリ承伝候義モ一円無御座候、以上

戌十月廿九日

津田権平判　奥村卯八郎判

柘植三左衛門判　斎田市郎左衛門判

長瀬五郎右衛門様　善太郎頭也

喧嘩追懸者役 十一月朔日ヨリ永原佐六郎代　戸田斎宮

斎宮ヨリ前々之通廻状出　只今迄之通　平田三郎右衛門

廿五日　七時暫時、但御待請刻限ハ五半時揃也相公様益御機嫌克御着、前記十七日ニ有之通七十間御門外へ為御迎罷出、列居蹲踞之処、御駕籠之戸明之、御例之通、出マシタカト御意有之、夫ヨリ一昨日記之通二之御丸へ罷出、於御式台御帳ニ付、御祝詞等申上退出之事

但今暁八半時之御供揃、且小松御泊へ従中将様御使辻平丞ヲ以御餅菓子葛饅頭・御肴鰡味

噌漬被上之、松任御昼休へも御使岩田内蔵助ヲ以御干菓子・御干肴被上之、同所御家老前田図書御使町端迄御迎ニ出、御着之上御旅館へ罷出御目見被仰付、御菓子等被下之、夫ヨリ御席へ罷帰、中将様ハ野々市御小休、御立之御附人ニテ金谷御殿へ為御待請被為入候事

前洩

寿光院様就御滞、御医師八十嶋東庵・大庭卓元・久保定円へ早打被仰付、一昨日廿三日発出、此次十一月四日互見

同日　御着之上、従相公様公辺へ御礼之御使三田村内匠、従中将様同断御使青地七左衛門発足

廿七日　左之通被仰付

於御前

組外御番頭　小杉喜左衛門代

定番御馬廻御番頭ヨリ

沢田伊佐右衛門

於御席

新知百五十石被下之

御大小将組へ被指加之

尤御右筆只今迄之通

組外御右筆廿人扶持ヨリ

吉田平大夫

壬子十一月大

御用番　前田大炊殿　御歩頭
御城代　御同人　御用番　自分

朔　日　快天、月次出仕、今日ハ御病邪ニ付御表へ御出不被遊、四時頃年寄衆謁ニテ相済候事

二　日　風雨、三日四日快天、五日ヨリ八日マテ雨天、九日風雪微積、十日雨雪、十一日快天、十二日雨、十三日同、十四日十五日晴陰、十六日昼ヨリ雨、十七日雨天、十八日雪微積、十九日雪五六寸積、廿日雨雪、廿一日晴々微雨、廿二日快天、廿三日ヨリ廿七日マテ雨雪或霰交、廿八日廿九日晦日晴快如春

△相公様御隠居・御家督為祝儀、各ヨリ先達テ江戸表へ目録之通被献之、御喜悦被思召候、此段可申聞旨被仰出候条、被得其意、右為御請御用番宅へ可被相勤候、病気等之人々ハ以使者可被申越候、且又訳テ江戸御家老中ヨリ返書ニハ及不申筈ニ候、以上

十一月二日　前田大炊

津田権平殿　但新番頭・御歩頭連名

右ニ付四日布上下着用、為御請御用番大炊殿宅へ参出

三　日　二之御丸へ御呼出、左之通御用番大炊殿被仰渡

公義御用　御城方御用　奥村河内守
御用番　加判　学校方御用
右之通御免除被仰付、但組御預ハ只今迄之通

1 前田利考（大聖寺藩八代）

四日　朝四時頃、従江戸之早打両使左之通来着、前記十月廿五日互見
寿光院様就御病気、相公様為御看病御出府之義、従飛騨守[1]様御願之処、十月廿六日御願之
通御老中方ョリ御奉書就到来、右御奉書持参、前田修理ョリ年寄中迄言上之早打御使、且
御指重之言上相兼
　両人共十月廿六日夜、江戸
　発之処、越後駒返り高波
　逗留

御大小将
山東久之助
副使御広式御用人
村上金九郎

右ニ付為御見廻、江戸表ヘ被遣候早打御使左之人々今日発出
相公様ョリ
御近習御先手
村　杢右衛門
中将様ョリ
御使番
津田権五郎

五日　従江戸之早打、左之通来着
寿光院様御気色段々
御指重被及御大切候言上
御広式御用人
中山武十郎

寿光院様十月二十九日卯之
中刻御逝去之言上
御大小将
飯田半六郎

猶以病気等ニテ難罷出人々ハ其段名之下ニ可被書記候、以上

御広式御用人
佃　源右衛門

寿光院様御気色御滞被成候処、段々御指重、不被為叶御療養、前月廿九日御逝去被成候段申来候、依之諸殺生・普請・鳴物等可相遠慮候、日数之義ハ追テ可申渡候

一、右ニ付頭分以上之面々ハ御両殿様為伺御機嫌、明六日可有登城候、幼少・病気等之人々ハ御用番宅迄以使者可申越候

右之通被得其意、組・支配之人々ヘ可被申渡候、組等之内裁許有之面々ハ其支配ヘモ相達候様可被申聞候事

右之趣可被得其意候、以上

十一月五日　　前田大炊

津田権平殿　但同役六人連名

六日　左之通被仰渡

寿光院様就御逝去御両殿様御名代等被仰付、早速致出府候様被仰出、但十日暁発出、廿一日江戸着、附翌亥正月四日帰着

御家老役
津田玄蕃

翌七日発指急

御近習物頭並
神田十郎左衛門

和歌山へ御悔之御使被仰付、八日発、旅中指急　御先手　久能吉大夫

御代香被仰付十二日発足　相公様御近習御用　石野主殿助

御内御用、十二日発足　成瀬監物

此節之義ニ付出府御用相勤申度段依願御使相兼、今暁発足旅中指急、附翌正月六日帰着　江戸御広式御用人　富永侑大夫

七日　左之通被仰付
金谷御広式御用達　定番御馬廻組　吉野稲右衛門
吉田甚五郎

九日　九月晦日記ニ有之通、来春御参勤御時節御伺之御使御馬廻組山森藤右衛門、前月二日発足今日帰着、来春中御参府被成候之様ニテ之御事ト云々

△寿光院様就御逝去、普請・鳴物等遠慮日数之義、追テ可申渡旨先達テ相触候通ニ候、依之普請ハ当五日ヨリ十一日迄七日、諸殺生・鳴物等ハ当廿九日迄、御忌中日数遠慮可仕候、且又御家中之人々ハ末々迄相公様御忌中十二月廿四日迄、諸殺生・鳴物等指控可申候事
但致家業候者・役者等ハ当十二日ヨリ無構可致稽古候事

、相公様へ頭分以上、為伺御機嫌、今月廿日・十二月二日・同廿二日、右日限五時ヨリ可有登

城候、幼少・病気等ニテ登城無之人々ハ御用番宅迄以使者可相伺候事

但御近習之面々ハ拙者共於席可相伺御機嫌候事

右之通被得其意、組・支配之面々へ可被申渡候、組等之内裁許有之面々ハ其支配へモ相達候様可被申聞候事

右之趣可被得其意候、以上

十一月十日　　前田大炊

津田権平殿　但同役六人連名

十三日　御馬廻頭中へ人別并御横目中へ御親翰被下候事

十五日　月次出仕、伺御機嫌ニ相成、尤年寄中謁四時頃相済

紙ハ美濃紙ニテ帳面寸法長五寸

横六寸五分

年号
系図帳
口張印　誰

元祖　何ノ誰　定紋何　実名　行年
由来ノ大綱

何ノ誰　実名　代年
由来之大綱

何某　実名——何某　実名
分知或ハ新知ニ被召出趣

御家中之人々御目見以上、其家々元祖ヨリ之系図御用ニ候条、帳面ニ書記可差出候、同姓并男女子之分、何某へ養子何某へ嫁娶或遂出家候等之訳可書載候

一、末家之分ハ本家ヨリ分れ候所ヨリ調之可申事

一、本家ヨリ末家可書出儀、別紙案文之通ニ候、末家ヨリ又別家ニ成

右私系図并同姓

女　何某へ嫁娶
何某　他姓某へ養子
女　実ハ誰娘ニ候処女ニ仕何某ニ縁組申合候｜養
但男女共早世之分ハ不及書載

何ノ誰　実名　行年　由来之大網
何某
女

己何某　実名　行年　誰被召出候年号等

何某
何某　同姓某へ養子
女

候分ハ末家之子孫ヨリ可書出、本家ヨリ不及書出ニ候事

一、本家ヨリ書出候末家之分ハ名前・実名迄可相調、是又末家之子孫ヨリ委曲可書出事

但若末家及断絶候義ハ本家ヨリ名前・実名之外、由来・行年曁及断絶候子細可書出之候、本家断絶之分モ末家ヨリ其由来可調出候事

一、都テ実名・定紋・宗旨・行年書記、不相知分ハ其わけ可相調候事

但改宗并定紋最前トかはり候ハ其趣モ可書加候事

一、右帳面、紙ハ美濃紙ニテ寸法并調様別紙案文之通ニ候、帳面一組切弐冊宛取揃、袋へ入出来次第可指出候事

一、幼少人ハ代判ニテ可指出候事

幼少ニ付何誰代判誰

一、組中ヨリ出候帳面、目録相添可差出候事

一、旧宅之人々ハ跡目被仰付候上、指上候様申渡取立可差上候事

一、閉門・遠慮等之人々ハ其頭・支配人ヨリ写候テ可指上候事

但右写等之儀目録ニ可調事

本末之訳等如斯ニ
御座候、宗旨ハ何宗
何寺ニ御座候、以上
年号　月日　誰判

一、御目見以上トハ有之候得共、与力之
分ハ本組与力迄取立可申候、寄親
附等与力ハ不及指出候事
戌十一月

諸頭・諸奉行勤方之儀、御先代書上候趣ヲ以、帳面ニ書記、前ハ被成下候御書出写モ相調可指上候、且又諸奉行・諸役人之手先御用相勤候人々ハ足軽等之外役儀勤方之趣、是又為相調、奉行等手前ヘ取立可差上旨被仰出候条、右帳面出来次第**成瀬監物**等迄直ニ相達可申候、尤江戸・京・大坂之分モ買上可申候事

戌十一月

別紙両通之通被仰出候条、被得其意、組・支配之人々ヘ可被申渡候、且又組等之内裁許有之面々ハ其支配ヘモ不相洩様可相達旨被申聞、尤同役中可有伝達候事右之趣可被得其意候、以上

十一月十六日　**前田大炊**

津田権平殿

廿　日　前記廿日御用番御廻文之通ニ付、今朝五時過登城御帳ニ附退出之事

廿二日　左之通被仰渡、十二月朔日発正月六日帰着

中将様御謄中為御尋御奉書之御礼使　御小将頭　**中川平膳**

廿三日　鳴物等遠慮中ニ付月次経書講釈止

今日　左之通被仰付

御家老役并若年寄兼帯
不破彦三

御用部屋勤兼帯
加判御勝手方等只今迄之通

御馬廻組
福嶋七之助

御郡奉行　高山表五郎代

同断
木梨左兵衛

御勝手方

御馬廻頭
和田源次右衛門

寒気御尋之御奉書到来次第御礼之御使

廿四日　左之通被仰付

不破彦三
関屋中務
坂井小平
岩田伝左衛門

別御用
但、右別御用御用無之段同月廿八日被仰出
坂井・岩田ハ御近習頭席へ、御番入
関屋ハ折々御勝手方御席へ罷出候様被仰出

冬至
廿八日　左之通被仰付

本多安房守
長　甲斐守
前田大炊
不破彦三

御勝手方御用

今月廿七日　卯之下刻

寿光院様御遺骸御出棺、御葬式有之、御中陰御法事同廿九日・晦日

御用番　本多安房守殿　　御歩頭御用番

御城代　前田大炊殿　　　河内山久大夫

癸丑十二月小

朔　日雨天、二日快天、三日雨、四日晴、五日風雨、六日七日雨雪、八日晴、九日雨天、十日陰、十一日雨、十二日快天如春、十三日同、十四日陰、十五日十六日十七日雨天、十八日快天、十九日廿日廿一日廿二日雪降、廿三日廿四日廿五日廿六日廿七日廿八日廿九日快天如春日、気候今月応時

同　日　月次出仕、揃之上伺御機嫌ニ相成候段、安房守殿被仰聞候旨、御横目中演述、当十五日モ伺御機嫌之筈ニ候旨、是亦演述、将亦今日四時頃年寄中謁ニテ退出

但河内守殿モ右謁之節、御出座之処、安房守殿上ニ御列座也、是迄山城殿等加判無之内ハ横座ニ列座有之候得共、河内守殿ハ組御預有之故前記之通ト云々

二　日　前記前月九日御用番御廻文之通ニ付、今朝五時過登城、御帳ニ附退出之事

三　日　御算用場奉行三人共御用番安房守殿、長御別席有之

六　日　来年頭、組・支配御礼人之次第、揃刻限等如前々御横目廻状出、

△相公様御礼被為請間敷旨被仰出候条、献上之御太刀等目録当年中取立、元日可指上筈ニ候条、正月朔日々付ニテ自分并組・支配之分共、当月廿五日ヨリ廿八日迄之内、御奏者所ヘ指

出、御太刀等代金銀ハ右日限之内先達テ申渡置候通、諸方御土蔵へ可致上納旨御用番安房
守殿御横目中へ被仰聞候旨等例文之廻状出

来年頭御礼罷出候嫡子名前、当十五日切可差出旨、在江戸之人々ハ代判人ヨリ可書出、尤
同役可致伝達旨等御用番安房守殿ヨリ前々之通御廻文出

七日　左之趣御用番安房守殿御渡之由ニテ御用番佐藤勘兵衛ヨリ例文之添廻状ヲ以写到来

付札　定番頭へ

母由緒無之者、其親類ハ由緒帳ニモ書載不申、服忌モ受不申候得共、右由緒無之母之孫ハ勿
論、外孫等モ服忌受可申儀ニ候処、由緒無之者ハ其家之祖母たり共服忌受不申儀ト相心得
候族モ有之体ニ相聞へ候、妾腹之子其母之親類ハ都テ由緒帳ニモ不書載候得共、既ニ母ハ其
家之生母ニ相立、其子定式之服忌ヲ受候処、孫ニ至り服忌無之ト申義ハ有之間敷儀ニ候条、
右母ヨリ血脈ヲ引候者ハ外孫又ハ曾孫・玄孫たり共、服忌為受可申儀ニ候、且又父妾腹ニテ嫡
母・継母之養子ニ相成候分共、孫之方へ半減之服忌受可申筈ニ候事
右之趣被得其意、組・支配之人々へ可被申渡候、組等之内才許有之面々ハ其支配へモ相達候
様可被申聞候事右之通一統へ可被申談候事

戌十二月七日

八日　月次経書講釈定日ニ候得共、相公[1]様就御忌中相止候事

各来正月被指出候勝手方帳并人馬帳二冊宛都合四冊、来正月四日之日附ニテ十五日切可被
指出候、尤調方之儀前々之通可被相心得候、以上

1 治脩（十一代）

十二月九日　　　　　　　　　　　　　　　**前田図書**

津田権平殿

右之通ニ候処、今月廿六日左之御覚書御用番**安房守**殿御渡之旨ニテ**佐藤勘兵衛**ヨリ例文之廻状ヲ以到来

付札　定番頭へ

△御在国之正月一統指出候人馬数帳并勝手方帳追テ被仰渡候迄指出候ニ不及旨被仰出候条、此段夫々可被申談候事

戌十二月

十三日

△毎月廿九日**寿光院**様

右御忌日御家中諸殺生指控可申旨被仰出候事

順正院様　八月廿九日

右毎月御忌日・御祥月共、御家中諸殺生向後不及遠慮候

但、**順正院**様ニハ如斯候得共、廿九日**寿光院**様御忌日ニ付諸殺生遠慮可仕候義、前々之通ニ候

右之通被得其意、組・支配之人々へ可被申渡候、組等之内才許有之面々ハ其支配へモ相達候様被申聞、尤同役中可有伝達候事右之趣可被得其意候、以上

十二月十三日　　　　　　　　　　　　　**本多安房守**

河内山久大夫殿　但伝達廻状有之

猶以病気等ニテ難被罷出面々ハ、其段名之下ニ可被書記候、以上

御用之儀有之候条、明十六日五半時頃可有登城候、以上

十二月十五日

本多安房守

十五日　前記朔日ニ有之通、月次出仕之面々伺御機嫌四時過謁相済

十六日　昨日御用番**安房守**殿依御廻状、人持頭分登城之上、御横目所へ相届候処、九時前一組一役宛於桧垣之御間、御年寄衆等御列座、**安房守**殿左之通御演述御家中一統難渋之儀被聞召、甚以御心配被遊、重々御僉議被仰付候処、御上とてモ御難渋至極ニ候得共、今般御入国初之義、其上以来之風俗ヲモ御改可被遊思召ニ付、来年大坂御廻米ヲモ御引欠、御借知御借米、当年一作全被返下、且諸上納之分、別紙之通被仰付候、将又五百石以下之人々ハ別テ難渋之体ニ付、別紙割合之通、御貸渡被渡候条、以来勝手取続之義急度可相心得候、猶又節倹心得方等之義ハ、追テ可被仰渡候、尤此上ハ以後容易ニ難渋之申立等有之候共、一円御聞届不被成候条兼テ其覚悟仕候様厳重可申渡旨被仰出候、当時之御勝手振ニテハ誠以不一通御救方ニ候条、其旨一統能相弁可申候

但御借知等之分御米ニテ可被返下候得共、月迫彼是及混雑ニモ候故、代銀ニテ被渡下筈ニ候事

右之趣被得其意、組・支配之面々へ可被申渡候、組等之内才許有之人々ハ其支配へモ相達候様可被申聞候事

右之通ニ被得其意候事

壬戌十二月

御知行之分

一、自分知六十九石迄都テ二百二拾目当

一、同　七十石ヨリ九十九石迄二百五十目当

一、同　百石ヨリ百四十九石迄三百目当

一、同　百五十石ヨリ百九十九石迄三百四十目当

一、同　二百石ヨリ二百四十九石迄三百七十目当

一、同　二百五十石ヨリ二百九十九石迄四百目当

一、同　三百石ヨリ三百九十九石迄四百三十目当

一、同　四百石ヨリ五百石迄四百五十目宛

御扶持方之分

一、拾四人御扶持以下都テ二百二十目当

一、拾五人扶持ヨリ十九人扶持迄二百五十目当

一、弐十人扶持ヨリ二十九人扶持迄三百目当

一、三十人扶持　三百目当

御切米之分

一、御切米之分都テ二百二十目当

一、新番并御切米六十俵以上ハ弐百五十目
一、足軽之分都テ壱人四拾目
一、坊主　　四拾目
一、小者　　二拾五匁
右御貸附之義ハ委曲御算用場奉行へ下渡候条直ニ承合可申候事、以上

覚

一、諸方御本土蔵へ上納銀　一、学校銀　一、産物銀
右之分幾口有之候共、口々一紙証文ニ相改、無利足ヲ以来亥年ヨリ百石ニ付三十目当上納、御切米之分モ其割合たるへく候、是迄年賦ニテ右割合ヨリ少銀之分ハ尤是迄之通ニ候事
一、会所銀之義ハ只今迄之通ニ候事
右御家中之人々勝手難渋ニ付諸上納之分如斯被仰付候、且又諸場・諸役所ヨリ貸附銀之義ハ其向々遂僉議追テ可申談候事

戌十二月

付札　御横目へ
今日申聞候被仰出之趣ニ付布上下着用、為御礼人持・頭分当廿五日・廿六日之内御用番宅へ相勤可申候、幼少・病気・在江戸等之人々ハ同役又ハ筆頭代判人ヨリ可有伝達候右人々御礼名代人、右同日御用番宅へ相勤可申候事

一、組・支配之人々御礼ハ其頭等宅ヘ相勤、頭・支配人ヨリ御用番ヘ以紙面可申聞候事
一、与力ヘハ其寄親ヨリ可申渡候、御礼モ寄親迄罷出可申候事
但自分御礼ニ相勤候節、与力之分モ一集可申述候事
右之通夫々可被申談候事
十二月十六日
右相済、組・支配有之人々迄ヘ重テ於御同間、御用番御渡被成候覚書左之通
累年御勝手御逼迫之上、当春以来不時御物入莫大之義ハ不申聞共、一統承知之通ニ候、然処今般ハ格別之思召ヲ以別紙之通被仰付候、追々節倹心得方等之義被仰出候思召ニ被為在候、尤一統等閑ニ可存様モ無之義ニ候得共、今般ハ御当用モ被打欠、御救被仰付候儀ニ候得ハ、此末彼是難渋申立候ハ、誠以無勿体次第ニ候間、右之趣ヲ能弁ヘ、組・支配之人々ヘ可被申渡候、万一此上及難渋候者有之候共、最早如何共御救之手段無之候条、大切至極ニ可奉存候、且又御借知米代等人々手前ヘ受取候のみニテハ、其中ニハ不心得之人々モ有之、若費等ニ相成候テハ於拙者共無申訳次第ニ候間、其頭々無油断遂示談以来取続方等専一相心得候様、能々可被申談候、是等之趣先拙者共ヨリ申聞置候事、附、人持組中ヘモ別段被仰出之趣、
廿九日ニ記ス互見
戌十二月
右相済於御次被仰出之趣左之通、不破彦三殿・関屋中務列座、彦三殿御演述有之

累年御勝手御難渋之上、当年別テ不時御物入莫大之義一統承知之通ニ候、然処御家中一統難渋之段被聞召御逼迫至極之中ヨリ今般格別之思召ヲ以、当年御借知一作全被返下、且少知等之人々ヘハ別段御貸銀モ被仰付候義、月番ヲ以被仰渡候通ニ候、右之趣ニ候得ハ、頭・支配之人々今般之義格別ニ奉存、以来勝手取続専要ニ相心得、御奉公全相勤候様、頭・支配人無油断遂指引候様ニ思召候、此段拙者共ヨリ訳テ可申聞旨御意ニ候

十二月

右被仰渡等之趣ニ付、翌十七日同役御用番**河内山久大夫**宅へ御歩小頭中呼立夫々申渡有之、当番并在江戸等之人々ヘハ伝達有之、尤御歩中ヘモ被申渡候様申談、為御礼布上下着用、当廿五日・廿六日之内、組中頭々宅へ相勤候様申談、且御借知・御借米・御貸銀員数しらへ、早速組切頭々ヘ被指出候様申談候旨、**河内山**ヨリ廻状有之候事

附、諸組共士列之分ハ、夫々頭宅ヘ呼立申渡、御歩等以下之分ハ、小頭迄呼立候義等本文之通、勿論小頭無之支配之分ハ、夫々直ニ呼立申渡等同断

付札　定番頭ヘ

今般御借知一作被返下候得共、逼塞・遠慮等之人々ヘハ不被返下候条、此段諸頭ヘ可被申談候事

十二月

付札　御横目ヘ

相公様ヘ御家中之人々、来年頭献上之御太刀等代、当月廿五日ヨリ廿八日迄ニ致上納候テハ

一時ニ相成、受取方指支候段諸方御土蔵奉行申聞候条、当月之座封ニテ来正月十六日ヨリ晦日迄之内、致上納候様一統可被申談候事

十二月

右定番頭御横目ヨリ例文之廻状出

附記　今月廿七日左之通指出之

今般結構之被仰出ヲ以、御借知等今年一作全被返下、且又御貸銀モ被仰付候段、私共組之人々并支配共申渡候処、難有仕合奉存候旨、私共宅々ヘ何モ為御礼罷出申候、以上

戌十二月廿七日

原田又右衛門判　河内山久大夫判

安達弥兵衛判　津田権平判

在江戸 吉田八郎大夫

本多安房守殿

十九日　左之通被仰付

役儀御免除　高岡町奉行 湯原長大夫

新川御郡奉行　新川御郡奉行 稲垣三左衛門

廿　日　同断

御馬廻組 脇田源左衛門

廿二日　左之通志村五郎左衛門等ヨリ申談候旨、且当十二月迄之利足銀之分ハ、元銀高ヘ結込

証文見届候筈、証文文段等之借用之人々ヨリ会所可承合旨等、会所奉行**芝山直助・佐久間武大夫**ヨリ廻状出、附此次今月廿九日互見

御家中之人々勝手難渋ニ付、是迄借用之聖堂銀、無利足并利足立之分共打込、一紙証文ニ相改、無利足ニ被仰付、且又御次銀之分無利足・利足立之分共、右聖堂銀之内ヘ打込、無利足ヲ以上納為致候様被仰出候ニ付、御次銀借用之人々之内、聖堂銀借用有之人々ハ一紙証文ニ相改、御次銀迄借用之人々、聖堂銀之証文ニ相改、御知行之分ハ百石ニ付十五匁宛之図りヲ以、来亥ノ年ヨリ毎歳十月上納、御切米之分ハ右之割合ヲ以、来亥ノ年ヨリ毎歳十一月上納候様、御次銀借用之人々ヘハ、**林弥四郎**等ヨリ夫々申談候様申談候間、聖堂銀借用之人々ハ各ヨリ夫々御申談可有之候、且又右知行当りヨリ少銀之分ハ、是迄之通上納有之候様御申談可有之候、証文之義ハ来三月中ニ相改候様御申談可有之候、聖堂銀借用之人々、名前・借用之銀高等人別ニ被相調、来正月中ニ御書出可有之候、以上

壬戌十二月廿一日　**志村五郎左衛門**印　**神田十郎左衛門**印

原　七郎左衛門印

会所御奉行衆中

同　日　前記前月九日御用番御廻状之通ニ付、今朝五時過登城、御帳ニ附退出之事

廿三日　去八日記之通ニ付、月次経書講釈無之候事

廿四日　左之通

かけの勝負ハ御制禁ニ候処、近年町在之者共――

例年同断ニ付略記ス

元日一番御礼人六半時揃、二番御礼人五半時揃右之通夫々可申談旨、御用番安房守殿被仰聞候条被成御承知、御同役御伝達可被成候、以上

十二月廿四日　御横目

御歩頭衆中

付札　定番頭へ

火事之節無用之人々火事場へ不罷出筈御定も有之候処、近年御役人之外早乗仕候族も多、火元へも無用之者入込、御役人之障ニも相成候様子相聞へ候事

一、辻々大勢相集、火消人数等致見物、往来之障ニも相成候様子相聞へ候事

右等之趣前々相触、寛政六年ニも急度相触置候処、近頃ハ又々猥ニ相成候体、夜中火事之節提灯無之、馬上ニテ駆廻候人々も有之体被聞召候、毎度被仰渡も有之候処如何之事ニ候哉、急度可申渡旨被仰出候、火事之節親類等之宅へ見廻候義ハ御定も有之候間、都テ心得違無之様厳重可被相心得候、尤右之体之者於有之ハ御横目ヨリ相咎、夫々名前も承届候筈ニ候条被得其意、組・支配之人々へ可被申渡候、組等之内才許有之面々ハ其支配へも相達、尤家来末々迄不相洩様申渡候様可被申聞候事

右之趣一統可被申談候事

十二月

廿六日　跡目　左之通被仰付并縁組・養子等諸願も被仰出

内蔵太養子
前田余三次郎

内蔵太知行三千石之内
千五百石
実方兄前田駿河二男余三次郎、末期願之通養子被仰付

隼人養子
西尾内膳

四千三百石　内三百石与力知

主税嫡子
織田主膳

三千石　内五百石与力知

新左衛門嫡子
高田徳太郎

二百五十石　組外へ被加之

権五郎養子
篠原勇三郎

千石　内二百石与力知
御馬廻へ被加之
末期願之通被聞召届実弟林弥四郎三男勇三郎三番目娘へ婿養子被仰付

三左衛門養子
鈴木与四郎

三百石　組外へ被加之
同姓実方養弟小堀左内与力鈴木四郎左衛門養子与四郎養子被仰付

源太兵衛嫡子
伴　造酒

五百石　御馬廻へ被加之

団右衛門養子
加須屋団蔵

百五十石　組外へ被加之

森田故馬之助知行四百五十石并金之助自分知五十石共、馬之助家督相続

森田金之助

五百石　御馬廻へ被加之
末期願之通、同姓森田金之助へ相続被仰付、金之助自分知五十石ハ馬之助先祖之御配分ニ候処、此度嫡流ヨリ庶流之者ヲ相願、格別之訳ニ付如斯被仰付、金之助自分知八十石ハ被指

除之

二百石　元三郎養子　高崎才作
末期願之通、実方妹桜井為兵衛娘養女仕、大村七郎左衛門弟才作聟養子被仰付、御右筆見習被仰付

千石　源右衛門養子　浅井栄次郎
養方実兄菊池大学二男栄次郎、末期願之通養子被仰付

四百石　山田万作
亡養父半内知行三百五十石并万作自分知五十石共
万作自分知五十石ハ、半内先祖之御配分候処、本家へ養子ニ相成候ニ付如此被仰付、万作へ被下置候、御加領知三十石ハ被指除之

三百石　権左衛門養子　斎田虎之助

二百石　兵馬養子　伊藤六左衛門
末期願之通、同姓久左衛門次男六左衛門義嫡女へ聟養子被仰付

百八十石　幸三郎嫡子　松江健太郎

百五十石　庸五郎嫡子　山本千次郎

百石　武大夫嫡子　木村九郎

三百石　十郎右衛門養子　水野九左衛門

百五十石　勘左衛門せかれ　溝江小一郎

七十石　愚休養子　大平犬左衛門

同日　前記之通ニ付、在金沢之分来年頭**相公**様へ之献上目録、御奏者番へ相達上之、**中将**様へ之御礼銭代金銀ハ、御進物所へ上納相済

附記在江戸之人々ヨリ

中将様へ之献上目録ハ、今月朔日々付ニテ伺、四日出ニ到来有之、来春身当御礼日ニ御奏者番へ相達之候筈**相公**様へ之献上目録ハ、廿五日々付ニテ廿九日出ニ到来之筈、左候得ハ到来次第御奏者番へ相達候筈之事

廿八日　歳暮為御祝儀四時過登城、御在国例之通り於御式台御帳ニ付退出、且於御帳前左之通披見

正月八日例年之通経書講釈相止候事

正月四日息方御礼人六半時揃之事

△

中将様少々御風気ニ被為在候ニ付御保養中、来年頭御家中之人々御礼被為請候義御延引被遊、追テ御礼被為請候義ハ重テ可被仰出旨今日被仰出候、依之元日頭分以上前々御留守年之通可有登城候、右ニ付年頭御規式之儀モ都テ御保養中御延引之旨、被仰出候事

右之通被得其意、組・支配之人々へ可被申渡候、組等之内才許有之面々ハ其支配へモ相達候様可被申聞候事

右之趣可被得其意候、以上

十二月廿八日

本多安房守

津田権平殿　但新番頭・御歩頭連名

同　夜　左之通於御席、御用番安房守殿被仰渡

御加増二百石

先知都合五百五十石

御近習御用組頭並　関屋中務

中務儀、泰雲院様・相公様御近習御用曁御当代御部屋以来数年実体心懸相勤候ニ付、如斯御加増被仰付、於御前可被仰渡候処、御風気ニ付於御席被仰渡

廿九日　左之通今月十六日、人持組之人々へ別段被仰出有之候由、今日見聞ニ付記之

各儀ハ難渋ト乍申大身之事ニ候得ハ、猶以心得次第勝手取続之仕方可有之候、乍然中ニハ倹約ニ事よせ吝嗇之族有之様子粗被聞召候、ケ様之候処能相心得、尤不益之参会・遊芸ニ耽り、及難渋候ハ不心得之至候、随テ家来取治方肝要之事ニ候、今般御借知一作被返下候ニ付テハ向後急度相慎、幾重ニモ勝手取続、文武之心懸尤之事ニ候、此等之趣先拙者共ヨリ急度可申渡旨被仰出候条、可被得其意候事

戌十二月

前記廿二日互見

＼御次銀上納是迄御用捨ニテモよとみ候利息銀、今月返上之分此度無利足被仰付候、御次銀

元高ヘ建込候様末々御申談可被成候、以上

十二月廿一日

志村五郎左衛門　神田十郎左衛門

原　七郎左衛門

林　弥四郎殿　山岸七郎兵衛殿

江上清左衛門殿　前田源六郎殿

御家中之人々勝手難渋ニ付、借用之御次銀無利息并利息立之分共聖堂銀之方ヘ打込、一紙証文ニ相改無利息ヲ以、上納為致候様被仰出候ニ付、聖堂銀借用之人々ハ右返上銭高之内ヘ建込、御次銀迄借用之人々ハ聖堂銀証文ニ相改、来亥年ヨリ御知行被下候人々ハ百石拾五匁之図りヲ以毎歳十月上納、御切米之分ハ右割合ヲ以毎歳十一月上納可有之候、少銀之分ハ是迄之通相心得、且又証文之義ハ来三月中相改候様会所御奉行中ヘ申談候間、証文調方等之義ハ会所承合候様、御次銀借用之人々ヘ不相洩候様御申談可有之候、御次銀借用之人々名前・借用之銀高等人別ニ被相調、来正月中書出可有之候、以上

十二月廿二日

志村等三人連名

林弥四郎等四人連名殿

右両通志村五郎左衛門等ヨリ申来候間、致承知同役中伝達、組・支配之内御次銀借用之人々ヘ可申談旨、右ニ付来正月十六日ヨリ廿日迄之内、御算用場迄直ニ可書出旨申談候様林弥四郎等ヨリ廻状到来之旨、同役御用番河内山久大夫ヨリ申来候事

今年秋御入国前御拝領之御鷹、為御用御鷹方御歩高木安右衛門・内藤林右衛門・吉田新左衛門

・**吉田弥兵衛**今月十三日江戸発足、同十九日夜信州矢代駅本陣**梯崎源左衛門**方ニ致止宿候処、賊入候体ニテ**新左衛門**所持之胴乱内へ入置候懐中紙入ニ金壱両二歩・小玉銀五匁五分余、送状等書物入置候分并木綿肌付ニ包置候銀二百目、金壱歩八切、木綿財布ニ銭少々入置候処、右胴乱共紛失ニ付、矢代宿役人共一札取来、正月二日金沢へ帰着之上頭**原田又右衛門**へ書付等ヲ以及断候ニ付、同月七日御用番**奥村左京**殿へ以添書御達申由廻状有之、任晶紙爰ニ附記ス

寛政［（空）］**年**安房国立沢へ南京商船漂着、其中一人日本語ヲ能く解する者有、彼か詠歌　但名ヲ不伝

　いさたとふ　たつさの漁の荒浪の
　　人の心に秋の来ぬ間に

右之外ニモ数首詠せしと云、彼商人共出船之後仮屋ヲ取払候節、骨牌数枚ヲ各拾ひたりト云々

同　年来聘せる義(キ)ノ湾(ワン)王子琉球**中山王**使者也御詠歌有

　蒲原之間ニテ冨士ヲ見て詠る
　　限りなき山を幾重か詠め来て
　　　それそとしるき雪の冨士の根

寛政十年三月廿三日夕、御馬廻組頭小寺武兵衛組笠間新左衛門方ヘ駒井浅右衛門ヨリ杉本権兵衛ヲ以、此間稲垣左兵衛（浅右衛門之婿、御算用者也）ト彼是懸合出来、其儀ニ付テ御父子共不致（助佑ト云）御疎遠トハ難叶儀候間心外ニ暫可致等閑旨申越候ニ付、新左衛門答候ハ何等之訳モ不申越、可致等閑旨ハ難心得趣意、強テ相尋候処同月十九日浅右衛門方ヘ左兵衛母来り、左兵衛妻かね儀去年引移候砌ヨリ、身持不正躰候得共、左兵衛儀再々縁之事ニ付、其分ニ致置候処、かね儀いとこ多く有之内、常々笠間助佑ヲ贔屓ニ申成候故、左兵衛儀助佑ヲ疑敷存居候内、当十七日一類共招候節、助佑ヲ是非招候様かね申候得共、左兵衛不聞届候得ハかね甚憤申分モ出来有之ニ付、必助佑ト様子有之ト存候、明白ニ可申聞旨、左兵衛儀厳重ニかね手前逐僉議候処、兼テ助佑ト密通之次第申顕候ニ付、口上書左之通取立、去々年八月十四日ヨリ逗留ニ参り十六日ヨリ致不義、四五度忍ひ合申候、其後九月四五度逗留中忍ひ合申候、去年八月十四日ヨリ逗留之内ニモ忍合、又其後九月中二度逗留、其節モ折々忍ひ合、十月ニ至り十日ヨリ十三日迄逗留忍ひ申候、十一月二日朝ヨリ参り昼忍合申候、右之通毎度参り候儀私ヨリ参候迄ニテモなく、おは（新左衛門妻之事也）方ヨリ毎度呼ニ越候故、御縁組モ定り御書付モ上り候砌ヨリ御書付被下候迄モ度々参り忍ひ合申候事、あなたヘ対し一言モ申訳とてハ無御座候、私こなたヘ参り候砌ヨリ助佑事、いとこ之内ニテモ取わけ心易く致し候者ニ候まゝ、こなたヘ御心易毎度参り度由、兼テ申候まゝ其通り遊し被下候様、其外私一類御よひ遊し候節、助佑モ御加ヘ被下候様、度々申上候事御不しん御尤ニ奉存候、其儀ハ助佑ト忍ひ合候内、こなたニテモ宜敷折モ御さ候ハ忍ひ合度ト申候ニ付、私ヨ

リモ左様ニ致し度トやくそく致し候ゆへ、毎度彼是ト申上候、此儀モ不届至極めいわく致し
候、以上

かね

左兵衛様

此文ハかね儀自害仕損候節、検使之節御横目中へ左兵衛ヨリ相達候写也、

後見易于茲写之

右之趣ニ付、左兵衛了簡モ有之候得共、再々縁故先此度之儀ハ其分ニ可差置候間、以後之所急度右様之儀無之様致度旨、浅右衛門へ左兵衛母申聞候、依之浅右衛門儀左兵衛方へ罷越、委曲相尋候処、前段同様左兵衛モ申聞候、かね手前モ相糺候処、甚迷惑申訳モ無之段申居候ニ付、猶又左兵衛存寄承候処、不届之儀ニハ候得共、有躰ニ申聞候上ハ存寄無之候、併以後ハ笠間父子ト等閑ニ可致了簡ニ候話、御自分モ御了簡可有之事ト左兵衛申聞候由、浅右衛門演述之由権兵衛申聞候ニ付、新左衛門ヨリ助佑手前承糺候処、左様之儀聊無之由申候得共、無心許猶又権兵衛ヲ以相糺候処、毛頭不存寄儀全無実之儀申懸心外之至、先浅右衛門方へ参直ニ承無覚趣及懸合度由ニテ、権兵衛同道罷越懸合之上、浅右衛門申候ハ暫御等閑ニ被成下候得ハ、一件不事立相済候段等申候得共、助佑義毛頭覚無之義被申懸候上ハ、明白ニ不糺候テハ外聞実儀不相済、かね儀実ニ申顕候事無相違候ハ、今晩中ニモ左兵衛夫婦立決ニ及ひ候ハ明白ニ可相成義ト助佑申候得ハ、浅右衛門モ当惑之躰ニテ、かね義粗忽之儀申候哉、先今晩之義ハ猶予之儀呉被申聞候ニ付、左候ハ明日浅右衛門義左兵衛方へ罷越、得ト相糺可被申聞、其上ニモ不相分候ハ助佑罷越、右夫婦へ及懸合可相糺旨申入助佑罷帰、然

処翌日権兵衛并笠間又六郎、新左衛門方へ罷越、助佑へ逢取扱之趣段々申聞候得共、今般之儀ハ無覚不埒ヲ被申懸、侍之身分其分ニ難指置、其上左兵衛義妻之不正ヲ其儘ニ致了簡置、私へ不埒之名目ヲ附候儀難心得候、浅右衛門モ妹ヲ其分ニ指置、一方之申分ヲ以、私ヲ不埒者ニ相極候儀不届ニ候、依テ明白ニ不訳立ニ於テハ浅右衛門・権兵衛へモ急度存寄有之段相答候処、委曲尤ニ候得共、猶更思慮致呉候様達テ申聞両人共罷帰、同廿八日重テ右両人罷越、扱之趣申聞候ニ付相考候得共、於此儀ハ明白ニ不相糺候テハ身分ニモ相障義ニ候、かね儀私名前ヲ申顕候儀ハ何そ子細モ有之儀ト被存候、何れ浅右衛門方へかね儀引取置相糺候ハ相分る事ト存候旨等、助佑相答候処、幾重ニモ此一件暫両人預り引受取捌、訳相立候様可取計旨申候ニ付両人へ伺置候、然処六七日立候得共否不申越ニ付、四月四日助佑儀右権兵衛方へ罷越及催促候処、今暫相待可申浅右衛門手前無構又六郎申談、是非訳可相立、追付可及返答旨ニ付罷帰候、然処同日暮頃又六郎等ヨリ以紙面、かね儀今朝自害仕損候段申越候、猶思慮仕候処、御検使前ニテかね儀申方之程モ難計、甚御難題之儀ニ候得共、かね疵浅精心モ憔之由ニ候間、疵平癒之上ハ厳重御僉議、助佑ト対決被仰付候様仕度段、新左衛門ヨリ頭武兵衛へ紙面出之、依之同月九日武兵衛并相頭佐藤勘兵衛立会、武兵衛兼役御算用場奉行ニ付、左兵衛手前モ糺置、其趣ヲ以、助佑手前相糺候処、新左衛門紙面ヲ以御達申候通ニ毛頭相違無御座候、かね文御横目中御見届之御控ヲ以御尋之趣承知仕候、右文ニ調候日限等相考候処、甚相違仕候、かね儀ハ私母めい之続ニ付、毎度罷越間敷間柄ニテモ無之候得共、甚病身者ニテ度々ハ不罷越、折々参候節昼夜母之側不相離、於私宅猥成義出来可仕様無之、其上住居狭く両親并兄弟共モ罷在、暫モ人目ヲ可忍様無御座処、甚怪敷右様之文調得候生質ニモ無之処、如何之訳ニ御座候哉、驚入絶言語候、かね儀左兵衛方へ引移後、毎度罷越候哉ト御尋之趣承知仕候、為祝儀一度罷越、兼テ浅右衛門申聞之趣ニ任せ、左兵衛在合不申候得共罷通、左兵衛母・同人妻へモ対面仕候処、吸物等出盃事仕罷帰候、然処其節私長座仕、左兵衛妻ト対談之躰不一通様子ニ右母察し、罷帰候節モ次之間迄両人共送候処、外人来モ有之、母ハ先へ入候処、暫間有之候得共、かね義入不申ニ付、母尋ニ次之間へ出候節、漸かね奥之間へ入候等ト、母今度之口上書ニ調候由ニテ御尋ニ候得共、聊長座不仕盃事仕無程退出仕候、母等送候節一通り挨拶仕候、於次之間等ニ左兵衛妻ト咄等仕候義一向無御座候、其後当春為年賀参候節ハ式台ニ申置候左兵衛妻引移後ハ右両度之外不罷越候、何分早速対決被仰付候様奉願候段申聞候ニ付、口上書取立左之通

武兵衛組笠間新左衛門嫡子助佑儀、御算用者稲垣左兵衛妻変事懸り合候儀ニ付別紙之通申聞候、依之私共立合助佑等手前相糺候処別紙両通之通ニ御座候、迚対決不被仰付候テハ相分申間敷儀ニ御座候間、新左衛門紙面之通早速対決被仰付候様仕度奉存候、則新左衛門等紙面并杉本権兵衛等紙面共都合三通御達申上候、以上

四月十日　小寺武兵衛判

奥村左京様　御用番也　佐藤勘兵衛判

附、前記ニ有之左兵衛妻か祢調候文之写モ、助佑へ武兵衛等ヨリ為致披見相届候事

一、五月廿三日御用番本多安房守殿ヨリ武兵衛御呼立、双方於公事場相糺、其上不相分候ハ対

決可申付旨被仰出、其段右奉行ヘ申渡候段被仰渡候ニ付、新左衛門ヘモ為承知申聞置候処、同月廿七日於公事場御糺助佑義父新左衛門ヘ御預、七月廿一日再往御糺之上、是迄之通御預ニ候事

一、翌十一年四月新左衛門并同人妻手前御書立ヲ以相尋、口上書取立可差出旨、御用番長九郎左衛門殿被仰渡、同月廿六日武兵衛相尋候処、新左衛門答之趣寛政八年八月十四日かね逗留中装束売払、銀一貫目計持参候ハ助佑妻ニ貰度ト妻ヨリ申入候由、且かね帰候以後、盲女ヲ以浅右衛門方ヘモ申遣候由、私一円不存候、かね逗留中奥之間ハ騒か敷候間、助佑部屋ニ伏候様妻ヨリ致指図、左兵衛ト縁組極候上ニテ助佑部屋ニ為臥候由、右一向無之妻之側娘ト一集ニ為伏候、かねヘ助佑ヨリ銀二百目借度ト申入候由、左様之儀少モ見聞不仕候、左兵衛方ヘかね縁談極候上、左兵衛之不宣儀共浅右衛門ヘ申入候哉、此度縁組相極度候了簡ハ無之哉ト浅右衛門ヨリ以紙面内談ニ付、左兵衛人品不宣風聞承罷在候ニ付乍承不申入儀不本意ト其段助佑ヘ代筆申付及返書候、かねハ逗留中ニ於江戸拝領金モ有之、装束等多拵致所持候哉ト相尋候哉、此儀ハ咄仕間敷事ニテモ無之候得共、得ト覚不申、内輪彼是咄合之内ニ候得ハ決テ不申入共難申程経候事故、無覚束奉存候旨、妻京答之趣かねヲ助佑妻ニ貰度トかねヘ直ニ申聞候儀ハ無之候、咄之内其元此方ヘ可貰筋目ニ候得共、縁組之事ハ存候様ニモ不成もの等ト申入候事モ有之候、盲女ヲ以かね内存承候事ハ有之候、銀子持参等ヲ以、浅右衛門方ヘ貰ニ遣候儀ハ無御座候、私弟中村孫左衛門ヘ銀子一貫目計持参ニテ此方ヘ縁組申合候了簡ハ無之哉、浅右衛門了簡承呉候様申入候義ハ有之候、私めい之事故他人ヲ貰候ヨリハ何か

宣故、同人ヲ以再往申遣候事モ有之候、かね儀逗留中臥所私ヨリ指図仕候儀無之候、尤助佑部屋ニ臥させ候儀無之、娘ト一集ニ私側ニ為臥申候、左兵衛人品不宣義申入候儀ハ浅右衛門ヨリ及内談候砌、めい之事故無心許縁談止可然ト申入候処、かね望候間遣度ト同人申候ニ付、本人望之上ハいか様共ト相答候、左兵衛人品不宣ト申入候趣意ハ、度々妻ヲ致離縁再々縁之由、気質六ケ敷人ト及承候故、身近き間柄末々無心許ニ付申入候事ニ御座候、其外新左衛門ト回答、右両通口上書取請、武兵衛添書ヲ以翌廿七日九郎左衛門殿へ相達候事

一、享和二年十月二日御用番村井又兵衛殿以御覚書ヲ助佑儀左兵衛妻かねト懸り合一件、於公事場相糺候上対決モ被仰付候得共、不相分趣等委曲相達御聴候処、先以双方共不埒之至実否ハ不相分候得共、平日慎方不宣故ト被思召候、此上御糺モ可被仰付候得共其段ハ御用捨、助佑儀永く新左衛門へ御預被成候、且新左衛門儀雖為縁者、縁付不申娘ヲ度々為致逗留候儀等遠慮可有之儀、其外家内縮方モ等閑ニ相聞得、彼是不埒之至被思召候、依之蟄居被仰付候条可申渡旨、新左衛門頭岡田助右衛門へ被仰渡、同人宅へ呼出可申渡処、新左衛門勤番引中ニ付、相頭団多大夫同道彼宅へ罷越、立会申渡御請紙面取立候事

一、文化元年十一月三日笠間新左衛門蟄居御免之段、御用番奥村左京殿被仰渡、頭岡田助右衛門宅へ呼出可申渡処、嫡子助佑儀御預中ニ付、助右衛門儀新左衛門宅へ罷越申渡

此次翌享和三年十二月晶紙互見

（内表紙）

従享和三年　到同年十二月

耳目甄録　廿一

此次翌年正月ヨリ起

二月十九日改元文化ト

享和三年

●享和三癸亥歳　甲寅正月大

御用番　奥村左京殿　御歩頭御用番
御城代　前田駿河殿　原田又右衛門

朔日　雨天長閑也、二日微雪春寒強、三日四日快天、五日雨、六日陰、七日雪、八日九日快天暖和、十日雨雪、十一日十二日十三日十四日十五日快天、十六日快天之処昼ヨリ風雪余寒復、十七日風雪無霽間、翌朝迄ニ二尺計積雪、十八日如昨日、風ハ少穏也、翌朝迄ニ積雪六尺余り、十九日廿日廿一日廿二日時々雪降、廿三日廿四日快天、廿五日雨、廿六日快天、廿七日廿八日雨、廿九日晴陰交、晦日雨雪

同日　旧臘廿八日、御用番安房守殿御廻文之趣ニ付、今朝五時ヨリ頭分以上登城、御帳ニ附四時頃年寄衆謁、退出

但、御留守年之振ニ付各熨斗目半袴着用

同日　五時過暫如蝕、暦考相違歟ト云々

七日　人日為御祝詞、例月朔望出仕之面々登城、四時頃年寄衆謁退出、但五時ヨリ登城之事

八日　旧臘廿八日記之通　月次経書講釈無之候事

但、例年之通、例月八日・廿三日講釈有之、時々記略ス

正月十四日

一、元日之御礼人御礼被為請、御規式モ元日之通被仰付候事

同十五日

一、二日之御礼人御礼被為請、同夜御松囃子被仰付候事

同十六日

一、三日之御礼人御礼被為請

同十七日

一、宝円寺・天徳院ヘ御参詣被遊候ニ付、御復者(マタ)・検校・町人、御通掛御目見モ同日被仰付候事

同十八日

一、四日之御礼人被為請、御射初等御規式モ四日之通被仰付候事

同十九日

一、六日之御礼人、寺社方御礼被仰付候事

同廿日

一、前々之通、御具足之御鏡餅等頂戴被仰付候事

一、如来寺等ヘ十二日之通御参詣、御戻り之節、十村・山廻等、且御医師等御通懸御目見被仰付候事

同廿一日

一、十五日御礼人之分御礼被仰付候事

一、閏正月朔日御礼人之義ハ御作法書之通被仰付候事

一、十四日十五日十六日ハ、二御丸一統着服、年頭三ケ日之通可相心得候事

以上

年頭御礼、当十四日ヨリ可被為請旨被仰出、日振之義ハ別紙之通ニ候条、被得其意、組・支

1政隣

配之人々ヘ可被申渡候、組等之内才許有之面々ハ其支配ヘモ相達候様可被申聞候事右之趣可被得其意候、以上

正月十一日　　　　　　　　　　**奥村左京**

津田権平殿　但同役連名

十二日　**吉田八郎大夫** 在江戸 組御歩**平田源助** 在江戸 弟**八右衛門**義、人持組**小幡雅楽助**家来給人組**山内伴助**ト申者ヲ、人持組**前田権佐**家来**飯田小左衛門**於門内切殺、兄**源助**宅ヘ罷帰有之旨一類ヨリ及断候由、御用番**原田又右衛門**ヨリ今朝五時頃申来 但夜前五時過切殺候由也、即刻先**又右衛門**宅迄罷越、彼是及示談、**自分**[1]今日詰番ニ付四時ヨリ登城、右之趣先一通り**関屋中務**ヲ以、口上ニテ申上置、八時退出、直ニ重テ**又右衛門**宅ヘ罷越、同人同道**源助**宅 彦三町ヘ罷越、小頭中指引ニテ**八右衛門**様子見届候処、相尋候趣不致応答モ、乱心之躰ニ付、縮方之義同姓いとこ**平田三郎右衛門**ヘ申談退出、**源助**代判**大石半七郎**ヨリ書付取立、**原田・自分**添書ヲ以御用番**左京**殿ヘ**原田**持参相達、尤委曲之趣紙面ニ調之、**原田・自分**両名之封書上ニ認之、**原田**御次ヘ持参**志村五郎左衛門**ヲ以上之

但、言上并書付等別記、御用番ニ有之ニ付爰ニ略ス、此末モ同断

附記　閏正月四日、左之通被仰付

平田八右衛門義、当三日於公事場御吟味之処、不届之趣就有之、同日ヨリ牢揚屋ヘ被入置、依之指控被仰付、当時在江戸ニ付罷帰相慎罷在候

吉田八郎大夫組御歩
平田源助

様可申渡旨被仰渡

御先筒頭
平田三郎右衛門

右、江戸表ヘ申送、八郎大夫申渡

八右衛門儀父方いとこニ付指控被仰付

定番御馬廻
高崎又大夫

同断

八右衛門姉聟ニ付指控被仰付

吉田八郎大夫組御歩横目
中島嘉平太

十三日　同役寄合、宿原田又右衛門

但今年モ今日例月定日、宿同役替々内寄合、廿日同断

十四日　前記十一日御廻文之通ニ付、六半時熨斗目長袴着用登城於御式台ニ御帳ニ附、其節於御帳前、左之通披見、明十五日・閏正月朔日、月次出仕相止候事、十七日息方御礼六半時揃之事

十五日　前記之通御礼被為請、同夜御松囃子五時頃相済

四時頃御表ヘ御出、御例之通夫々御礼被為請、一番御礼人九時頃相済

但、自分初テ御流御酒等頂戴ニ付、右相済御席ヘ出、御用番左京殿ヘ迄御礼申上退出候事

十六日　前記之通、御礼等有之

十七日　同断并役儀・跡目等之御礼被為請

十八日　前記之通御礼被為請

十九日　御例之通、御具足之御鏡餅、二之御丸当番等之人々ヘ御雑煮等頂戴被仰付候義等前々

之通ニ付略記ス、前記互見

付札　御横目へ

此間之雪ニテ往来之人々指支申躰ニ候間、屋敷廻之雪早速除之致道広、往来支不申様可相心得候、且又年頭之義ハ閏正月へ懸相勤可然候事

右之趣被得其意、組・支配之人々へ申渡候様、夫々可被申談候事

亥正月

右例文之以添書到来之旨、同役御用番**原田**ヨリ伝達有之候事

廿日　前記之通、如来寺等へ御参詣之筈ニ候処、俄積雪ニテ御道筋指支候ニ付御延引、廿四日今日之御振ヲ以御参詣ト被仰出候事

廿五日　於御前

当春御参勤御供被仰渡　**前田駿河**

公義御用加判　**長　甲斐守**

右同断被仰渡　附此次二月廿八日互見并閏正月三日・六日モ互見

廿八日　左之通被仰付

御馬奉行　御大小将ヨリ　**岩田孫兵衛**

会所奉行　呉服奉行ヨリ　**野村忠兵衛**

割場奉行帰役　本吉奉行ヨリ　**白江金十郎**

右三人、頭々ヨリ撰書出無之ト云々

役儀御免除　御馬奉行　**和田知左衛門**

同断　会所奉行　**芝山直助**

同　日　同組御用番**原田又右衛門**義、**駿河殿**ヨリ依御紙面登城之処、当春御参勤御供、同役順先早速書出候様被仰渡、則御供番**拙者**、詰番**河内山久大夫**組共順番之旨被書出候、其外諸向共同趣之事

自分組御歩**岡本六郎左衛門**儀、旧臘廿八日ヨリ行衛不相知、出奔躰ニ付、一類へ御領国尋申渡置候処、相知不申段罷帰申聞候ニ付、出奔躰之旨及御断、右一件取捌方曁時々言上紙面等委曲別帳ニ就記之、爰ニ略ス、右ニ付左之通**原田又右衛門**ヨリ廻状有之

御歩小頭　**岡本次郎左衛門**

右**次郎左衛門**嫡子御歩**六郎左衛門**出奔之躰ニ付、自分ニ指控罷在候様可申渡哉之旨相伺候処、紙面之通指控可申渡旨御用番**甲斐守**殿被仰渡、**次郎左衛門**義気滞御番引中ニ候得共、快方ニ付押テ参出、於**原田**宅申渡候旨等廻状有之、閏正月朔日之廻状ニ候得共附記ス

御役無之頭分　**松尾縫殿**

今月［(空白)］日病死　享年六十四

或書日

氏長者　源　奨学院別当　平　淳和院別当
　　　　藤　勧学院別当　橘　尊観院別当

鎌倉時代ハ　尊氏公時代ハ　義満公時代ハ　信長公時代ハ
執権　　　　執事　　　　　管領　　　　　大老

大雪　唐詩訓解曰　雪平地降壱尺曰大雪ト

数日　四五日之事也　数万騎　四五万騎之事也

亥猪　豕ハ毎年十二子ヲ産、閏ニハ十三子也、因テ祝ス　端午菖蒲酒　水菖蒲ヲ入るハ誤也　石菖蒲ヲ入ヘシ　雄黄少し加フ

閏正月小

御用番　**長　甲斐守殿**　御歩頭御用番
御城代　**前田駿河殿**　**自分**

朔　日　雪降、二日陰余寒強、三日快天、四日五日六日七日八日雪、九日晴陰交夜烈風、十日十一日十二日十三日十四日十五日晴陰交、十六日十七日十八日十九日雪、廿日廿一日晴陰、廿二日廿三日雨風交余寒強、廿四日廿五日晴、南風吹余寒退、廿六日雨雪余寒立帰、廿七日快天風起、廿八日廿九日快天、長閑暖和催

同　日　前記之通、月次出仕無之、御礼人有之、六半時揃之事

三日　左之通被仰渡

御小将頭
人見吉左衛門

右御参勤御延引御願之通被仰出候、為御礼江戸表ヘ之御使被仰付、当七日発足之筈、但七日発足二月十九日帰着

附御内証ト一昨朔日被仰渡有之、且六日互見

△

相公[1]様ヘ年頭之為御祝儀、各并組支配之人々ヨリ青銅献上之御喜悦之御事ニ候、此段可申聞旨被仰出候条承知有之、組支配之人々ヘモ可被申聞候、在江戸之人々ハ代判人ヨリ可有伝達候、以上

閏正月四日
長　甲斐守

津田権平殿奉　但新番頭・御歩頭連名

猶以病気等ニテ難被罷出人々ハ其段名之下ニ可被書記候、以上

御意之趣可申聞候条、布上下着用、明後六日五時過可有登城候、以上

閏正月四日
長　甲斐守

津田権平殿　但書同前ニ

五日　左之通被仰付

能州御郡奉行
御馬廻組
菅野弥四郎

1 治脩（十一代）

六　日　一昨日之依御廻文、今日頭分以上登城御帳ニ附、四時過柳之御間列居、御年寄衆御列座、御聞番甲斐守殿左之通御演述、畢テ於横廊下之左之御覚書披見一統退出
御国許御仕置方等之儀ニ付無御拠有之候間、当三月御参勤御用捨、同九月中御参府被成度段御願被成候処、御願之通被仰出、難有御仕合思召候、此段何モヘ可申聞旨御意ニ候
付札　御横目へ
今日御弘之趣ニ付為恐悦今日中御用番宅へ可相勤候、幼少・病気等ニテ今日登城無之面々ハ御意之趣向寄ヨリ伝達、為恐悦御用番宅へ以使者可申越候、此段夫々可被申談候事
閏正月六日　附、前記正月廿五日、此次三月廿八日互見

同　日　左之通被仰付
高岡町奉行　御馬廻組　寺嶋此母

七　日　左之人々御大小将ニ被仰付、但御請ハ十日ニ相済
千四百石　二十四才　近藤新左衛門光保
八百石　二十三才　野村伊太郎　之礼
八百石　二十八才　奥村卯八郎　英賢
六百石　十九才　浅加貞三郎　友郷
五百石　二十一才　不破栄五郎　方叙
四百石　二十四才　福嶋梅之助　安之

四百石　三十三才　山田万作　信也
三百石　二十一才　今井左大夫　雅言
猶以病気等ニテ難被罷出面々ハ、其段名之下ニ可被書記候、以上
御用之儀有之候条、明十三日五半時頃可有登城候、以上
閏正月十二日　長　甲斐守
津田権平殿　但新番頭・御歩頭連名

十三日　昨日之依御廻文、頭分登城御横目所へ及届罷在候処、四半時頃於桧垣之御間二之間、御年寄中等御列座、御用番**甲斐守**殿一役同席宛御呼立ニテ左之通御演述之上、御書立御渡ニ付拝見仕、御請申述退、柳之御間横廊下ニテ御横目ヨリ御渡之御覚書披見、且今日之日付ニテ翌十四日左之通御請上之候事
別紙写之通、以御書立被仰出候ニ付相渡之候条可奉得其意候、将又拙者共ヨリモ猶更会得有之候様可申渡旨被仰出候条、御書立之通被相守、以来無油断可被相心得候、若不慎等之族有之候テハ一円御用捨之御沙汰有御座間敷候条、被仰出之通万端厳重可被相心得候事
癸亥閏正月
諸頭へ
為頭者ハ別テ心得モ有之、行状等能相慎、万端平生心懸可申処、文武之道モ懈り、分限相応ニ武器ヲ相嗜候心懸ハ薄く、家作・器物ハ品軽トモ栄耀ヲ飾り、加様之処ニ奢侈之風儀押移

り暮方隋弱之人々も有之様子、江戸表へ相詰候人々ハ於彼地不益之器物等相求、無用之参会・過酒いたし候者も有之躰、不似合為体沙汰之限り不心得之至ニ候、於当地も都テ職役不似合若輩之心得方之人々多有之ハ畢竟其道ニ暗く剰心懸も無之、不所存之至ニ候、為頭者ハ不及迄も組等之習しニも相成候様心懸、組・支配之者共之心底正敷様ニ仕立、子弟之者共用立候様、成立テ暮方等其禄分限ニ応し、勝手向之仕末方為頭者心懸平生承糺、節倹無油断申談、不心得之者ハ加異見実意ヲ以念頃ニ致撫育候得ハ少ハ風儀も相改り可申事ニ候得共、其本意ヲ取失ひ軽薄而已(のみ)ニテ自ら疎遠ニ相成、組之実意も不相知、勝手向之厚薄さへ不相分ゆへいつとても其無差別、一統之難渋ト申立事ヶ間敷申出、実義無之故却テ支配人之為ニも不相成、是ヲ役向之働等ト相心得、本意ヲ不致会得故、支配人へ之申談方も品ニ寄り、趣意相違之事も致出来、歎ヶ敷事ニ候、自今厳重ニ相改可申候、且又芸術ニ付召出候者ハ第一其業作無油断相励候様常々可申談候、尤其勤之浅深急度可見届置候、懈怠ニ依テ家芸仕下り候族ハ可為不覚事ニ候、右之趣何も致会得聊無懈怠相心得、同役和順ヲ以、万事励可申義可為肝要者也

享和三年閏正月

付札　御横目へ

今日諸頭へ申聞被仰出之趣ニ付、夫々諸請紙面指出可申候、且又在江戸等之人々へハ同役又ハ筆頭ヨリ可有伝達候事

右之通、夫々可被申談候事

閏正月十三日

私共心得慎方之儀ニ付御書立ヲ以、被仰出候趣等被仰渡奉畏候、依テ御請上之申候、以上

癸亥閏正月十三日　原田又右衛門判　河内山久大夫判

安達弥兵衛判　津田権平判

長　甲斐守殿

同　日　組・支配有之頭ヘ御宸翰被成下候、御直ニ御渡被遊候思召ニ候処、今日御居間書院ヘ御出不被遊候ニ付御封印ヲ以、被渡下候由関屋中務ヲ以被仰出、御箱被渡下之、御請ハ御近習頭ヲ以指上候様同人演述ニ付安達宅相認、暮頃自分御次ヘ持参、志村五郎左衛門ヲ以上之

同　日　以御書立被仰出之趣、人持組ハ御組頭之年寄衆御宅ヘ御呼立被仰渡、尤御請モ夫々御取立有之、御書立写左之通

人持ヘ

何モ祖先有功ニ寄、相応之禄ヲ令扶助、後代有用之為列位ヲ重く定置候事ニ候、勿論心懸能き人々モ有之躰ニ候得共、其中ニハ高禄之権而已(のみ)ニ誇り、下民之情ヲ不相弁、文武之道ニ懈り、分限相応之武器ヲ相嗜む心懸薄く、家作・器物ハ品軽く共、栄耀ヲ飾り遊興奢侈之形モ有之、或ハ倹約ト心得吝嗇之族モ有之躰、且暮方隋弱之人々モ有之様子、不似合儀不心得候事ニ候、自今厳重ニ相守り文武之道相励忠誠心懸可為肝要者也

享和三年閏正月

別紙写之通、御書立ヲ以被仰出候ニ付相渡之候条可被得其意候、将又拙者共ヘモ猶更会得有

之候様可申渡旨被仰出候条、御書立之通被相守、以来無油断可被相心得候、若不慎等之族有之候ハ一円御用捨之御沙汰有御座間敷候条被仰出之通、万端厳重可被相心得候事

癸亥閏正月十三日

十四日 松寿院[1]様御気滞之処、御指重ニ付去二日御前様[2]俄ニ御供揃ニテ芝御広式ヘ為入候旨等同日江戸発之早飛脚十一日来着、同四日立之飛脚十二日来着ニテ御容躰少御宜方之由申来候処、重テ就御指重ニ御附物頭並高畠安右衛門ヨリ御附御用人中孫十郎ヘ早打御使申談、去八日夕八時過、芝御邸発出、昨十三日六半時頃到着、右御様子就達御聴ニ、為御見廻御使番堀兵馬ヘ早打御使被仰付、今暁七半時頃発出、但実ハ去五日御逝去之由也

此次十七日互見、廿八日同断

十五日 月次出仕之処、就御疝邪ニ御表ハ御出不遊、四時過年寄衆謁ニテ相済候事

十六日 来月廿四日、於神護寺孝恭院[3]様二十五回御忌御法事御執行之旨、前田内匠助殿諸向ヘ被仰渡、但御法事触前々公義御法事之節同断ニ付記略ス

同 日 左之通

御馬廻組兼御算用場奉行
水野次郎大夫

右寒気為御尋宿継御奉書到来次第、為御礼江戸表ヘ之御使者先達テ和田源次右衛門ヘ内証被仰渡置候処、源次右衛門相煩、御使難相勤旨ニ付右代次郎大夫ヘ御内証被仰渡候処、二月八日夜宿継御奉書ヲ以御鷹之鶴御拝領、依之御礼之御使者次郎大夫ヘ被仰付、十一日朝

1 重教室
2 治脩室
3 徳川家基

1保科容頌
2重教女顕（保科容詮室）

発三月廿一日帰着

十七日　前記去十四日之通ニ候処、今朝従肥後守[1]様之早打御使御使番井深内記参着、松寿院[2]様去十日御逝去之旨御案内御口上申来、右内証登城無之、十九日朝発出帰、且御大小将御使ヲ以白銀五枚被下之（去十日江戸発）

猶以病気等ニテ難被罷出人々ハ其段名下ニ可被書記候、以上

松寿院様御気色御滞之処、去十日御逝去之段申来候、依之普請ハ今日ヨリ三日、鳴物ハ七日、諸殺生ハ当廿九日迄御忌中日数可有遠慮候

一、頭分以上面々ハ御両殿様為伺御機嫌、明日四時過可有登城候、幼少・病等之人々ハ御用番宅へ以使者可申越候

右之通被得其意、組・支配之人々迄可被申渡候、且又組等之内才許有之面々ハ其支配へモ相達候様可被申聞候事

右之趣可被得其意候、以上

閏正月十七日　　長　甲斐守

津田権平殿　但新番頭・御歩頭連名

十八日　昨日之依御廻文、四時過登城、御帳ニ附退出之事

附記

毎月十日

松寿院様、右御忌日御家中諸殺生指控可申旨被仰出候事

右之通被得其意、組・支配之人々ヘ可被申渡候、組等之内才許有之面々ハ其支配ヘモ相達候
様被申聞、尤同役中可有伝達候事右之趣可被得其意候、以上

閏正月廿三日　　長　甲斐守

津田権兵衛殿

△当年油払底ニ付、木実油モ為売申候、右油ハ食物ニ用申儀難相成、暨灯火等ニテたはこ等給
候儀不宜由ニ御座候、寛政三年ニモ取寄候節、御家中一統被仰渡御座候間、今般モ一統ヘ仰
渡候様仕度奉存候、以上

亥閏正月十二日　　富永右近右衛門

長　甲斐守様　　井上井之助

付札　御横目ヘ

木実油為致商売候儀ニ付別紙之通町奉行申聞候条、人持・諸頭并役儀御免之頭分暨隠居之
面々ヘモ不相洩様可被申談候事

閏正月

右御横目中ヨリ例文之廻状ヲ以到来之事

巻目ノ上　口上覚　　井上美濃守[1]

石川左近将監[2]

＼五街道人馬先触之義、一・二ヶ月程つゝ溜置、道中奉行ヘ被指出候様宝暦中相達置候処、

1井上利恭（寛14 400頁）（大目付）
2石川忠房（寛3 40頁）（勘定奉行・道中奉行）

／近来不被指出向モ多々候、向後参勤御暇之節ハ勿論、家中往来共ヘ不洩候様可被指出候、尤家中往来ニテモ多人馬被継立候節、前廉被問合候様可被致候

一、諸家中往来之節、先触指出之節、泊附無之趣ニ相見候、右ニ付旅行之日割難相知候ニ付、先触指出候日限ヲ致目当ニ宿々人馬寄置候由之処、右日限之通旅行無之、自ら人馬指支候儀モ有之哉ニ候、以来先触ヘ泊附書入可被指出候、其上川支等有之日割相違候節ハ猶追先触可被指出候、都テ役人共又ハ馬士人足等不乗之儀モ有之節ハ其段奉行ヘ可被申聞候事

巻目ノ上　**戸田采女正**殿御渡候御書取写

道中奉行
大目付
へ

諸家参勤交替其外道中継人馬之儀、御定等モ有之処、いつとなく多人馬為継立候義ニ至り助郷其外宿方難儀モ不少事ニ候、然共近世之事ニモ無之候得ハ一概相改候テハ諸家指支モ可有之儀ニ候、左候得ハ迚是迄之通ニテハ助郷其外弥難儀相増候事ニ付、銘々程能減方之勘弁モ可有之儀ニ候間、先其旨相心得候テ寄々申通可被至候事、道中継人馬之儀并五街道人馬先触之儀ニ付、道中御奉行**井上美濃守**殿ニテ被渡候御書取写等弐通相越之候条被得其意、向後江戸・京・大坂等往来之節、人馬先触之内御附書入指出、其写頭・支配人ヨリ不相洩様取立、直ニ会所奉行可被相達候、川支等ニテ日限致相違候ハ其所ヨリ追先触指出其写先々到着之上、頭・支配人ヘ取立、是又会所奉行ヘ可相達候、於会所一・二ケ月程つゝ溜置、道中御奉行ヘ御届有之筈ニ候事

但於江戸ハ同所会所奉行ヘ夫々可被相達候事
右之通被得其意、組・支配之人々ヘ可被申渡候、組等之内才許有之面々ハ其支配ヘモ相達候
様被申聞、尤同役中可有伝達候事
右之趣可被得其意候、以上
癸亥閏正月廿三日
長　甲斐守印
本多安房守印
津田権平殿

△
此度東海道・中山道、宿々之内水難之分、来亥正月ヨリ来ル
卯十二月迄五ヶ年之内、人馬賃割増銭左之通可請取申渡
東海道
去未正月ヨリ来ル辰十二月迄十ヶ年之内、人馬賃銭二割　庄野宿
増ニ申付置処、猶又此度三割増都合五割増　草津宿
同断ニ候処、此度二割増　都合四割増　枚方宿
守口宿
同断ニ候処、此度一割半増統合三割等増　高宮宿
右之宿々割増銭申渡候間可被得其意候　愛知川宿
右之趣向々ヘ可被申触候
戌十二月
松平伊豆守殿御渡候御書付写壱通相達候間、被得其意、答之儀ハ神保佐渡守方ヘ可被申聞

候、以上

十二月廿四日　　大目付

御名殿　留守居中

東海道・中山道宿々之内、水附之分、人馬割増銭之義ニ付公義相渡候御書付写壱結一通相越ニ候条被得其意、組・支配并与力、且又家来末々迄可被申渡候、組等之内才許有之面々ハ其支配ヘモ相達候様可被申聞候事右之趣可被得其意候、以上

亥閏正月廿六日　　長　甲斐守印

本多安房守印

津田権平殿　但新番頭・御歩頭連名

廿八日　前記十四日ニ有之早打御使堀兵馬、去十九日江戸着、帰路ハ指急ニテ今日四半時頃帰着之事

乙卯二月大　　御用番　横山山城殿

御城代　前田駿河殿　　御歩頭御用番　河内山久大夫

朔　日　快天長閑也、二日三日四日晴陰交、五日六日雨、七日八日晴陰、九日風雨、十日十一日快天、十二日雨、十三日十四日十五日十六日十七日十八日快天、十九日雨、廿日廿一日廿二日快天、廿三日昼ヨリ雨天、廿四日陰、廿五日廿六日廿七日雨天（夜雷鳴多）、廿八日廿九日晦日快天

同　日　月次出仕、四時過一統御目見御意有之、御取合言上、年寄中座上、且御居間書院於御前左之通被仰付

若年寄
御近習御用ハ御免　人持組御近習御用ヨリ　成瀬監物

御小将頭　高田新左衛門代　御持筒頭兼御用人ヨリ　小原惣左衛門

御先弓頭　千田治右衛門代　御大小将御番頭ヨリ　宮崎蔵人

今度御忌中為御尋
御奉書之御礼江戸表へ之御使　御馬廻頭　岡田助右衛門
今朝発足

二　日　左之通御用番山城殿於御宅、御横目指引ヲ以被仰渡、佐藤ハ
御組頭甲斐守殿於御宅同断

御小将頭　永原半左衛門

重き御役儀モ被仰付置候処、致過酒不相応之族モ有之候段被聞召、依之役儀被指除指控被仰付

御先手兼盗賊改方　佐藤治兵衛

兼役勤方不応思召、且内輪向役儀不相応之趣有之段被聞召、依之本役兼役共被指除遠慮被仰付

奉公人之義ニ付、公事場触・出銀触十日ニ出、火之元触廿六日ニ出、御城中所々御番所火之元触廿七日出

三日　右例年之通ニ付略記ス

左之通被仰付

当分盗賊改方御用兼帯　御先弓頭　宮崎蔵人

四日　左之通被仰付

御表小将見習　御馬廻組　里見右門

同断　同断　坂井甚太郎

御部屋中ニ御貸附之御次銀被下切ニ被仰付候段被仰出候条、借用之人々へ右之趣可有被申談候、以上

二月　関屋中務

右借用之人々へ申談、同役へモ可致伝達旨志村五郎左衛門等ヨリ廻状到来之由、御用番河内山ヨリ廻状有之候事

五日　左之通

組外新庄金山才許　深谷孫八

右孫八此節出府新庄ヘ引越中貸置候自宅ヘ同居之処、病気之躰ニテ自害相果

付札　定番頭ヘ

△寛政十一年・享和二年会所銀元利上納御用捨、淀利足銀御知行之人々ハ寛政十年八月ヨリ同十一年七月迄并享和元年八月ヨリ同二年七月迄、御扶持方・御切米之人々ハ寛政十一年四月ヨリ同十二年三月迄并享和二年四月ヨリ同三年三月迄之利足銀之分、今般百石ニ付三拾目図りヲ以、諸方御土蔵ヘ上納銀之内ヘ打込可有上納、尤於会所淀利足銀高相しらへ人別ニ書分御算用場ヘ引送筈ニ候事

右之趣被得其意、組・支配之人々ヘ可被申談候、組等之内才許有之面々ハ其支配ヘモ相達候様可被申聞事

右之通一統可被申談候事

亥二月

右定番頭御用番武田喜左衛門ヨリ例文之廻状ヲ以到来之旨同役御用番河内山ヨリ伝達廻状有之候事

△七拾間御長屋御門続御石垣御普請有之候ニ付、往来道幅狭候間、可致混雑候条、同所柵御門外ニテ下馬下乗有之候様夫々可被申談候事

二月七日

右御城代駿河殿被仰聞候旨、如例御横目廻状出

△御家中之人々勝手難渋調達方不通用、甚指支申躰ニ付、役出銀之外諸上納、追テ被仰渡候旨、先指上ニ不及旨、去七月被仰渡候、然処去暮上納方被仰渡有之候得共、御城御造営方人足賃銀之儀ハ別ニ被仰付モ無之ニ付、今年賃銀取立方如何相心得可申哉之旨御用番ヘ相達候処、取立可申旨被仰渡候、依テ御切米等之人々去春指次上納之分当春折々指次去三月以後被召抱候人々且又御加増等被仰付候分、都テ指引方去春相触候通ニ候間、御組・御支配夫々指引上納可有之候、尤根高帳ハ前々之通一統相改候、猶更取立方入組申義ハ当場御聞合可有之候、御同役被伝達先々順達落着ヨリ可有御返候、以上

二月四日　　御普請会所

河内山久大夫殿　附此次廿五日互見

十日　左之通被仰付

御用人当分加人　御先弓頭兼御射手才許　**吉田彦兵衛**

十一日　左之通、御組頭**奥村左京**殿於御宅、御横目指引ヲ以被仰渡、**久能**ハ**河内守**殿、**永原**ハ**甲斐守**殿於御宅、尤御横目指引ハ無之

不慎之趣有之ニ付遠慮被仰付　人持組　**伴　八矢**

不応思召儀有之ニ付本役兼役共被指除候段被仰出　御先弓頭兼射手才許　**久能吉大夫**

不応思召儀有之ニ付役儀
被指除候段被仰出
御先筒頭　永原佐六郎

十三日　左之通、於御前被仰付

定番頭　学校御用ハ御免除
不破和平代
御馬廻頭兼学校御用ヨリ　九里幸左衛門

御馬廻頭　今村甚兵衛代
町奉行ヨリ　富永右近右衛門

同　断　佐藤勘兵衛代
於御次、学校御内御用被仰渡
御先筒頭兼学校御用ヨリ　杉野善三郎

御歩頭　矢部七左衛門代
物頭並聞番ヨリ　菊池九左衛門

大組頭　上月数馬代
御近習御用兼被仰付
御持弓頭兼金谷御近習御用ヨリ　不破五郎兵衛

同　断　松平才記代
金谷御近習御用ハ御免除
御持弓頭兼金谷御近習御用ヨリ　玉川七兵衛

御持弓頭　小川八郎右衛門代
兼役只今迄之通
御先弓頭兼御射手才許并御用人当分加人ヨリ　吉田彦兵衛

御持筒頭　小原惣左衛門代
御近習御用只今迄之通
物頭並御近習御用ヨリ　神田十郎左衛門

御先弓頭　佐藤治兵衛代
御倹約奉行ハ御免除
同断　久能吉大夫代
学校御内御用杉野善三郎同断
物頭並
金谷御近習御用只今迄之通
相公様
御表小将御番頭　山口清大夫代
中将様
同　断
御大小将御番頭　宮崎蔵人代
同　断　岩田内蔵助代
定番御馬廻御番頭　沢田伊左衛門代
御使番
同　断
御大小将横目　篠嶋頼太郎代

組外御番頭兼御倹約奉行ヨリ
堀　万兵衛
寄合学校方御用ヨリ
富永靱負
御使番金谷御近習御用ヨリ
加藤次郎左衛門
金谷御表小将横目ヨリ
前田清八
同断ヨリ
山崎小右衛門
御大小将ヨリ
岸　忠兵衛
御大小将横目ヨリ
坂井甚右衛門
御細工奉行ヨリ
田辺五郎左衛門
御大小将組割場奉行ヨリ
三浦重蔵
御膳奉行ヨリ
大地順左衛門
御大小将組大聖寺御横目ヨリ
永原七郎左衛門

同　日　於御席、御用番山城殿左之通被仰渡

定番頭並金谷御近習御用
勝尾半左衛門

御加増二百石、先知都合六百石
御近辺久々実躰相勤候ニ付、如此被仰付

御先弓頭
山路忠左衛門

御射手才許兼帯

小寺武兵衛
吉田又右衛門

御呼出之処、就当病不罷出

同　日　去四日江戸発之御用状来着、左之通申来

今月朔日於江戸

物頭並江戸御広式御用ヨリ
中泉七大夫

御先筒頭　吉田八郎大夫代

山路忠左衛門代
堀　万兵衛

喧嘩追懸者役

戸田斎宮

二月十三日ヨリ

万兵衛ヨリ
例之通廻状有之

只今迄之通

十四日　左之通於御前被仰付

組外御番頭ヨリ
丹羽六郎左衛門

町奉行　富永右近右衛門代

御奥小将御番頭ヨリ
中村才兵衛

御持弓頭　御近辺ハ御免除
不嶋五郎兵衛代

御台所奉行ヨリ
山口小左衛門

組外御番頭　堀　万兵衛代

金谷
御表小将横目　前田清八代
金谷奥御納戸奉行ヨリ
津田藤兵衛

御細工奉行　田辺五郎左衛門代
御馬廻組御普請奉行ヨリ
有賀清右衛門

十五日　月次出仕、御目見御意有之、四時過相済、且役儀之御礼等并初テ御目見被為請、将又
左之通被仰付

御倹約奉行兼帯
御馬廻頭
団　多大夫

十八日　左之通、於御前被仰付

御馬廻頭帰役　関屋中務代
御役御免　頭列ヨリ
小寺武兵衛

御先筒頭　杉野善三郎代
物頭並学校御用ヨリ
吉田又右衛門

学校御用ハ御免除

組外御番頭　丹羽六郎左衛門代
御膳奉行ヨリ
木村茂兵衛

名改　御大小将御番頭宗左衛門事
中村宗兵衛

付札　御横目へ

貞琳院殿御儀、向後様付ニ唱候様、従相公様被仰進候ニ付、様付ニ唱可申旨被仰出候条、
此段頭・支配人等へ寄々可被申談候事

右御横目廻状出

廿一日　左之通被仰付

大聖寺御横目　　　御大小将ヨリ　平岡次郎市

廿四日　前記前月十六日ニ有之通

孝恭院様二十五回御忌御法事、於神護寺御執行

御奉行前田内匠助、同役ヨリ詰原田・自分相代り、六時過ヨリ相詰候処、九時前相済、且御

参詣被仰出、御供人揃之上御延引

廿五日　左之通被仰付

定火消　　　玉井頼母

定火消御免
天徳院請取火消　　　上坂平次兵衛

御倹約奉行加人　　　組外御番頭　高田昌大夫

学校御貸付銀就借用罷在候人々之内、退転ニ相成候得ハ、連判且又一類ヨリ致上納来候得

共、退転人之分上納被下切ニ被仰付候旨、安房守殿等被仰渡候条御承知被成、御同役御同

席方等御伝達、御組・御支配ヘモ夫々不相洩様御申渡、先々御順達落着ヨリ御返可被成候、

以上

二月廿五日　　　杉野善三郎　　富永靭負

小塚八右衛門
前田　杢
河内山久大夫様

△御支配御扶持方御切米之人々、御城御造営方人足貸銀上納方、先達テ申達候処、当春右人足貸銀取立申ニ不及旨、重テ御用番ヨリ被仰渡候条、去年被召抱候人々并御加増等被仰付候分、都テ不及上納候、此段御承知有之、御同役御伝達先々御廻、落着ヨリ可被相返候、以上

二月廿八日　　御普請会所

河内山久大夫殿

附前記今月五日互見

廿九日　左之通被仰付

御普請奉行　本役　　御馬廻組御普請奉行加人ヨリ　**石川兵勝**

同　断　加人　　御馬廻組　**上木金左衛門**

割場奉行　本役　　同　割場奉行加人ヨリ　**河村茂三郎**

△前々御参勤御往来之節、相雇候通人馬増貸銀返上、残高等、是迄之分都テ去暮被仰渡候百石ニ付三十目宛之図りヲ以、諸方御土蔵ヘ上納銀之内ヘ打込、致上納候様一統可申談旨、且右増賃銀返上残高等、於会所相しらへ、御算用場ヘ引送り可申段御用番**横山山城**殿被仰渡候条被得其意、右借用之人々返上残銀高等書しらへ、当三月廿日切無間違、会所貸銀所迄別紙草案之通、借用人ヨリ直ニ書出可申事

一、寛政十一年五月筑前守様御戻之節、享和元年三月御同所様御参府之節、同二年八月御入国之節、右御往来之節御供之人々、信州牟礼ヨリ越中境迄相雇候通人馬増貸銀右三ヶ年分打込、今亥年ヨリ二十ヶ年賦ヲ以取立可申筈之処、前条之通打込、諸方上納ニ被仰渡候ニ付、御算用場ヘ一集ニ引送り候条、右銀高等別ニ触出不申候間、右之分借用有之人々ハ、直ニ会所貸銀所ヘ上納銀高承合可申事、

右之趣御承知有之、組・支配之人々ヘ御申談、尤御同役・御同席等不相洩様夫々御伝達可有之候、以上

亥二月晦日　　会所

河内山久大夫殿

右貸銀所ヘ書出草案、無別異ニ付略之

但、前々御参勤等御供之節、相雇候通人馬貸銀都テ打込、寛政十一年ヨリ二十ヶ年賦　寛政十二年ヨリ廿ヶ年賦之分享和元年ヨリ廿ヶ年賦之分　享和三年ヨリ廿ヶ年賦之分

〆何百何拾目

右貸金借用銀高如斯御座候、以上

亥三月　　誰組・誰支配、御知行高・御扶持方高

御切米高　何之誰

会所

一、在江戸等并旧宅之人々ハ代判人ヨリ名前調可申、親跡目等被仰付候分ハ、父借用分ト調可申、名替之人々ハ肩書ニ誰ト調可申事

丙辰三月小

御用番　前田内匠助殿　　御歩頭御用番
御城代　前田駿河殿　　　菊池九右衛門

朔　日　快天、二日陰風起、四日五日快天、六日七日雨、八日九日十日快天、十一日雨天、十二日昼ヨリ晴、十三日十四日十五日十六日快天、十七日昼ヨリ雨、十八日雨、十九日陰、廿日廿一日廿二日快天、廿三日雨、廿四日晴、廿五日快天、廿六日微雨、廿七日廿八日快天、廿九日雨

同　日　月次出仕、四時頃一統御目見御意有之、御取合年寄中座上ニテ口上、且於御席左之通被仰付候段、御用番内匠助殿被仰渡

新番頭ヨリ　年七十六
小川八郎左衛門
改帯山
隠居料弐拾人扶持

小川伝九郎
家督無相違五百石　御馬廻へ被加之

御留守居物頭ヨリ　年七十六
木梨助三郎
改訥軒
隠居料弐拾人扶持

木梨和五郎
家督無相違三百五十石組外へ被加之

両人共及極老候迄役儀モ相勤候ニ付、隠居家督被仰付

二　日　京都紫野芳春院宙宝和尚御入国、為御祝儀登城、御目見御料理被下之、御作法別冊諸御作法書之内ニ有之間同断ニ付略ス互見

三　日　上巳ニ付出仕、年寄衆謁、四時頃相済

四　日　左之通被仰付

新知百石宛被下之、両人共

御歩横目ヨリ
崎田中蔵

御歩小頭ニ被仰付

同断
藤田次郎兵衛

六　日　左之通被仰付

奥附御歩横目岡本故与兵衛せかれ
岡本金五郎
十六才前髪有之

右亡父与兵衛義、久々入情相勤候者ニ付、格別之趣ヲ以、せかれ金五郎義六組御歩ニ被召出、御宛行並之通被下之候事

八　日　左之通被仰付

御膳奉行

御馬廻組御近習番御膳奉行加人ヨリ
水野左伝次

奥御納戸奉行

同断　奥御納戸奉行加人ヨリ
不破平兵衛

二之御丸御広式御用

物頭並江戸御広式御用ヨリ
渡瀬七郎大夫

江戸御広式御用ハ御免除

十　日　左之通

役儀御免除
江戸御広式御用物頭並
国府佐兵衛

同断
但、組当り御用可相勤旨被仰渡
同断　御用人御大小将組
富永侑大夫

同断　元組組外へ御返
同断　御用人寺社奉行支配
青山数馬
江戸在住也

右之外御用人御免除、夫々元組ヘ御返并御鎖口番等之御歩モ元組々当り定番方御用可相勤旨被仰渡、是寿光院様依御逝去也

付札　定番頭へ

諸役人二之御丸詰番之節、若火事有之刻、宅々ヨリ家来召寄候ハ真之鞭ハ乗馬ト一集ニ可指置候、若御近火等ニテ於御城中可致指引程之火事ニ候ハ、其節ハ家来共ヨリ御門御番人へ為及断、鞭取寄候様相心得可申事右之趣被得其意、各ヨリ諸役人ヘ可被申談候事

三月七日

右定番頭御用番九里幸左衛門ヨリ廻状有之候由、同役御用番菊池九右衛門ヨリ廻状ヲ以伝達有之候事

十五日　月次出仕、一統御目見御意有之、四時相済

十六日　左之通被仰付
御城方御用
村井又兵衛
学校惣御奉行
奥村左京

学校惣御奉行御用多ニ付御免

（本多安房守
前田駿河
村井又兵衛）

付札　定番頭へ

△天明八年以来於江戸表等、諸物高貴等ニテ詰人一統難渋ニ付御貸渡金有之、返上方之義追テ可被仰渡旨申渡置候分被下切候事

但、近年於江戸表、頭・支配人為組用・支配用、別段御貸渡之分并頭分之内ニモ願之趣有之、別段御貸渡之分ハ尤旧臘申渡置候百石三拾目宛之内へ打込、諸方御土蔵へ上納之筈ニ候事

一、御家中一統難渋ニ付、寛政九年・享和元年御貸渡銀、曁去暮一統御貸渡銀之分被下切之事

右御家中之人々勝手難渋ニ付右上納之分此如被仰付候事

右之趣被得其意、組・支配之人々へ可被申渡候、組等之内才許有之面々ハ其支配へモ相達候様可被申談候事

右之通一統可被申談候事

亥三月

十八日　左之通被仰付

右定番頭御用番**九里幸左衛門**ヨリ例文之廻状ヲ以到来之旨、同役御用番**菊池**ヨリ伝達候事

内藤宗安　御加増五十石　先知都合三百石
相公様御匙御用、情ニ入烈敷相勤候ニ付如此被仰付

八十嶋東庵　御加増五十石　先知都合二百石
御両殿様御薬相見御用等、入情相勤候ニ付如此被仰付

只今迄三十人扶持
魚住道仙　新知弐百石
御部屋以来、御匙御用入情相勤候ニ付、如此被仰付

小川玄益　御加増五十石　先知都合百七十石
無息之内ヨリ江戸表ヘモ相詰入情相勤候ニ付、如此被仰付

金谷御近習勤仕組外
西村与平　御加増五十石　先知都合百八十石

同断
吉田九之丞　同断　先知都合百五十石

御居間方定番御歩ヨリ
大場伝右衛門
寸崎宝二郎
吉川昌九郎
新番組御歩ニ被仰付
御宛行御格之通被下之

同断
石橋庸蔵　御加増拾俵　先御切米都合五十俵

同日　御先弓頭**中村八郎兵衛**帰着、是御用有之候条用意出来次第旅中指急可罷帰旨、今月八日就被仰渡候、同十日江戸発出、此次廿一日互見

同日　江戸御邸内梅之御殿へ**御前様**御引移

付札　杉野善三郎へ

△
於学校、儒学修行方今般夫々御仕法被仰付候条、相極り候迄ハ右稽古暫被指止候、儒学之外ハ是迄之通ニ候、此段可申渡旨被仰出候条可被申渡候事

三月

右、今日小塚八右衛門以廻状到来之由、菊池ヨリ伝達候事

廿一日　左之通、於御前被仰付

御先弓頭ヨリ
御留守居物頭　中村八郎兵衛
木梨助三郎代

同　日　於御席、左之通被仰付

御居間方新番ヨリ
新知百石　笠松繁六
組外ニ被仰付、御近辺只今迄之通

右繁六儀久々入情相勤候ニ付、如此被仰付

松寿院様附物頭並ヨリ
二月廿六日御年寄衆等御連　高畠安左衛門
印之奉書ヲ以、今月九日江戸
ニテ御先筒頭永原佐六郎代
被仰付、但中村八郎兵衛為代直ニ江戸詰被仰付

廿四日　江戸表、北風強吹候処、昼九時頃指違町ヨリ出火、御上邸へ風筋悪敷、于時烈風大火ニ相成、御厩之方危く、本郷六丁目町家半分計モ焼失、御物見へモ燃付候得共、御人数ニテ

防留、夕七時頃鎮火、右ニ付御一門様方ヨリモ御人数被進、御屋根ヘ上り防之
但御家老中依御指図、御歩中モ御居間書院等之屋根ヘ上り飛火防之、且御邸内御土蔵
并御貸小屋ヘモ飛火来燃上り候得共、防留候ニ付御別条無之候事

△

御家中之人々并町方之者致嫁娶候節、石打候義堅不仕様前々ヨリ申渡置候処、近年甚猥ニ
相成、石ヲ打門戸等損、あやまち人モ可有之躰、小身者ハ別テ可制様モ無之様子ニ相聞候、
以来右之族於有之ハ急度相咎交名等相糺、又ハ召捕候様盗賊改方廻役人ヘ可申付旨宮崎蔵
人ヘ申渡候条被得其意、此段組・支配之面々ヘ可被申渡候、組等之内才許有之人々ハ其支配
ヘモ相達候様被申聞、尤同役中可有伝達候事
右之趣可被得其意候、以上

三月廿六日　　　　　　　　前田内匠助

菊池九左衛門殿

廿八日　左之通、於御前被仰付

御小将頭　永原半左衛門代　　御持弓頭ヨリ　窪田左平

組外御番頭　不破七兵衛代　　御大小将横目ヨリ　堀　左兵衛

御大小将横目　坂井甚右衛門代　　御大小将ヨリ　池田数馬

御台所奉行　山口小左衛門代　　御勝手方并改作奉行ヨリ　山岸七郎兵衛

同　日　於御道中方御席、左之通、前田駿河殿被仰渡

附、前記　閏正月六日、此次四月十一日互見
当秋御参勤御供順番
之通被仰渡

御小将頭 人見吉左衛門 組共
会所奉行 野村忠兵衛
割場奉行 白江金十郎

猶以在江戸・遠所之人々并病気等ニテ難罷出人々ハ為名代登城候様、同列・同役等之内
可被申談候、且又忌中之面々ハ不及名代候、以上
各ヘ被成下御書候ニ付、明後朔日可相渡候条、五時頃可有登城候、以上
三月廿八日 前田内匠助
津田権平殿　但新番頭・御歩頭連名

改名 鞆負事 富永権蔵
同 数馬事 池田勝左衛門

今月八日　昼頃江戸本郷二丁目ヲ丸毛長門守[1]殿被通候処、青物荷ひ候者四人先ヘ行候ニ付、供
歩之者除候様声懸候処過言ヲ申、除不申ニ付彼是及口論候処、駕籠脇之小将進出取鎮可申
処、段々過言ヲ申募、其分ニ難致置弐人切伏候処、残両人ハ走出候ニ付追懸切伏、都合四人

1 丸毛利隆（寛4 33頁）（西城御目付・禁裏附）

共切殺之、長門守殿近辺近藤登之助殿へ立寄乗馬借用、直ニ御老中へ御届ニ被罷越候、右
家来之働甚都合宜旨云々

同月廿日　学校方御用杉野善三郎等へ左之通奥村左京殿被仰渡候旨承ニ付記之

於学校御役儀被仰付候人々ハ諸士教育之師長ニ候得共、第一言行ヲ慎み、私之意地ヲ離れ人々相和し礼譲ヲ守り可申儀勿論ニ候処、中ニハ行状不宜、且家内取締方不行届者モ有之、或ハ弁才ヲ以猥ニ世上ヲ談し奸佞ニして媚ヲ求候様之躰モ有之哉ニ被聞召候、乍去是迄之義ハ各指引方不行届故ト被思召候間、先御糺不被遊、今般御仕法モ御立可被成候事ニ候間、急度夫々申聞無油断指引可致候

右之通被仰出候条、謹テ可被得其意候事

四月朔日　長谷観音祭礼能番組左之通

翁　千歳　昌七郎
三番叟　次郎吉
面箱　徳次

高砂　権進　弥助
田村　源五　全之助
三輪　五郎兵衛　久左衛門
安宅　甚次郎　直右衛門
海人　権進　長右衛門
祝言　岩船　弥三右衛門　円兵衛

歌仙　九郎兵衛
釣狐　恒之丞
米市　九郎次

同二日 同断

千歳　六右衛門
翁　三番叟　三次　浦嶋　権左衛門 作之助　箙　陸丞 晏平
面箱　永蔵

熊谷　甚次郎 直右衛門　檀風　徳蔵 全作　熊坂　甚次郎 多作

乱　権進 文次

夷大黒　万蔵　ぬし　幸助　宗論　専三郎

附　右熊坂之所、兼テハ邯鄲ニ候処、一日ニ至俄ニ代り候事

同月十五日寺中祭礼能番組左之通

千歳　清助
翁　三番叟　徳次　久世戸　卯之助 文次　八嶋　三郎右衛門 寄助
面箱　又三郎

吉野詣　陸之丞 勇二郎　鉢木　権進 久左衛門　葵上　甚次郎 直右衛門

祝言
養老　六右衛門 弥介

末広　三次　法師母　恒丞　靭猿　庄吉

或書曰
造レ酒者ヲ杜氏ト云、古杜康ト云人ヨリ酒ヲ造ル故ト云々
海芋（カイウ）本草綱目ニ曰、此草ヲ煉テ黄金ニ造ルト云々
或人山道ヲ行ニ、腹大ナル蛇一ツノ草ヲ噛テ腹下ニ敷
摺ニ、腹忽小クナル、此人脹満ノ薬ト思テ取帰、或時ニ
腹脹リ苦ム者ニ彼草ヲ煎シ浴セシムルニ、肉消
骸骨而已残レリ、此草ヲ煎シタル釜、皆
黄金トナレリ、所謂海芋ナルヘシト云々

丁巳**四月**小

御用番　**奥村左京**殿　御歩頭御用番
御城代　**前田駿河**殿　**自分**

朔　日　快天、二日陰夕方雨降、三日四日五日六日快天、七日八日雨天、九日十日十一日快天、十二日十三日雨、十四日霽陰、十五日十六日十七日十八日十九日廿日廿一日夜雨廿二日快同上天、廿三日廿四日廿五日廿六日廿七日雨天、廿八日昼ヨリ晴、廿九日晴

同　日　月次出仕、四時過一統御目見、御意有之

同　日　御用番**内匠助**殿依御廻状一昨日ナリ今日頭分以上登城之処、桧垣之御間於二之間、被成下候御書御用番**左京**殿御渡、頂戴之、畢テ柳之御間於横廊下、左之御覚書披見候様御横目中演述、右相済退出、但**自分**就組御用番ニ前々之通、御用番**左京**殿御宅迄ヘ相勤候事

付札　御横目へ

御家督等彼是相兼御祝儀物献上ニ付御書被下候為御礼、今明日中年寄中等宅へ相勤可申候、幼少・病気等、且又在江戸并遠所之人々ハ名代ニテ頂戴、為御礼名代人御用番宅へ相勤可申候、右在江戸并遠所之人々ハ追テ年寄中等宛所ニテ紙面指越可申候事

右之趣夫々可被申談候事

四月

同　日　長谷観音祭礼ニ付、如例年能有之、番組疇昔ニ記ス、互見、明二日同断

四　日　左之通被仰付

相公様御膳奉行　　**富永侑大夫**

六　日　粟ケ崎へ**御両殿**様御行歩、御通筋宮腰街道、御早乗有之

旧臘、御家中一統被仰渡候諸方御土蔵へ上納銀并学校銀・産物銀幾口有之候共、一紙証文ニ相改無利足ヲ以、百石ニ付三拾目宛之図りヲ以当七月ヨリ取立、御切米・御扶持方被下候人々ハ来三月ヨリ取立候様被仰渡候条、別紙条案之通当時残元高、竪物ニ認、人別ニ取立、一組切一集ニ可被指出候、於当場根帳ニ引合、当時残元高相極、重テ証文取立可申事

一、他国御使人、組当り御貸渡金等、都テ年賦返上ニ相成居候分モ一紙証文打込取立可申事

一、他・地国為御用罷越候節、相渡候御扶持方代、本勘相淀候分、年賦ニ被仰渡、出銀所へ返上候分モ一紙証文ニ打込取立可申事

一、寛政十一年・享和二年会所才許御貸銀、右二ケ年淀利足之分モ一紙証文ニ打込取立可申事

一、御参勤・御帰国之節、越中境ヨリ信州牟礼迄通人馬増貸銀返上残り元銀之分モ一紙証文ニ打込取立可申事
右ケ条之通ニ候条、早速取立可被指出候、以上

四月六日　　御算用場

津田権平殿

追テ同役中伝達可有之候、且証文文段之義ハ、当場可被承合候、以上

覚

当時残元高
一、何貫何百目　何々ニ付御貸渡銀諸方御土蔵へ上納之分
右同断
一、何貫何百目　於何方御貸渡銀右同断
右同断
一、何貫目　学校銀
右同断
一、何貫目　産物銀、但淀利足銀共
右同断
一、何貫目　会所才許御貸銀淀利足
右同断
一、何貫目　通人馬御貸銀

〆何拾何貫目

右私返上銀、当時残元高如斯御座候、以上

享和三年　　　　　　　　知行高――――――印

御算用場

同　日　左之通被仰付

両人共及極老候迄全入情相勤

御横目役トモ数十年実躰ニ

相勤候ニ付願等願之通役儀

御免除、格別之趣ヲ以役料其侭被下置候事

御歩横目
太田源蔵
藤田五大夫

八　日　左之通於御前被仰付

御先弓頭　吉田彦兵衛代

御用人兼帯

御使番ヨリ
津田権五郎

御用人当分加人御用無之旨

御用番左京殿被仰渡

御持弓頭兼御射手才許
吉田彦兵衛

十　日　左之通

学校方御用御免除

寄合
前田　杢

自分指控

御大小将横目
永原七郎右衛門

右七郎右衛門心得違ニテ金谷御門内、若党両人召連候ニ付、右之通ニ候処、翌十一日不

及指控旨等被仰出

十一日　左之通駿河殿被仰渡、附前記三月廿八日、此次七月六日互見

当秋御参勤御供被仰付
御道中奉行等被仰付
御持弓頭兼御用人 **津田権五郎**

十三日 左之通、就御風気於御席、御用番**左京**殿被仰渡
物頭並
御前様御用被仰付、用意出来発出、江戸表ヘ
可相詰候旨被仰渡
組外御番頭兼御倹約奉行加人ヨリ **高田昌大夫**

同 日 去四日出江戸御用状来着、左之趣申来
今月二日、御老中御用番**戸田采女正**殿御宅ヘ、**飛騨守**様御留守居被召呼、**飛騨守**様御儀当年御帰邑御暇不被下、来夏御暇被下候ニテ可有之旨御覚書相渡候事

十五日 月次出仕、一統御目見御意有之、且役儀之御礼、初テ之御目見等被為請

十六日 於学校討論之席、就被仰付候、右席立方之義遂僉議可被申聞候、且左之御定書之義、追テ学校ヘ張出しモ可被仰付思召之旨被仰出候、尤其節ハ御右筆ヘ調筆被仰付候由、**奥村左京**殿御口達ニテ被仰聞、承**杉野善三郎**

定

学文之本意ハ書物之理ニ通達し聖人之遺教ヲ法則として五倫之道ヲ守り、分限ニ応し都テ有用之儀ヲ可致修行之儀、いつしか本意ヲ違却し、儒行之者ハ博識ヲ事とする而已ニテ世事ヲ外ニし御国家之用をなし候儀曽テ無之候、以来ハ於学校有用之儀ヲ可修行ため、別ニ討論之席ヲ設、識之多分ニよらず実志輩ハ此席ヘ入、有用之儀ヲ論し、学頭等ヨリ是非ヲ弁し事

理ヲ悟し、行状ヲ責、可致教導候、若私之意地ヲ立、会得致し兼候族有之節ハ可達御聴候、
理非ニ依テ可被為及御裁断候、且又講義・会読等ハ勿論、習字之書生たり共、右之趣意ヲ含
可致教諭儀尤候事
右之通可申渡旨被仰出者也
享和三癸亥年四月
文学校御仕法
一、学頭　　　　　　　壱人
但、組頭並 役料百五拾石
一、学監　　　　　　　壱人
但、御大小将横目格　御小将頭御用番支配　役料百石
右両役可被仰付候、乍併相応之人品有之候迄ハいつ迄モ可為欠役事
一、都講　　　　　　　壱人
但、御大小将組　役料五拾石
都講之儀、組柄以後右之通御定可被遊候、此分モ相応之人品指当り無之候ハ当分可為欠役
事
一、助教　　　　　　　人数不定
一、助教格　　　　　　同事
但、勤方助教同事

一、読師　人数不定
一、読師格　同事
　但、勤方読師同事
以後、右之通ニ御定、士列以上ハ助教・読師被仰付、其以下ハ助教格・読師格ニ可被仰付候
一、生徒　人数不定
右ハ助教・読師等相望候人々大勢有之節、諸士之儀ハ相応之人ニ候ハヽ、尤直ニ可被仰付候、子弟之儀ハ学才等勝れ候人々ハ格別、其余ハ此生徒ニ可被仰付候
一、討論之席
右之席ヲ御定有之、不依識之多少、実志之輩ハ此席ヘ有用之義ヲ可致修行事
癸亥四月
両学校ヘ御歩横目等迄相詰候得共、以来不及相詰候、其段被仰出候旨、今日御用番左京殿被仰聞候ニ付右御用御歩横目何モ引揚候条、為御承知得御意候、以上
四月十六日　池田勝左衛門
杉野善三郎様
右為承知申来

十九日　左之通被仰付候段、奥村左京殿被仰渡、頭々於宅申渡
御大小将　岡田徳三郎
読師
同　加藤余所助

1前田重教女邦

廿一日　左之通御用番左京殿被仰聞旨等御横目ヨリ例文廻状出

△宣光院[1]様三十三回御忌、御茶湯来月十二日一朝於天徳院御執行有之候条、右之節御家中普請・鳴物等不及遠慮候、乍然御寺近辺ニ罷在候者ハ御茶湯御執行之内自分ニ指控可申候、此段組・支配ヘ被申渡、組等之内裁許有之面々ハ其支配ヘモ相達候様可被申聞候事

右之趣可被得其意候、以上

四月　　奥村左京

付札　御横目ヘ

別紙之趣、人持・諸頭并役儀御免之頭分曁隠居之面々ヘモ不相洩様可被申談候事

△犀川・浅野川々除ヘ塵芥等捨置、御普請節取除、不時人足相懸り其上竹籠等之上殺生人等致往来、籠石等ニ相障、別テ夏中水遊人多、御普請所踏荒し甚御不益ニ相成候ニ付川廻之者烈敷相廻り候得共、人少ニテ御縮方行届不申候、前々一統被仰渡候得共、末々心得違之者モ有之躰ニ相聞候間、猥成義無之様、一統厳重ニ被仰渡御座候様仕度奉存候、以上

亥四月十二日　　石川兵勝　上木金左衛門

小幡右膳　津田善助

奥村左京様

犀川・浅野川々除ヘ塵芥等捨置申間敷旨等之儀ニ付、別紙御普請奉行出候ニ付写相越之候条、被得其意、組・支配之人々ヘ厳重

可被申渡候、組等之内才許有之面々ハ其支配ヘモ相達候様
被申聞、尤同役中可有伝達候事
右之趣可被得其意候、以上
四月廿二日　奥村左京
津田権平殿　但新番頭ヨリ御留守居物頭迄御用番連名

付札　御横目へ
七拾間御長屋御門続御石垣御普請中、同所柵御門外ヨリ下馬下乗有之候様申渡置候得共、
右御普請相済候間、当廿四日ヨリ下乗所御平生之通不差支候条、此段夫々可被申談候事
四月廿三日
別紙之趣夫々可申談旨御城代駿河殿被仰聞候条御承知被成、御同役御伝達、御組・御支配
御申談可被成候、且又御組等之内才許有之面々ハ其支配ヘモ不相洩相達候様御申談可被成
候、以上
四月廿三日　御横目
御歩頭衆中
猶以、病気等ニテ難被罷出面々ハ其段名之下ニ可書記候、以上御用之儀有之候条、明廿
六日四時過可有登城候、以上
四月廿五日　奥村左京

津田権平殿　但新番頭・御歩頭連名

廿六日　昨日御用番左京殿依御廻状、組・支配有之人持・頭分登城之処、九時前桧垣之御間於二之間、御年寄中等御列座ニテ一役宛御呼出、左之四通左京殿御渡、畢テ左之御横目ヘ御渡之御覚書柳之御間横廊下ニテ披見退出之事

但、人持組并御先手物頭ヘハ御組頭之年寄中於御宅被仰渡、御大小将・御番頭・同御横目ハ御小将頭於宅、御使番ハ寺社奉行於宅申渡有之、附御近辺之人々ヘモ夫々被仰渡有之

人持・頭分之面々ヘハ先達テ慎方等之儀被仰出候品モ有之候得共、一統ヘハ未被仰出候、依之今般慎方等并倹約之義御書立写両通之通被仰出、尚又省略等之儀別紙之通可申渡旨被仰出候ニ付、都合三通相渡之候条、奉得其意厳重可相守候

右之趣被得其意、組・支配之人々ヘ急度可被申含候、組等之内才許有之人々ハ其支配ヘモ申渡候様、是又可被申聞候事右之趣可被得其意候事

癸亥四月

御書立写

諸士何モ家祖功ニ寄、夫々令扶持後代有用之為格別之定モ申付置候趣、別テ近年自分取失候族モ有之躰、尤其内ニハ心懸能者モ有之候得共、惣躰風儀悪敷故、子弟之成立モおのつから不宜候、且又分限相応之武器ヲ可相嗜心懸モ薄、家作・器物等栄耀ヲ飾り次第ニ奢侈之風儀押移り、家内暮方惰弱ニ相成、武士之本意ヲ取失ひ候者モ有之躰、畢竟其道ニ暗き故ニ候、自今学問ヲ励み、武道ヲ相嗜可申候、勿論武道ニ励むとていかつ之風儀有

之間敷、学問ニ志候とて高慢文雅風流ニ流れ不申様ニ相心得、唯本意ヲ不取失様能々致会得、相励み可申事可為肝要者也

享和三癸亥四月

御書立写

近年不時物入多、其上元来入用ト取箇不引合故、年々難渋相重み候、依テ夫々節倹之義可申付候得共、急ニハ符合之所ヘ至り不申義候間、乍心外当分借知難相返候、左候ハ家中之人々勝手取続方行届兼可申候条、都テ遂倹約可申候、衣食住之義ハ貴賎・貧富之差別有之事ニ候得共、前段之通之時節ニ候間、たとへ礼式ニ抱候事たり共、少モ世風ニ不抱万事ヲ令省略、何分取続心得尤ニ候事

享和三癸亥四月

覚

一、御城中たり共召連候従者之儀可致省略候、尤頭分ニテモ従者指支候節、挟箱為持不申義可為勝手次第事

但、近年年頭ニハ行粧飾候様子ニ候得共、以来ハ右ニ准可申事

一、衣服之義ハ自・他国共成限致粗服可申候、袴等モ准候テ粗品ヲ用可申事

一、女之衣類、礼服たり共粗品ヲ用ひ、常ハ成限粗服可為致着用、花美成染物等一円有之間敷候、銀之笄御停止之義毎度被仰渡候得共、今以相用ひ候者モ有之様子、且又櫛等上品無用之義、前々被仰渡候得共、是又今以高料之品相用させ候躰、畢竟父・夫等且其主人之申付

方等閑故ニ候、以来栄耀ヲ加ヘ候品堅差止可申事

一、花麗成風躰之下女召置、惰弱之風俗ニ寄、妻子迄モ見習、おのつから不宜風俗ニ押移申事ニ候条、以来厳重ニ相改可申事

一、無拠押立候振廻之義、大身之面々たり共、一汁三菜・酒三扁ニ過べからす候、勿論右之外、肴曁濃茶・後菓子等出候義堅有之間敷候、右ニ准、小身之人々成限可致省略候、其外御用・私用共参会質素ニ相心得、猥ニ親類之外ハ長座之義有之間敷候事

一、家作之義、軽しつらい、栄耀之義有之間敷、同役等寄合候節モ人多ニ候共、成限有来之間ニテ用事相調可申事

一、婚礼之義、禁煙押立候或ハ無之躰ニ候得共、内証ニテハ身上ニ応不申、物入ヲいたし、此一事ニテ難渋之基ニ相成候人々モ有之躰ニ候、此儀ハ第一申請候者モ心得可有之義ニ候、且又拵料或ハ普請料として金銀ヲ取遣り之義御停止之義ハ前々ヨリ被仰渡有之候処、今以心得違之者モ有之様子沙汰之限ニ候、以来厳重ニ相心得可申候事

一、神事・仏会等之義、随分軽執行等之義可相心得候事

一、音信・贈答之義ハ樹木菜物類或ハ至テ軽き品取遣りいたし候義ハ格別、態々相認費ヲいたし候儀ハ有之間敷、親類縁者共之内、吉事之節モ軽き干肴類ニテモ祝義ハ可相整事ニ候、年回等之節モ右ニ准、軽き品取遣り之義ハ格別、費ケ間敷義無之様可相心得候事

但、身分不相応之寄進いたし候者モ有之躰、不所存之至、急度可相心得候事

一、新役曁新ニ番入いたし候者或ハ江戸表等ヘ初テ相詰、又ハ為御使罷越候者等都テ不案内之事

ニ候得ハ互ニ勤向幾重ニモ念頃ニ可申談候処、無左して互ニ軽薄ニ相成、夫ニ付費ヶ間敷事モ有之様子、甚風義不宜事ニ候、以来急度相心得可申事

但、江戸表等ヘ罷越候節、餞別并土産之義、先達テ被仰出候通、急度相守可申事

一、年頭・暑寒并江戸表等ヘ罷越候者等廻勤之義、近年別テ多相成候躰、以来ハ其頭・一類・同役曁親き者ハ格別、其外廻勤之義心得モ可有之事

一、諸殺生之義、致間敷義ニテハ無之候得共、次第ニ盛ニ相成候テ色々ト自由ヲいたし、費ニ相候躰、其上殺生之於場所不埒之族モ有之様子ニ候、以来急度相心得可申事

右ヶ條々品々前々被仰渡候得共、猶更今般改テ被仰出候、且亦是迄慎等之義被仰渡候得共、万事ひそみ罷在候事之様ニ相心得候者モ有之躰、畢竟御趣意不致会得故ニ候、縁者・親友打寄互ニ為ヲ語合、或ハ稽古事ニテ寄合申義曁家内之者モ誠ニ順気之ため不加栄耀、費なき様ニ相守、致行歩候義等可有之事ニ候得共、只栄耀ヶ間敷儀、且ハ惰弱之風儀無之様厳重ニ相守、此外前々被仰渡候條々弥以可相守候、若相背候者於有之ハ急度御糺可被仰付候事

以上

癸亥四月

付札　御横目ヘ

今日諸頭ヘ申聞候御書立之趣省略等之一件、組・支配之人々頭々宅ヘ召寄、急度申渡御請取立置、頭・支配人ヨリ引請御請可指出候、年寄中支配之人々ハ自分御請共一紙ニ調可指出

候、且又在江戸等之人々へハ同役又ハ筆頭等ヨリ可有伝達候事
右之通夫々可被申談候事
四月廿六日

廿七日 左之通御用番左京殿御渡之旨等定番頭御用番佐藤勘兵衛ヨリ例文之以廻状到来之事
付札 定番頭へ

寛政十一年五月地震ニテ御家中之人々居宅囲廻り等損所多可為難渋義ニ付増御借知之分一作被返下、其節半知并三ノ一被下置候人々へハ三百石ヨリ以下ハ百石ニ付拾石宛、夫ヨリ以上ハ百石ニ付五石宛之図りヲ以、代銀ニテ御貸渡、本知被下候上、一時返上候様申渡置候、右半知等之人々返上之分、去暮被仰渡候百石ニ付三拾目宛之図りヲ以、諸方御土蔵へ上納銀之内へ打込可有返上候事
右之趣被得其意、組・支配之人々へ可被申渡候、組等之内才許有之面々ハ其支配へモ相達候様可被申聞候事右之通一統可被申談候事
四月

本多安房守儀、今廿八日卒去ニ付、町方鳴物等之義、今日ヨリ三日遠慮候様申渡候間、可有其心得候事

一、人持・頭分以上之面々為伺御機嫌、明廿九日九時過可有登城候、幼少・病気等之人々ハ御用番宅迄以使者可被申越候事
右之趣可被得其意候、以上

四月廿八日

津田権平殿

奥村左京

廿九日　昨日御用番左京殿依御廻文、今日九時過為伺御機嫌登城、御帳ニ附退出之事

両学校御用兼帯被仰付

組外御番頭
木村茂兵衛

当春已来別テ今月并五月六月諸国共麻疹[1]大流行、町在別テ死亡多し、依之今月関東御郡代方ヨリ為御散麻疹流行之時心得并薬法板行被仰付、在々ヘ被下之、其後死亡稀ニ相成候ト云々、委細別冊予著述之常食養生草卅丁目ニ書之、可為互見

萩野典楽大掾麻疹治方煮湯、

曲直瀬亨徳院麻疹禁好書等モ書之

広恵済急方[2]頭書ニ合書ス是上巻中巻下巻三冊也、麻疹之條ハ中巻三十八丁目ニ有之亨和録ニモ委書互見

一、此度流行之麻疹、一角甚功あり用之もの早く治し肥立事モ早し、不用之者反之、テリアカ[3]・犀角、次之ニ大抵右三品之内ニ不用之者無之、安永五年ニモ春夏ヘ懸一統之流行ニ候処、右三薬之沙汰モなく邂逅難症ニ用ゆトいへ共功モなし

一、此度赤小豆・黒豆・緑豆之三品ヲ水常の薬壷ニ入、甘草少し加へ煎じ、麻疹前服用すれハ煩テモ至テ軽く、又万麻の葉三枚・茗荷葉三枚煎じ咽喉ヲ洗ヘハ麻疹大ニ軽く多分ハ免れるト云々

又万麻疹以前ヨリ身ヲ不冷、風ニ不当、房事ヲ禁し、酒・肉・筍・松茸、惣て厚味ヲ不食、短

1はしかのこと

2多紀元悳（たきげんとく）著編

3毒蛇咬傷の解毒薬でペストなどにも用いる万能薬

慮にして怒る事ヲ慎み候得ハ、疹大ニ軽しト巷説喧し、安永の流行ニハ是等モ曽テ不聞事也、又芭蕉の葉ヲ煎じ此湯ニテ度々浴して疹大ニ軽しとの説有之、疹前の前の人々ハ是ヲモなせし也、此事モ安永ニハ沙汰モなし

右流行季夏以後漸々ニ止

戊午五月大

御用番　村井又兵衛殿　御歩頭御用番
御城代　前田駿河殿　原田又左衛門

朔日　陰、二日陰雨、三日南風雨、四日五日天気宜、六日陰雨、七日晴陰、八日九日同、十日十一日雨、十二日快天、十三日雨昼ヨリ快天、十四日陰、十五日同昨今共温暑強、十六日雨天昼后雷鳴大雨、十七日晴属暑、十八日十九日廿日同、廿一日廿二日廿三日晴、廿四日雨天昼ヨリ快天、廿五日廿六日廿七日廿八日快天湿暑強、廿九日朝雨天昼ヨリ霽晴、晦日雨天昼ヨリ快天

同日　月次出仕、四時頃年寄衆謁ニテ相済

三日　前月廿六日被仰出等之趣、今日組中呼出申渡、在江戸之人々ハ代判人、煩等御番引之人々ハ名代人呼出、委曲之義ハ御歩方御用留帳ニ記之ニ付、爰ニ略ス

五日　端午御祝詞出仕、年寄衆謁四時前相済

六日　御入国後初テ二之御丸へ
相公様御招請、御能御番組・御饗応御献立左之通

1 籖屑(ひきくず)とも

但、於江戸表御招請有之筈之処
寿光院様御所労ニ付御延引也
権進
高砂 直右衛門　忠蔵 箙 善左衛門　御中入　宮門 羽衣 久左衛門
甚次郎 融 全作　祝言 岩船 陸之丞 康助
萩大名 幸助　弓矢 九郎兵衛　挽くず[1] 次郎吉
熨斗木地三方　敷紙
田作　御雑煮　餅 くしこ くし貝 かつを 芋の子作り　御器
染こほう
塗薄盤　御相伴 塗木具
塗薄盤三之御膳
御吸物 ひれ 同身　御土器木地三方　常御銚子
御取肴木地三方　巻鯣 からすみ 折鯣
御下捨土器三方足打

御本

御料理二汁七菜御引菜共　御膳塗薄盤
御相伴御膳塗木具

鱠　たい　赤貝　交くり
紅葉のり　枝柚

御汁　小つみ入　めいも
なすひ　塩松たけ
つま白

小角
香物　粕漬平瓜
同　花丸瓜
同　なすひ
塩山枡

御食

二

杉箱　巻玉子　くしこ　小口切
漬せんまい
御本共両度　敷葛

御汁　鯛　松かさ
青さんしやう
御本共三度

当座鮨　きす　たい　交合
きくらけ
たて
御本共両度

御三方

杉地紙
刺味　さらし鯉　糸作子付　わさひ
かき　鯛　巻はすね
岩たけ短尺　白かくてん
御本共両度　熊さゝ

煎酒

塗三方御相伴八寸
向詰　一ツ焼　小鯛
御本共両度

ぬり三方敷紙　御相伴ぬり足打敷紙
御引菜　大板かまほこ

御盃　御銚子

ぬり三方敷紙　御相伴ぬり足打敷紙
御肴　あま鯛　水塩やき
杉串

ぬり三方　御相伴八寸
御吸物　のしはへん　まつな
小むめ干

ぬり縁高　ぬり三方
御茶請　紅やうせい餅　水くり
川たけ　杉御楊枝

御濃茶

後御菓子　養老糖　幾世の友
早蕨　若盛糖
紅糸巻　落雁
白木御やうし

御薄茶

御能之内

朱盃
煮染　打鮑煮貝
むし玉子
御本共　結かんひやう
両度　酒煮松露
長いも色付

塗薄盤三ノ御膳
御本共三度　御椀盛　かすていら
御相伴塗木具三ノ御膳　紅薄皮餅
葛巻

猪口砂糖　御再進
黒塗御重

名酒　桑酒
菊酒

ぬり三方御相伴ぬり足打
御吸物　ふかし
たゝきくこ

御盃

御猪口　二

御重引小肴
鮎色付焼
青くし

御てうし
常御酒

御後段　ぬり三方　御相伴ぬり足打
花かつを　こせうのこ
干うんとん　御再進　御盛替　御吸物
鯛おろしみ
やきのり

しぼり汁
御下汁

御盃　御てうし　御重引御肴
苞(ツト)とうふ
もみふし

ぬりふち高ぬり三方
御茶受　千年飴
にしめくわい
御濃茶

御皿盛ぬり三方
後御菓子　長生殿
青こみとり
紅貝尽し
有平仕立

御薄茶　以上

一、中将[1]様今朝五半時御供揃ニテ為御招請金谷御殿へ被為入、相公[2]様四半時御供揃ニテ九時前御出

但、御作法書明七日ニ記之互見

七日　今日御入国後初テ御表へ

1 斉広
2 治脩

1重教側室喜機

1 貞琳院様御招請、御能御番組・御饗応御献立、左之通

和布苅 甚次郎 金作　頼政 権之進 文次　御中入 半蔀 宮門 直左衛門

黒縁 忠蔵 久左衛門　祝言 金札 五郎兵衛 金之助

粟田口 恒之丞　鞠座頭 九郎兵衛　乳切木 幸助

熨斗・御雑煮・御吸物等昨日御同事、但御膳ハ塗木具、長柄御銚子・同提・御取肴巻鯣・唐すみ・ふくらのし

右之外昨日御同事

御料理二汁六菜御膳塗木具、但鱠・御香物・御汁等昨日御同事、且御指身ハ無之

二

御杉箱 湯引あま鯛 くしこ すたれ麩　御汁 鯛角切 青山枡

敷葛 かつを田夫 黒まめ 結かんひやう こんぶ

御焼物 昨日之通　御引菜 ならし みそ漬　御盃 御てうし

御肴　立貝ふり塩　杉串　御吸物　のしはべん　いとな　岩たけ

御茶請　命長餅　川たけ　御濃茶　後御菓子　養老糖　幾世の友　ていさ紅

御能之内、梨子地花丸御重一組　包のし　外ニハ蓋物砂糖　ねはたき

上重煮染　かまほこ　ひ　き　いろ付長いも　きすいろ付焼　小焼とうふ

二　やうかん　紅薄皮餅

三　玉水かん　紅菊餅

四　小まんちう

一、後段うんどん等昨日之通、御吸物　鱸　めうかたけ　おろし身　其外

御重引等昨日之通

裕次郎[1]殿へ

御吸物　あま鯛　青山椒　おろし身　御酒

御肴　苞はへん

以上

相公様御帰国以後、初テ二之御丸へ為御招請被為入候節御作法書

1 治脩男利命

主付 神田十郎右衛門
志村五郎左衛門
原 七郎左衛門

一、相公様御出前、為御礼金谷御殿へ御出被遊候事

一、御附人左之通附置、夫々御案内可申上候事
御供廻り 金谷 御出 先達テ伺被仰出候内、此ヶ所御附人無之候得共、当春年頭初テ被為入候節、三ヶ所附置候ニ付、此度モ如此ニ附置可申ト奉存候
鼠御門

一、相公様奥之口ヨリ被為入候ニ付、金谷御殿御出之御附人来り次第、御前奥之口御式台御敷居際へ御出向、御先立被遊御居間へ御着座、御刀御床之上御刀掛ニ御小将直之、御前御居間御縁頬へ被為入御礼被仰上、御会釈之上、追付御熨斗木地三方御持参被上之、御引被遊、続テ御雑煮御持参被上之、御前御着座之上御雑煮御給事人上之、御両殿様御祝之上、御吸物御給事人御両殿様へ上之、御雑煮ト引替御土器御盃事被遊候、相公様御初御前へ被進、従相公様御肴被進御加有之、御返盃之節替之御肴御持参被遊御加之御納之事
但常之御銚子之事

一、右相済、御鈴通り御広式へ被為入、御前御先立被遊、重テ御出被遊御見物所ニ御着座、被仰出次第御能為相始可申候事
但、御広式へ被為入候節、役者鏡之間へ為掛置可申事

一、御能之内、御餅菓子御上可被遊候事

一、御中入之節、相公様御居間ヘ被為入候上、御祝御膳可被差上候事
一、御前御相伴可被遊候事
一、右相済重テ御見物所ヘ被為入、御能為始可申事
一、御能相済候上、御居間ヘ被為入、後段麵類等之内被上之相済、御退出之節、御作法等最前之通ニテ可有御座候事
一、相公様御出之節、あなた御近習頭之内、掛板ヘ罷出御駕籠之戸明可申候
一、相公様御刀持、あなた御表小将、其外御供之御近習頭懸板ヘ罷出可申候、横浜善左衛門等内御歩横目溜脇、奥御式台出口三尺之障子はつし置、敷居際ヘ罷出控罷在、御道筋御先ヘ罷越可申候
一、御前御刀持ハ、御膳所脇二畳敷ヨリ奥、御式台出口敷居之内御刀ふせ控可申候、其外御供之御近習頭・御小将二畳敷後御杉戸之辺ヘ控可申候
一、御熨斗三方、桐之御間御縁頬唐紙之外ニ廻し置、御居間ヘ被為入候ハ、早速御居間三之御間ヘ相廻可申候
一、御給事人、あなた御小将入交り可相勤候事
一、あなた御膳奉行相詰、都テ御上方取捌可仕候、尤あなた御近習頭御試可仕候事
一、御広式ヘ被為入候節御両殿様御刀配膳役持之、御跡ヨリ罷越、御寝所御廊下之内ニテ奥取次ヘ請取、於御鈴年寄女中等之内ヘ相渡可申候、御鈴御杉戸辺ニ横浜善左衛門等之内相詰居可申候

一、御当日御次廻り布上下之事

一、御戻後追付之御供揃ニテ、金谷御殿へ為御礼御出可被遊候事

以上

御入国後初テ**貞琳院**様御居間へ御招請被為入候節御作法書

一、**貞琳院**様御招請御前日、御使者弥明日御招請被遊候間、御早く御出御祝被遊候様ニト思召候段被仰進候事

一、御招請之節、御居間廻り并御見物所等、御縮り宜候ハ年寄女中へ引渡可申候事

一、御居間二之御間御平生之入口、御鈴ニ可被仰付候事

一、御能・狂言モ可被仰付候事

一、御居間へ御着座被遊候ハ、御熨斗木地三方御持参被上之、御引被遊、続テ御雑煮御持参被上之、**御前**御着座之上、御雑煮御給事人上之、御双方様御祝之上御吸物御給事人御双方様へ上之、御雑煮ト引替可申候、夫ヨリ御土器三方御持参被遊、御肴三方御給事人上之、御盃事可被遊候事

但

貞琳院様御初**御前**へ被進、従**貞琳院**様御肴被進、御加有之、御返盃之節、替之御肴御持参被遊御加有之、御納め被遊候事

但御銚子長柄、同提之事

付札

貞琳院様御断ニ付、御前御初被進、依テ代御肴御用無御座候、御乞被遊候ハ可指上旨、

大地順左衛門へ申談候事

一、右御盃事等之内、御役者鏡之間ヘ掛置、御盃事等相済、御見物所ヘ被為入候ハ、追付御能

初可申事

一、御能之内、御餅菓子御重詰ニテ、御見物所ヘ被上之候事

但、御側廻りヘ被下之躰菓子モ被上之候事

一、御能三番相済候ハ御中入、於御居間御祝之御膳可被上候事

一、御膳御相伴可被遊候事

一、右相済重テ御見物所ヘ被為入候ハ、御能為初可申候事

一、御能相済候上御居間ヘ被為入、御後段干うとん可被上候事

一、貞琳院様右上り方都テ此方様御膳奉行取捌可申談候事

一、御当日御次廻り布上下着用可仕候事

以上

△

先達テ聖堂銀証文、当月中相改候様主附頭中神田十郎左衛門等申聞候ニ付、其段一統申触

置候処、御供銀方しらへ出来、延引ニ相成候ニ付、当月証文取立方差支候旨相達候処、当

七月二日ヨリ取立可申旨申聞候条、七月中無間違、証文差出可被成候事

右之趣御承知有之、御組・御支配早速御申談可被成候、猶又御組等之内才許有之面々ハ、其支配ヘモ不相洩様御申談候、尤御同役・御同席等御伝達被成、急速御廻達落着ヨリ御返可被成候、以上

亥五月四日

岡田又右衛門

野田左平次

原田又右衛門様

御組支配之内、寛政十二年ヨリ享和二年十二月迄、跡目等被仰付末御印物頂戴不被仰付人々、名書并致改名候儀等委細、当月廿五日迄ニ可被書出候、尤同役中伝達有之不相洩様可被相心得候、且又寛政十二年二月御印物被下候節、忌中等ニテ不被下人々有之候ハ、其分モ可被書出候、以上

五月十四日

村井又兵衛

原田又左衛門殿

附此次十五日互見

付札　御横目へ

中将様御麻疹未被為済候得共、表向之人々家内麻疹病人有之候節、二御丸ヘ罷出候義不及遠慮段被仰出候、乍然年寄中等ハ右病人有之節ハ、湯三度相済候迄指控候、表向之面々之御目通ヘ罷出候義ハ、了簡モ可有之事ニ候間、右之趣頭々ヘ可被申談候事

五月

付札　御横目へ

中将様御麻疹未被為済候ニ付、御近習相勤候人々ハ、家内麻疹病人有之候ハ、湯三度相済候迄ハ罷出候義指控可申候

一、麻疹病人ハ湯三度相済、肥立次第罷出相勤可申候

右之趣被得其意、組・支配之内、御近辺相勤候人々へ可被申談候、組等之内才許有之面々ハ、其支配へモ相達候様被申聞、尤同役中可有伝達候事

右之通、頭・支配人へ可被申談候事

五月

右御用番**又兵衛**殿被仰聞候旨等、御横目ヨリ例文之廻状出

於御横目所披見物写

家内麻疹病人有之候ハ、御目通へ罷出候義ハ了簡モ可有之義之段申渡候処、明日出仕之人々御目見之義相尋候人々モ有之候間、如何可被申談哉之旨等被申聞候、出仕ハ御目見被仰付候事故、家内右病人有之候ハ相控可申事ニ候、併明日致出仕候人々モ有之候ハ御帳ニ付、列居不致様ニ可申談候事

右御用番**又兵衛**殿被仰聞候旨等演述、披見申談有之候事

付札　御横目へ

中将様御麻疹未被為済候得共、表向之人々家内麻疹有之節、二御丸へ罷出候義ハ不及遠慮段被仰出候、併御目通へ罷出候義ハ、了簡モ可有之候事ニ候段申渡候通ニ候処、諸御番人

等、御通之節蹲踞仕儀ハ不指支趣ニ候条、此段夫々可被申談候事

五月

右同断、例文之廻状有之、附此次廿三日互見

十五日 月次出仕、一統御目見御意有之、四時過相済

寛政十二年ヨリ享和二年十二月迄、御判・御印物頂戴不仕人々早速相しらへ候様、御用番

△**又兵衛**殿被仰聞候条御承知被成、御同役御伝達、御組・御支配之内、才許人名書御組列、

年頭御礼列之通番附御書記、当月晦日迄ニ御横目所ヘ御指出可被成候、且又名替之人々ハ

前名肩書ニ御書記可被遣候、尤御組・御支配之内才許有之人々ハ、其支配ヘモ不相洩相達候

様ニ御申談可被成候、以上

五月十九日

御横目

御歩頭衆中 附前記七日末互見

廿日 左之人々江戸詰之処、就御呼返ニ昨十九日帰着之処、同日

左之通被仰付

支配之者同道、度々致御門外、於外向不慎之趣

有之ニ付、役儀被指除、指控被仰付

御大小将組会所奉行
大村七郎左衛門

度々致御門外、不慎之趣有之

ニ付、役儀被指除、指控被仰付

御算用者会所棟取
瓜生平助

度々致御門外、不慎之趣有

之ニ付、同断被仰付

御算用者　**斉藤幸次郎**

廿二日　去十四日出江戸御用状来着、左之趣申来

今月十三日四時過、頭分布上下着用御館へ罷出候様御横目中申談ニ付各罷出候処、
於御席左之通御家老役**前田修理**殿御演述

旧臘五日夜、其後度々御近火之節、各相働加指図候故、御屋敷中御別条無之、御喜悦被思召候、此段可申渡旨被仰出候

右畢テ左之御覚書、**修理**殿ヨリ御小将頭**堀平馬**へ御渡、諸頭へ可致演述候、且組・支配之内御国へ罷帰候者へモ申達候様**修理**殿御申聞之旨等、**平馬**ヨリ廻状之事

旧臘五日夜、其後度々御近火之処、御屋敷中御別条無之、御喜悦被思召候、其節諸役人等何モ相働候段相達御聴候、此段可申聞旨被仰出候右之趣不相洩様可被申聞候事

右之通、組・支配之人々へ可申聞旨、頭・支配人へ可有伝達候事

廿三日　左之御覚書御用番**又兵衛**殿御渡之旨等、御横目中演述披見申談有之、但前記十四日互見七日末ニ有

△

家内麻疹病人有之面々出仕之義、先達テ申渡候通ニ候得共、右之人々ハ出仕ヲ致し御帳ニ付、列居ハ相控候様可相心得旨人持筆頭へ申渡、同列為申談候間、被得其意、出仕以上之頭分へ寄々可被申談候事

右之趣御同役・御同席御申談可被成候、且又列居無之候人々ハ御横目所へ御達候事

一、昨日左之通、以御紙面被仰渡、則申渡有之旨、任一覧記之

以上

各組、宮崎磯太郎儀先達テ不届之趣有之、御大小将組被指除組外へ被指加置候処、近く慎方モ宜心懸候躰ニ付御大小将組ヘ組替被仰付候、被得其意可被申渡候、以上

癸亥五月廿二日　村井又兵衛

沢田伊佐右衛門殿　木村茂兵衛殿

同　日　左之通被仰付

遠慮御免許　御役御免之頭列　大脇六郎左衛門

廿四日　左之通被仰付

御加増五十石　先知都合二百石　御表小将　改田直次郎

直次郎義、入情相勤、其上小身之事ニモ候間如此御加増被仰付

同断　同断　中村表三郎

同断

御呼出之処麻疹ニ付不罷出　同断　神田忠太郎

新知百石　年寄女中八重田養子　吉田宇左衛門三男　吉田八郎兵衛

八重田儀、及老年候迄久々御用入情相勤候、依之右八郎兵衛義養子ニ被仰付、如此新知被下之本組与力ニ被召出、八重田宿元之苗字青山ニ可相改候

同　日　左之趣承之ニ付記之

大組頭不破五郎兵衛組足軽
三十六才　坂井弥平次

右弥平次儀、今月十八日異風筒千打致し候処、中り八百四十六、依之為御褒美、同廿一日白銀五枚拝領被仰付

但右打候節、頭五郎兵衛ヨリ赤飯三斗、且為褒美追テ布上下壱具遣之候事

廿八日　左之通被仰付

組外御弓矢奉行ヨリ
寺西弥八郎

二御丸御広式御用達

覚

一、明和九年ヨリ四十ケ年賦

一、都テ弐十ケ年賦之分

右前々御帰国等之節、御家中相雇候通日用貸銀於割場取立来候分、去暮被仰渡候百石三拾目宛之図りヲ以、諸方御土蔵上納銀之内ヘ打込、致上納候様、一統可申談旨、且右貸銀返上銀高等御算用場ヘ引送可申段、御用番又兵衛殿被仰渡候条御承知有之、御同役・御同席方等ヘ御伝達、尤組・支配之人々ヘ御申談、且組等之内才許有之人々ハ其支配ヘモ不相洩様御申談被成候、以上

亥五月　　割場

御歩頭衆中　但寺社奉行―御細工奉行迄役列

△

御家中一統両学校稽古出座致度人々、前廉紙面不及指出候、致出座候節、頭分以上ハ手札ニ名前相調、肩書ニ初テト相記、平士以下ハ組柄モ相記、出座人学校頭溜へ可致持参候、且又子弟等之義、父兄ヨリ私嫡子・二三男或ハ弟等、今日ヨリ両学校へ致出座稽古為致度旨覚書相認、右出座人致持参可指出候事

但、何とか様子有之候厄介人等出座之義ハ、前廉人持・頭分ハ直ニ学校へ相願、平士以下ハ頭・支配人へ紙面其頭へ指出、頭奥書ヲ以学校へ指出、否申談次第為致出座可申事

一、陪臣是迄之通、師範人并御儒者へ名書可指出候、足軽・坊主・小者曁町在之者モ是迄之通ニ候事

一、転役并組替、且又跡目相続等之義、都テ両学校へ不及案内候事

一、人持・頭分并平士ニテモ組・支配有之人々、以来見合印鑑不及指出候事

一、両学校へ罷出候人々、痛所有之夏中足袋相用度節、前廉不及届ニ学校へ罷出候上、同所御横目へ相達可申事

一、同所御囲中、杖相用度人々願方是迄之通ニ候、併指懸り痛所有之節ハ杖相用罷出候上、学校御横目へ相達可申事

右之趣夫々可申談旨、左京殿被仰聞候条御承知被成候、御同役・御同席方等御伝達、御組・御支配へモ夫々不相洩様早速御申渡可被成候、以上

五月晦日　　　　　　　　　　　　　　　御用番
　　　　　　　　　　　　　　　　　　　木村茂兵衛
原田又右衛門様

△

毎月稽古割　但七月三日ヨリ稽古相始候事

三　日　夕八時ヨリ論語集註　人持・頭分子弟共　御大小将六組子弟共
　　　　　　　　　　　　　御大小将御用番支配之人々子弟共

八　日　夕同　孟子集註　御馬廻十二組子弟共
　　　　　　　　　　　　右御用番支配等之人々子弟共

十三日　同　小学　定番御馬廻八組子弟共　組外四組子弟共
　　　　　　　　　右御用番支配之人々子弟共　寺社奉行支配
　　　　　　　　　平士子弟共　御射手・御異風子弟共

十八日　同　論語集註　町同心　火矢御用　御厩方　新番組　御歩小頭
　　　　　　　　　　　三十人頭　御医者　御茶堂頭
　　　　　　　　　　　坊主頭　同並　新番組　御歩子弟共

廿三日　同　孟子集註　与力　御大工　御鷹匠　六組御歩
　　　　　　　　　　　右人々子弟共

廿六日　同　小学　定番御歩　御鷹役等　御歩並　御算用者
　　　　　　　　　御料理人　御細工者　町奉行支配　町下代
　　　　　　　　　御細工人等
　　　　　　　　　右人々子弟共

廿八日　同　孝経　足軽・坊主　小者子弟共　町在之者

一、御近習之面々ハ毎月三日・八日講日出座
一、人持以下毎月廿八日之外、講日不時出座勝手次第之事
一、陪臣之分毎月廿八日之外、講日不時出座之事
　四月ヨリ八月迄朝五時ヨリ四時迄、九月ヨリ三月迄朝五半時ヨリ四半時迄
　　毎朝習学
　　　但、佳節・朔望除之
六之日朝四時ヨリ　二・七　八時ヨリ
　生徒会読　二日　六日　七日　十二日　十六日　十七日　廿二日　廿六日　廿七日
朝四時ヨリ　会読　四日　九日　十四日　十九日　廿四日　廿九日
同　易学　二日　七日　十二日　十七日　廿二日　廿七日
夕八時ヨリ　討論
　十日助教・読師勤学
　廿五日生徒勤学
三日朝四時ヨリ　算学　（宮井柳之助　馬渕源之丞）
四日夕八時ヨリ　医学
五日同　算学　和田耕蔵
六日　礼法　昼九時ヨリ中嶋瀬大夫　飯山紹左衛門　夕八時ヨリ渡辺喜内

十一日夕八時ヨリ　医学
十四日同　　　　和学　　（宮井柳之助
　　　　　　　　　　　　　馬渕源之丞）
十七日朝四時ヨリ　算学　　和田耕蔵
十九日夕八時ヨリ　算学
廿日　　　　　　礼法　　昼九時ヨリ中嶋瀬大夫　飯山紹左衛門　夕八時ヨリ渡辺喜内
廿四日夕八時ヨリ　医学
廿九日　　　　　同

以上

付札　定番頭へ

今般学校御仕法御改ニ付、講日等日割別紙之通相定候ニ付、相達之候条、被得其意組・支配之人々へ申渡、組等之内才許有之面々ハ其支配へモ相達候様可被申談候事

右之通一統可被申談候事

亥六月

右学校御奉行奥村左京殿御渡之旨等、主附頭御用番九里幸左衛門ヨリ例文之廻状到来之事

右六月下旬到来之処、任有晶紙爰ニ記之　附此次七月廿二日互見

己未六月小

御用番 長 甲斐守殿　御歩頭御用番
御城代 村井又兵衛殿　河内山久大夫

朔日 陰、二日ヨリ十日迄快天折々陰アリ、十一日雨天昼ヨリ快天、夫ヨリ廿三日迄快天、続烈暑也、廿四日雨、廿五日昼ヨリ霽快天、廿六日陰、廿七日晴雨不定也、廿八日朝大雨昼ヨリ快天、廿九日快天

同日 月次出仕、辰之助[1]麻疹ニ付、前月廿三日記之通ニ付、御帳ニ附不致列居趣、御横目中ヘ申達追付退出

△

覚

一、御扶地(持)方米返上

一、地廻御用・他国詰人等御扶持方代等返上

一、大坂除銀返上

一、産物銀

一、御領地村々ヨリ取替銀并江戸町人ヨリ借用銀御取替ニ相成候分返上

一、泰雲院[2]様越中筋等ヘ御鷹野、御供人借用会所小払銀返上右之分退転人一類引請上納仕来候分、今般格別之趣ヲ以被下切被仰渡候間、先達テ相触候諸方御土蔵ヘ上納銀等当時残高書出候内、一類引請返上有之人々ハ指省書出候様可被申渡候、外ニモ右准候分有之候ハ当場可被承合候事

一、会所古物銀

1 政隣男
2 重教（十代）

一、割場雇通日用貸銀
一、組手替足軽并被下足軽返上銀ハ、頭其主人身当り
　返上銀之内へ書加可申事
右之通被得其意、古物銀等借用之人々ハ早速書出候様
可有御申渡候、以上
　　六月二日　　　　　　　　　　　　御算用場
　　　河内山久大夫殿

六　日　左之通被仰付
　　　町奉行　丹羽六郎左衛門代　　御先筒頭兼金谷御近習ヨリ
　　　　　　　　　　　　　　　　　村　杢右衛門
右、杢右衛門家内麻疹病人就有之、於御席御用番甲斐守殿
被仰渡
　　　組外御番頭　高田昌大夫代　　御大小将御番頭ヨリ
　　　　　　　　　　　　　　　　　野村源兵衛
右、源兵衛於御前被仰渡

七　日　左之通、於御前被仰付
　　　御大小将御番頭　野村源兵衛代　　御大小将ヨリ
　　　　　　　　　　　　　　　　　一木鉄之助　改逸角

十五日　去朔日之通、月次出仕、御帳ニ附退出、且左之通被仰付

御家老役　　　　　　　　　　　御宮請取火消ヨリ　本多勘解由
物頭並聞番　菊池九右衛門代　　御近習御使番ヨリ　大地順左衛門
御大小将横目　堀　左兵衛代　　御大小将ヨリ　後藤吉太郎　改杢右衛門
御加増五十石　先知都合百五十石　御表小将　神田忠太郎

付札　定番頭へ

△所々御郡奉行等支配町在宿役之義ハ前々ヨリ御定モ有之候処、次第ニ弘、御城下町人共之内ニモ御家中侍中等名前ヲ借、伝馬人足召仕致往来候者モ有之猥成躰相聞、宿々及難儀宿役モ勤兼候ニ付、町人共ヨリ相願候テモ先触伝馬帳等猥ニ指出不申筈ニ候得共、猶更心得違無之様御家中ヲ初寺社家ヘモ急度申渡候様仕度旨、御算用場奉行等申聞候段去酉年相触候処、今以侍中等、且寺社方等ヨリ伝馬帳并会符貸渡候人々モ有之、御定之賃銭ヲ以人馬取候ニ付、宿方難儀ニ及候躰ニ候、宿方迷惑之訳モ不心付、不指支義ニ相心得貸渡候段ハ、不心得之至ニ候、向来心得違無之様急度相心得可申候
右之趣、被得其意組・支配之人々ヘ可被申渡候、組等之内才許有之面々ハ、其支配ヘモ相達候様一統可被申談候事
右之通一統可被申談候事
六月

右、定番頭九里幸左衛門ヨリ例文之以廻状到来

御加増五十石、先知都合百五十石

覚左衛門親常岡儀、及極老候迄数十年御用情ニ入相勤候、依之覚左衛門如斯御加増被仰付

萩原覚左衛門
年寄女中常岡養子、江戸定府、本組与力御式台御帳附

右、去七日被仰付候段、同九日江戸発之状ニ申来

△

稲ニ花附実入ニ相成候間、石川・河北両御郡、来月朔日ヨリ九月五日迄、御家中鷹野遠慮有之候様仕度旨改作奉行申聞候、夫々被仰渡候様仕度奉存候、以上

六月十八日　水野次郎大夫

長　甲斐守殿

別紙御算用場奉行紙面之写相越之候条、被得其意、組・支配ヘモ被申渡、鷹預置候家来ヘモ急度申渡候様可被相触候、尤同役中可有伝達候事

右之趣可被得其意候、以上

六月廿三日　長　甲斐守

河内山久大夫殿

廿六日　左之通桧垣之御間御屏風囲之内ニテ御年寄衆等御列座、御用番甲斐守殿被仰渡

本多主殿

故安房守遺書被遂御覧候、遺領無相違五万石主殿へ被仰付候、此段可申渡旨被仰出候

右、登城之上、最初ハ柳之御間入口屏風囲之内ニ被相溜、家督被仰渡相済候上ハ、桧垣之御間屏風囲之内ニ被溜、御退城之節ヨリ足軽共御作法呼候事

△

道中川筋出水ニテ川留有之候節、前後宿々逗留之面々、川明候得ハ一統落合越立方差急候故及混雑ニ品ニヨリ候テハ不束之儀等モ有之間敷トモ難申、左候テハ各不安心之事ニ有之、混雑ニ及ひ候得ハ却テ越立方モ延引ニ及ひ候、畢竟先ヲ争候故之義ニテ如何之事ニ候、既ニ享保年中相触候通、参勤交替之面々一日三人程宛不落合様旅行可致事ニ候得ハ、川場之義ハ別テ其心得可有之義ニ候条、以来御用道中之外ハ、弥前宿泊到着順ヲ以川役人取計、順々越立有之候様申渡候間、其旨相心得、銘々家来下々ニ至迄心得違無之様堅可申付候、尤為改其所之支配ニヨリ出役之者差出、相改ニテ可有之候、猶心得方之義ハ道中奉行可相談候、

右之通可被相触候

三月

道中川筋出水ニテ川留有之候節、前後宿々逗留之面々川明候得ハ一統落合越立方之義ニ付、大御目付久田縫殿頭殿ヨリ到来之御書付写壱通相達之候条、被得其意、組・支配幷与力、且又家来末々迄可被申渡候、組等之内才許有之面々ハ其支配ヘモ相達候様可被申聞候事

右之趣可被得其意候、以上

癸亥六月廿七日

長　甲斐守　印

津田権平殿　但新番頭・御歩頭連名

付札　定番頭へ

御家中諸給人収納米払切手、米仲買ヨリ御召米ニ指上候内、算用違或印形相違等ニテ渡方指支候分有之、蔵宿ヨリ改出候ニ付其段算用場ヨリ買出人へ申渡候得共、彼是ト及遅滞候様相聞候、惣テ収納米切手之儀ニ付前々相触候通ニ候処、甚以不埒之至ニ候、依之自今右之族有之候ハ及断候様申渡候条、以来厳重ニ相心得可申候事

右之趣、被得其意組・支配之人々へ不相洩様可被申渡候、組等之内才許有之面々ハ其支配へモ相達候様可被申聞、且又右之通一統可被申談候事

亥六月

本文定番頭ヨリ例文之廻状ヲ以到来之事

御用番　奥村左京殿

御城代　前田駿河殿

御歩頭御用番

菊池九右衛門

庚申七月大

朔日　雨、二日晴、三日南風雨、四日雨昼ヨリ快晴、五日六日七日晴陰交、八日雨天、九日ヨリ十三日迄快天秋暑強、十四日十五日十六日雨天、十七日十八日晴陰交、十九日陰雨、廿日廿一日晴陰、廿二日廿三日廿四日廿五日雨天、廿六日ヨリ晦日迄晴陰交（秋冷）

同日　月次出仕、一統御目見御意有之、四時頃相済、且本多主殿家督之御礼被為請

同日　学校方御席ヨリ一役筆頭一人宛御呼立、別紙三通奥村左京殿御渡之

寛政四年以来学校被建置候得共、学問執行方不宜故、書ヲ読み物ヲ覚候事而已ニテ、孝弟

忠信之道ヲ励み当勢有用之儀ヲ相学ニ、人品之執行致候義曽テ無之、学問之詮不相立候ニ付、此度御改、於学校都テ有用之学問可仕候、諸士以上之儀ハ別テ聖賢之道ヲ学、道理ヲ弁、私之意地ヲ離れ、宜成立相応之御用可相勤心懸等要之事ニ候、且諸士之内学才有之人々ハ追々助教・読師等ニ被仰付候、子弟之儀モ御選挙之上助教・読師可被仰付候得共、其余ハ先、生徒ニ被仰付置、仁義有用之学問修行可仕事

一、文武ヲ励み士業不怠儀ハ忠義之基ト被思召候、然ルヲ武学校之儀ハ年中一芸僅之出座数ニテ執行之ためニ不相成、無詮事等ト存、実ニ心懸之人々モ不致出座族モ有之様子ニ被聞召候、武学校ニ建置芸術モ御覧可被遊ためニ候得ハ、右等之族有之間敷候、尤師範人宅之稽古場等ヘモ猶更致出情、武学校ハ邂逅之義ニ候得ハ、尤無怠可致出座候、何れニモ芸術致上達、無芸無能之士ト相成不忠之覚悟有之間敷義肝要ニ被思召候、此等之趣会得仕、無怠急度執行可仕候事

右之通被仰出候条、謹テ可奉得其意候事

享和三癸亥年七月

奥村左京
原田又右衛門

別紙被仰出之趣、組・支配之人々ヘ被申渡、組等之内才許有之面々ハ其支配ヘモ相達候様被申聞、尤同席并同役中不相洩様可有伝達候事

七月朔日

河内山久大夫
安達弥兵衛
津田権平
吉田八郎大夫
菊池九右衛門

同　日　半納米価左之通、余所准テ可知之
　地米五十四匁　羽咋米四十四匁五分　井波米四十壱匁

　御倹約奉行加人
定番御馬廻御番頭
田辺五郎左衛門

右、前月［　］(空白)日被仰付候段承ニ付記之

　暑御尋之宿次御奉書
前月［　］(空白)日到来ニ付右御礼
御馬廻頭
団　多大夫

公辺ヘ之御使被仰付、前月十九日発足

右、就前洩ニ記之

二　日　左之通被仰付
　両人共御役料知・役儀被
松寿院様附御用人御大小将組
中　孫十郎
指除、組当り御用可相勤候
中宮半兵衛

右両人之外モ御附之人々夫々本役等ヘ御返也、且、孫十郎ハ先頃ヨリ御膳奉行当分加人被仰

付有之、猶御附頭佐藤弥次兵衛ハ先頃ヨリ二御丸御広式御用当分被仰付有之候処、今日何之被仰渡モ無之候事

六日 御用之儀有之候条、今日四時過可致登城旨、昨日前田駿河殿 依御紙面、則致登城候処、於桧垣之御間二之間、左之通御覚書ヲ以駿河殿被仰渡 附前記正月廿五日・三月廿八日・四月十一日互見并閏正月三日・六日互見

津田権平

御手前儀、当秋御参勤御供番ニ付御供可被仰付候得共、御人数御減少ニ付不被召連、御在府中詰被仰付候、組之義ハ尤御供被仰付候条可被申渡候事

物頭並聞番
岩田源左衛門

当秋御参勤御道中御弓支配
但御持頭庄田要人組召連

御台所奉行
山岸七郎兵衛

当御在府中詰被仰付
但近年詰不被仰付候得共、御台所方格別御省略被仰付候ニ付詰被仰付

御馬廻頭
中村九兵衛

御呼出候処、気滞ニ付不罷出

右ニ付以御紙面当秋御参勤ニ付順番之通御供可被仰付候得共、御人数御減少ニ付不被召連、御在府中詰被仰付候之段被仰渡

右之外御供番・詰番之諸頭夫々御呼出、御人数御減少ニ付御供等不被仰付候旨被仰渡

但御小将頭今村三郎大夫組ハ詰被仰付候段被仰渡

左之人々御参勤御供被仰付

御道中御筒支配
但御持頭中村才兵衛組召連

定番頭並御近習御用
関屋中務

御持筒頭兼御近習
神田十郎左衛門

御近習物頭並
坂井小平

御表小将御番頭
神戸蔵人

御近習御使番
渡辺久兵衛

御近習御使番
戸田伝太郎

御表小将横目
原　七郎左衛門

御近習物頭並
辻　平之丞

御婚礼方為御用詰被仰付

右之外、御近習頭分以上御人数御減少ニ付不被召連旨、夫々被仰渡

同月十日左之通駿河殿被仰渡

山岸七郎兵衛

御手前義、当秋御参勤御供被仰付候条、御発駕翌日発足、道中於宿々御供人・末々之者、不埒之族モ候ハ委承糺可罷越旨被仰出候条、猶更勤方等之義ハ御道中奉行可示合候事

右御跡縮之義、**松雲院**様御代ニ有之、其後中絶之処、此度被仰付

同月廿二日左之通**駿河**殿被仰渡

津田権平

御手前義、当秋御参勤御供人御減少ニ付不被召連段申渡置候得共、御供被仰付候条、御道中御近習頭ヘ加り騎馬御供可被相勤候事

御大小将御番頭御供番也
一木逸角

右御発駕御着府之節、本役騎馬其外ハ欠成ニ被仰付候条、御近習頭ヘ加り騎馬御供可相勤旨被仰渡

山岸七郎兵衛

聖堂火消、江戸詰中持切之趣ニ被仰渡有之

同月廿三日左之通、頭ヘ**駿河**殿被仰渡、頭ヨリ申渡

御大小将
三輪采男

当秋御参勤御道中御長柄支配

同月廿四日左之通被仰出

当秋御参勤九月十三日御発駕、同廿五日江戸御着府之事

附、御道中触ハ前々之通、其上別冊ニ就記之候、爰ニ略ス

会所銀御貸附方御改ニ付別紙御覚書前田駿河殿御渡、私共ヨリ一統可申談旨被仰渡候ニ付写壱通指進候条、御承知被成、急速御組・御支配之人々へ御触渡、御組等之内才許有之人々ハ其支配ヘモ申談候様御申渡可被成候、且又向後会所銀借用有之人々ハ証文調方会所承合候様、是又御申渡、落着ヨリ御返可被成候、以上

八月朔日

野田左平次

佐久間武大夫

河内山久大夫様

覚

一、是迄借用之利足立并無利足ニテ返上仕来候会所銀上納方之義、是迄之通ニ候事

但、是以後、他国御供人会所銀御貸渡銀高本文之通常交代之節ハ但書之通御貸渡之事

一、御拾貫目　年寄中知行高ニ無構

但常交代之節ハ三拾六貫目

一、弐拾五貫目　御家老役　同断

但　同　弐拾弐貫五百目

一、拾三貫目　若年寄　同断

但　同　拾壱貫七百目

一、人持ヘ御貸渡会所銀之義ハ追テ可被仰渡候事

一、三貫五百目　　組頭・同並　知行高ニ無構

但常交代之節ハ三貫弐百目

一、三貫目　　物頭・同並　同断

但　同　弐貫七百目

一、二貫八百目　　諸番頭　同断

但　同　二貫五百目

一、二貫五百目　　御使番以下頭分　同断

但　同　二貫二百目

平士等之分

一、二貫五百目　　八百石以上平士

但常交代之節ハ二貫二百目

一、二貫目　　四百五拾石以上之平士

但　同　壱貫八百目

一、壱貫八百目　　馬持以下　御奥小将

同　御表小将

但　同　壱貫六百目　（馬持以下役掛之外）御大小将

一、壱貫五百目　（馬持以下三百石迄）諸役懸之平士
　但　同　壱貫三百目

一、壱貫目　二百九十石以下諸役懸之平士
　但　同　九百目

一、八百目　百九十石以下諸役懸之平士
　但　同　七百目

一、七百目　御儒者・御医者
　但　同　六百五十目

一、六百目　三十人頭・坊主頭
　但　同　五百五十目　諸小頭・同並・与力

一、四百五十目　御知行被下候新番
　但　同　四百目

一、四百目　御切米被下候新番
　但　同　三百五十目

一、三百五十目　御知行被下候御歩并御歩並

但　同　　三百目
一、三百目
　　但　同　　二百五十目
　　　　　　　　　　　御切米被下候御歩并御歩並
一、地廻之分　常他国詰之半銀高御貸渡之事
一、出船御用等ニテ罷越候人々ハ三百石以上ニテモ是迄之振ヲ以、二百石当り御貸渡之事

右之通御貸渡之上ハ返上方等委細之儀ハ追テ可申渡候事

右会所銀追テ御仕法被仰付候迄、先当分如斯御貸渡有之候条被得其意、夫々可被申談候事

癸亥七月　　　　　　　　前田駿河

会所御奉行中

△会所才許御貸銀、今度御貸附方相改候ニ付以来返上方之儀、別紙写之通被仰渡候条、私共ヨリ一統可申談旨甲斐守殿被仰渡候ニ付相廻之申候、仮証文ヲ以致借用罷在候人々ハ来子二月廿日切、無間違本証文ニ相改申候、在江戸等之人々ハ代判人ヨリ早速申遣、直証文ヲ以右日限迄ニ相改可申候、将又調方等之儀ハ会所承合候様御申談可被成候、右之趣御承知有之、御組・御支配御申談、且又御組等之内才許有之面々ハ其支配ヘモ相達候様御申談、尤御同役・御同席急速御伝達、落着ヨリ御返可被成候、以上

十二月廿八日　　　　　　　　　　伴　七兵衛
菊池九右衛門様　　　　　　　　　中村直江

会所銀今般役儀且知行之高下ニ依テ御貸附方相改候ニ付取立方左之通

一、御供人知行高百石ニ付五百目、常交代四百目図りニ当り候分ヨリ以下ハ是迄之通十五ヶ年賦ヲ以元利取立可申事

一、役高等ニテ是迄之通、知行当り銀高ヨリ過借ニ相成候人々ハ是迄之知行当り銀高ハ十五ヶ年賦ヲ以元利取立知行当りヨリ過借ニ相成候分ハ別証文ヲ以借用年之翌年ヨリ百石ニ付二拾五匁無利足ヲ以取立可申事

　但、無利足上納有之人々ハ本文過借ニ相成候銀高、右無利足之内ヘ打込可致上納候、都テ前借之分ハ無利足ヘ打込、是迄之通可致上納候、尤是以後幾度致借用候共右之通ニ候事

一、御貸渡之上、御用無之之居留ニ相成候人々ハ借用分返上方是迄之通、知行当り銀高ニ相当り候分ハ十ヶ年賦ヲ以返上、過借之分ハ百石ニ付五拾目宛返上之事

一、御貸渡之上、病気ニテ御用御断申上不罷越人々ハ知行当り之分ハ願有之候ハ十ヶ年賦ニテ返上、過借之分堅一時返上之事

一、地廻り当り借用之分十五ヶ年賦ヲ以、元利返上方只今迄之通、尤前借有之内、重テ御貸渡無之義モ是迄之通ニ候事

　但、知行百石ニ付弐百目図りヨリ過借ニ相成候人々有之時ハ、右過借之分ハ無利足ヘ打込

可致返上候、無利足上納無之人々ハ別証文ヲ以、百石ニ付廿五匁宛返上之事

一、就幼少、亡父遺知之内三ノ一被下候人々、年賦上納分元利共三ノ一之割合ヲ以取立本知相続之上、尤最前之年賦当り之通取立、十五ヶ年賦終り候上ニ右三ノ一之内淀ニ元銀右十五ヶ年賦一ヶ年当り之割ヲ以取立可申事

但、三ノ一被下置候内、三ノ二宛御用捨之利足銀ハ被下切之事

一、病死人代借主并跡目相続之上、引請証文等惣テ元利上納之分、証文改候節、其月之利足二重ニ取立候義、是以後指止可申事

右会所銀取立方、以来右之通候条、被得其意可被申談候事

癸亥十二月　　　　**長　甲斐守**印

会所御奉行中

右之趣ニ付左之通証文ニ改、翌子ノ二月出之候事

覚

一、三貫目　　　　文丁銀

右拙者儀、当秋御参勤為御供罷越候ニ付、会所才許御貸銀拾五ヶ年賦ヲ以致借用請取申候、如御定壱ヶ月百目ニ付五分宛之加利足、元銀年賦当り惣銀高之利足来子ノ年ヨリ毎歳七月十五日切可致返上所如件

享和三年八月

知行高七百石　御歩頭

津田権平 印判

半田惣左衛門殿　伴　七兵衛殿
岡田又右衛門殿　野田左平次殿
佐久間武大夫殿　野村忠兵衛殿
中村直江殿　堀田次兵衛殿
西村甚大夫殿

津田権平
津田権五郎

御家老衆
奥書

八月九日左之通駿河殿御覚書ヲ以テ被仰渡

各儀、当御在府中於江戸表御倹約方御用主付被仰付候間、万端綿密可遂詮儀旨被仰出候、且又、中村九兵衛・人見吉左衛門儀、右御用兼帯被仰付見廻り可申渡旨被仰出申渡候条可被得其意候事

同　日　御用番同役河内山久大夫モ御呼出、於御勝手方席、左之御覚書駿河殿御渡之

但、新番頭等之分ハ神田吉左衛門へ御渡、同人ヨリ順達

一、金小判拾両宛
新番頭・御歩頭
大組頭・御持方頭
御先手物頭　聞番

各儀、表向本役方ニテ江戸表へ被相詰候節、御公界向御用被相勤、物入多有之ニ付、以来詰中右之通被下之候条、可被得其意候事

亥八月

付札　御歩頭へ

一、金小判五両宛　御歩小頭　御供之御歩横目

町廻相勤之御歩横目　御供御給事御使相勤之御歩

但、町廻相勤候御歩横目へ是迄之被下金ハ被指止候

右人々江戸表へ相詰候節、御公界向御用等相勤物入多有之ニ付、以来詰中右之通被下之候条、可被得其意候事

亥八月

右之外、左之通被仰渡候趣、右同断

一、金小判十両宛　御馬廻頭　御小将頭

御大小将御番頭

定役之外御大小将　新番小頭

一、金小判五両宛　御在府詰之御大小将横目　新番

他国詰人御扶持方御僉義之趣有之、追テ可被仰渡候得共、御扶持方人数高、先当分別帳之通被仰付候条、可成たけ致勘弁取続候様相心得可申候
右之趣、被得其意組・支配之人々ヘ可被申渡候、組等之内、才許有之面々ハ其支配ヘモ不相洩候様被申渡、同役中可有伝達候、以上
八月八日　　**横山山城**
河内山久大夫殿　新番頭ヨリ御留守居物頭迄御用番連名

相改候御扶持方帳
御家老役

四千石以上
一、古来御定之四千石当り
但四千石ヨリ内ハ古来御定之通
若年寄
一、千九百五十石ヨリ二千九百五十石迄　上下二十三人　馬壱疋
但千九百五十石ヨリ内ハ古来御定之通、三千石以上之分ハ此度相極候平人持人数高之通
平人持
一、千石　上下　十三人　馬一疋

一、千五十石ヨリ千五百石迄　同　十四人　馬一疋
一、千五百五十石ヨリ二千石迄　同　十七人　馬一疋
一、二千百石ヨリ二千九百石迄　同　二十二人　馬一疋
一、三千石ヨリ四千九百石迄　同　二十六人　馬一疋
一、五千石以上都テ　同　三十人　馬弐疋

頭分

一、組頭　知行無構　上下　十二人　馬一疋
一、諸物頭　同断　同　十一人　馬一疋
一、御番頭以下　同断　同　十人　馬一疋

平士

一、百四十石以下　上下　四人
一、百五十石ヨリ二百四十石迄　同　五人
一、弐百五十石ヨリ二百九十石迄　同　六人
一、三百石ヨリ四百四十石迄　同　七人
一、四百五十石ヨリ七百五十石迄　同　九人　馬一疋
一、八百石以上都テ　同　十人　馬一疋

但被下足軽有之役柄ハ右人数之内ヘ建込候事

御医者

一、御知行二百石以下　御扶持方三十人扶持以下　上下四人
一、同　二百五十石以上　同　五十人扶持以上　同　五人

諸小頭

一、都テ上下　三人

但百三十石以上ハ四人

新番

一、都テ上下　三人

但右同断

与力

一、都テ上下　三人

但右同断

御歩等

一、都テ上下　二人

但百三十石以上ハ三人

一、他国詰人御扶持方代御詮議之趣有之、追テ可被仰渡候得共、先当分右之通被仰付、尤道中往来并御使等罷越候人々在留中共右之通ニ候事
一、御扶持方直段之義ハ寛政六年御改之通ニ候事
右之通来月朔日ヨリ被相改候条、先達テ江戸表等ヘ相詰罷在候人々モ右之通ニ候事

以上

癸亥八月

右八月八日新番頭御用番神田吉左衛門御呼出、御紙面并帳面御用番山城殿御渡し之由ニテ廻達之事

右江戸向一件為互見集書ス、此次九月互見

七日　七夕為御祝詞、出仕之面々一統御目見御意有之、御取合如例、年寄中座上ヨリ言上、四時前相済

十一日　左之通被仰付候段、御用番左京殿被仰渡

相公様御近習御用数十年情ニ入実躰相勤候ニ付如斯被仰付

御加増百五十石　先知都合六百五十石　大組頭　生駒伝七郎

相公様御近習御用等品々役儀情ニ入相勤候ニ付小身旁如斯御加増被仰付

同　百石　先知都合二百五十石　物頭並　関沢安左衛門

相公様御近習御用帰役　大組頭　玉川七兵衛

御算用場奉行当分加人　御馬廻頭　富永右近右衛門

但大野木舎人・水野次郎大夫気滞役引、笠間九兵衛一人ニ相成候ニ付

同日　跡目等左之通被仰付

八百石　源次右衛門養子　和田権五郎

五百石　六郎左衛門嫡子　丹羽余所太郎

二百石　七兵衛養子　不破浅右衛門

五百石　頼太郎末期養子実弟　篠嶋九一

六百石　縫殿せかれ　松尾庸之助

百五十石　左大夫せかれ　安井藤左衛門

百五十石　九兵衛せかれ　原　直之助

五百五十石之内　四百五十石　善太郎養子　吉野安太郎

末期願置候通、父方実いとこ柘櫃三左衛門嫡女養女ニ仕、神尾昌左衛門二男安太郎義、聟養子被仰付、善太郎久々長病ニ罷在御奉公相勤不申候ニ付、知行高之内御減少如此被仰付

三百五十石之三ノ一　百拾石　友五郎末期養子末家伊藤忠左衛門二男　伊藤駒之助

三百石　左平次末期養子同姓河合右膳二男　河合助五郎

二百石之内　百八十石　助左衛門嫡子　辻　権之丞

助左衛門義、数十年長病罷在御奉公相勤不申ニ付、知行高之内御減少如此被仰付

二百石　惣左衛門嫡子　沢田角左衛門

同　助三養子　岩田亥之吉

末期願置候通、高桑五郎八三男亥之吉儀娘へ聟養子被仰付

百五十石　吉兵衛養子　津田六郎

百石　貫兵衛末期養子実父辻多門五男　辻　喜三郎

同　卯守養子　山田幾之助

末期願置候通、養父方おち小倉要之丞二男幾之助義養方妹へ聟養子被仰付

五十石　助左衛門養子　青木雅五郎

同断　おい前田図書家来給人勝尾彦大夫二男雅五郎儀養子ニ被仰付

三百石　陽蔵養子　入江藤馬

百二十石　弥右衛門せかれ　斉藤与十郎

百石　治部左衛門嫡子　武山小兵衛

百二十石　采右衛門嫡子　国府左次馬

五人扶持　玄叔せかれ　加藤邦安

最前之御切米高　三十五俵　小兵衛養子　高橋貢之助

末期願置候通、養方おい御細工者水谷金右衛門次男貢之助義、娘へ聟養子被仰付、御細

工者ニ被召出

百三十石
弥藤次嫡子
小原貞次郎

九十石　御鷹匠ニ被仰付
忠大夫養子
山崎七左衛門

同
半助嫡子
山崎猪三太

百石
喜平養子
山本千之助

末期願置候通、養父方いとこ明組与力北庄宗助二男千之助義娘へ聟養子被仰付

五十石
源左衛門養子
奥　源次郎

残知

二百石　本知都合三百石
亡父伊三郎知行無相違
児嶋忠次郎

二百四十石　本知都合三百五十石
亡父右兵衛知行無相違
井上陽次郎

七拾石
亡父下間知行無相違
広瀬八十郎

只今迄被下置候御扶持方ハ被指除之、組外へ被加之

十三日　縁組養子等諸願被仰出、且其内左之通

病身ニ付依願役儀御免除
今石動等支配
井上勘右衛門
年五十九

御知行之人々御城御造営方人足賃銀取立候様、今般被仰渡候条御承知有之、御組・御支配上納切手并根高帳、前々通ニテ、当八月中当場ヘ可被指出候、且毎歳賃銀上納之時々相触不申候、此段御同役御伝達、先々順達落着ヨリ可有之御返候、以上

亥七月

御普請会所

菊池九右衛門殿　但、菊池ヨリ伝達廻状有之

十五日　例年之通月次出仕無之、且左之通被仰付

五十石御加増　先知都合百五十石

三十人頭
加藤甚五兵衛

御呼出之処、気滞ニ付不罷出

同断
竹内十郎兵衛

附十八日互見

十七日　左之通被仰付

御馬廻頭
長瀬五郎右衛門

御小将頭
人見吉左衛門

御小将頭
小原惣左衛門

定番御馬廻御番頭
田辺五郎左衛門

当春以来段々御節倹之儀被仰出候通ニ候、依之各ハ省略方御用主付可被仰付旨被仰出候条、万端厳重可被遂詮議候、御算用場奉行モ相加り、同意ニ相勤候様申渡候条可被申談候事

亥七月

今般御詮義之趣有之、御倹約所当分被指止候、依之右御用無之段可申渡旨、被仰出候事

亥七月

御算用場奉行

青地七左衛門　団　多大夫
音地清左衛門　武田何市
田辺五郎左衛門

当春以来段々御節倹之儀被仰出候通ニ候、依之長瀬五郎右衛門・人見吉左衛門・小原惣左衛門・田辺五郎左衛門儀、御省略方御用主付被仰付候条、各相加り同意ニ相勤候様可申渡旨被仰出候条、五郎右衛門等可被申談候事

亥七月

右御用番左京殿被仰渡

長瀬五郎右衛門　人見吉左衛門
小原惣左衛門　田辺五郎左衛門

今般格別御節倹之御詮儀就被仰付候、諸向成来候類例、或ハ多端ニ相成来候仕癖之品ヲ厳重ニ可遂僉議候古格旧例たり共可相成品ハ相改、事軽ニ相成不申テハ減方ニ相成不申旨等、

拙者共迄段々被仰出候ニ付、此段申達候条、右御趣意之通ヲ以、右御用向万端綿密ニ可被遂詮議候事

亥七月

右御勝手方駿河殿被仰渡

御用人［（空白）］

御詮義之趣有之、当分御倹約所被指止候間、右奉行取捌候御用、当分各可取捌旨被仰出右

御用番左京殿被仰渡

十八日 左之通被仰付

三十人頭 **竹内十郎兵衛**

御加増五十石 先知都合百五十石

十九日 同断

人持組 **冨田権佐**

出銀奉行

附庄田兵庫依願去十三日御免除代

同断 **西尾隼人**

定火消 附松平大膳同断代

御馬廻頭 **青地七左衛門**

宗門奉行

御小将頭 **中川平膳**

同断 加人

廿一日　左之通被仰付

今石動等支配　井上勘右衛門代

御役御免頭列最前御馬廻頭
高畠五郎兵衛

廿二日　跡目之御礼等被為請

今般学校儒学執行方御仕法就被仰付候、陪臣之分ハ講日不時出座之外、稽古日出座之義御僉議中ニ候間、当分出座不仕筈之段、一統可申談旨左京殿被仰聞候条御承知被成、御同役御伝達、御組・御支配之人々へモ夫々不相洩様御申談可被成候、以上

七月十九日　木村茂兵衛

菊池九右衛門様

猶以、都テ儒者・医者之分ハ出座之義指支不申候間、是又為御承知申進候、以上

右前記五月廿八日互見

廿三日　従御勝手方御席一役一人宛御呼出、左之御覚書駿河殿等御渡之、但同役ニテハ御用番菊池受取之

今般御節倹之儀、段々被仰出候得共、御省略之儀中々行届不申候、依之諸向成来候類例、或ハ多端ニ相成来候仕癖之品厳重ニ遂僉議、古格・旧例たり共可相成品ハ相改、万事事軽不相心得テハ減方付不申旨等、拙者共迄被仰出之趣有之、追々御仕法モ可被仰付候得共、当時之処指当り如何共御取続方之御手段モ無之候、依之当分諸場・諸役所都テ渡り方指留候間、其内指縣り無拠品ハ金銀米銭、曁品物共拙者共席へ相達可被申候、其上猶更遂僉議、

無拠分ハ其時々承届可申候、将又是迄御定銀ニテ仕来り候品、且定入ニテ相渡来候分たり共、都テ渡り方指留候間、御普請方又ハ新出来物等ニテモ、前方拙者共席ヘ相達、承届候上取懸候様可被相心得候事

亥七月

同日 左之御覚書**今枝内記**殿御渡之、但同人受取之

付札 御歩頭ヘ

御歩等之内、数年全相勤候者ヲ勤功ト申立候義ハ有之間敷事ニ候、先祖之功ヲ以遺知致相続、又祖父之勤功ヲ以被召出候ハ士之綱(恒カ)例ニテ、夫ヲ以士之規模トいたし候、御歩ハ器量ヲ以被召抱、岩乗水練ハ不及申ニ、或ハ軍螺等一芸申立候程之芸無之テハ、不被召抱筈ハ勿論之義ニ候、各手前ニハ無之義ニ候得共、定番御歩等名跡之義士列之跡式之様ニモ相成、且せかれ被召抱置候上、抜群之勤功無之者モ、別ニ名跡なとゝ願出候者モ有之、其頭・支配人之手柄之様ニ成来候故、風俗モ次第ニ柔弱ニ相成、本意ヲ取失ひ候族モ有之様被思召候、畢竟是等ハ其頭・支配人、右之訳不致会得故ト被思召候、右等之義ニ付、今般拙者共迄被仰出候品有之ニ付、定番頭ヘ申聞候間、各ニモ為心得申聞置候事

猶以病気等ニテ難被罷出面々ハ、其段名之下ニ可被書記候、御礼之儀ハ、御用番宅迄以使者可被申越候、以上

△
御拝領之鶴、如御例御披御料理可被下儀ニ候得共、今以御城御普請全御成就ニテモ無之、御指支之趣有之候ニ付、来月朔日御吸物ニ被仰付可被下旨被仰出候条、布上下着用五時過

可有登城候

一、右御礼之義、朔日登城之節可被申上候、御吸物被下候為御礼二日登城、即日年寄中宅へ可被相勤候、以上

七月廿五日　　奥村左京

津田権平殿　但新番頭・御歩頭連名

廿六日　左之通被仰付

逼塞御免許　御馬廻組　有沢数馬

廿九日　同断

御大小将　福嶋梅之助

不慎至極之趣有之ニ付、急度御咎モ可被仰付候得共、其義ハ御用捨被成候、依之閉門被仰付候、養母ハ里方へ引取、不縮無之様可相心得旨被仰出

寺社方取次被指除　与力　榊原武兵衛

生熊多四郎

御省略方御用兼帯　御馬廻頭兼学校御用　杉野善三郎

右長瀬五郎右衛門等同事ニ被仰付　附去十七日互見

町奉行　井上井之助

御省略方御用主付兼帯
右同断九月三日被仰付

商売停止申付品々

一、縮緬くゝり紐類　一、女子ゑり掛　一、他国傘
一、他国元結　一、織物絹縮緬等草履之緒　一、他国製干菓子
一、他国製蒸菓子　一、塗木履類
但木綿くけ緒・皮緒不苦

以上

付札　定番頭へ

御家中之人々倹約等之儀ニ付被仰出之趣、追々申渡候通ニ付、町方へモ厳重申渡候、然処近年商売物種々栄耀高料之品取扱候族有之、都テ商物ハ御家中ヲ初買人之好みニ応し候事故、今般被仰出之趣ニテハ栄耀之品等取扱無之筈ニ候得共、猶又以来御国産之品ヲ専致商売、其余御国ニ無之、他国ヨリ取寄候品々之義ハ、廉品ヲ取扱候様町奉行ヨリ厳重申渡、衣服之類中分以下之図りヲ以直段極申付、高料之品ハ商売不為致筈ニ候条、御家中之人々得其意、成限御国産之品ヲ以用来相弁候様相心得、若他国之品入用之節ハ応分限、成限り廉品ヲ相用可申候、右之通申渡候上ハ、京都ヲ初他方之品ヲ直ニ申遣、栄耀ヶ間敷義有之間敷候、且又別紙之品々商売停止之義町奉行へ申渡候事

一、高知之人々等、他国贈進等無拠佳品入用之節ハ、呉服類ハ用事申付候呉服屋へ前廉申渡候得ハ、京都等へ申遣相弁、追テ町会所へ及届筈ニ候、越後縮之義ハ町会所承合候得ハ相弁申筈ニ候事

右之趣被得其意、組・支配之人々へ可被申渡候、組等之内才許有之面々ハ、其支配へモ相達候様可被申談候事右之通一統可被申談候事

七月

右定番頭御用番**佐藤勘兵衛**ヨリ、例文之廻状ヲ以到来候事

付札　定番頭へ

御家中之人々地子銀上納遅滞之分有之、其内ニモ数年相淀候面々モ有之躰ニ候、地子銀之儀ハ居屋敷過歩等有之故ニ候得ハ、外上納ト違、別テ品重き儀、百姓ハ地子年貢米相滞候得ハ、重き御法モ有之候、然処御家中等年々上納相滞御難題ニ相成候義、甚等閑之至ニ候ニ付、急度遂僉議一時上納ニモ可申渡候得共、是迄数年相淀、其内ニハ右之趣意モ会得不致、品軽き上納ト相心得候人々モ有之哉ニ候、依テ厳重取立候ハ、行当り迷惑可仕儀ニ付、格別之趣ヲ以淀銀高、去年迄之分引結并天明七年ヨリ年賦淀之分共一紙証文ニ相改、百石ニ付五匁宛之図りヲ以、来年ヨリ可致上納候、

右証文ハ頭奥書ニテ、御普請会所へ取立候筈ニ候、遅滞之分右之通結構ニ被仰付候上ハ、是以後年当り上納聊以延引之族有之間敷候、且又是迄地子肝煎ヨリ受取手形指出候得共、以

後相改町同心ヨリ受取手形指出、自然モ延引之人々有之候得ハ、及断候筈ニ候条、一統厳重相心得可申候、足軽以下之分ハ、受取手形是迄之通地子肝煎ヨリ指出候筈ニ候事
右之通一統可被申談候事
八月
右八月十四日、定番頭御用番武田喜左衛門ヨリ例年之廻状ヲ以、到来之処、任晶紙爰ニ記之
付札　定番頭へ
御家中之人々、諸方御土蔵上納銀等打込、一紙証文ニ相改、百石ニ付三拾目宛之図りヲ以上納之儀、旧臘被仰渡候処、前々於江戸表、組用金等御貸渡之分、頭・支配人於手前モしらへ方急ニ出来兼、いまた一統証文相改不申ニ付当七月上納銀取立不申候、然処右しらへ方当年度中出来之処、難計候間、一統先百石三十目宛之図りヲ以、当十月中諸方御土蔵へ可致上納候、尤只今迄一ケ年上納高右知行当りヨリ少銀之分ハ是迄之銀高可致上納候、若当年上納過不足有之候得ハ、来年上納之節可致指引候、猶難相分義モ候ハ御算用場承合可申事
右之趣被得其意、組・支配之人々へ不相洩様可被申渡候、組等之内才許有之面々ハ其支配へモ相達候様可被申聞候事
右之通一統可被申談候事
亥八月
右八月廿九日同断

付札　団多大夫・中川平膳ヘ

△去秋、御入国之節、御供人古詰之者ヘ壱人扶持ニ銀弐百目宛、詰不足之者ヘ同弐百六十目宛御貸渡之分、格別之趣ヲ以被下切ニ被仰出候条、被得其意御供人一統可被申談候事

癸亥八月

右長甲斐守殿被仰渡候条、組・支配ヘ可申談旨等、団多大夫等ヨリ八月廿八日廻状到来、任晶紙爰ニ記之

辛酉八月大

御用番　横山山城殿　御歩頭御用番

御城代　前田駿河殿　河内山久大夫

朔　日　雨天昼ヨリ霽、前月廿五日記之通ニ付登城、御吸物等左之通、一番座ニテ頂戴之、八時過退出

附別冊諸御作法書之内ニ記之ニ付略ス、互見

再篇御吸物　鶴　雁　鴨　大こん　ふき　松茸　小な

三篇御酒　御重肴　はへん

同　朝　於御帳前、左之通覚書披見承知之

明二日為御礼登城ニ付、四時ヨリ九時迄御帳出候事

会所懸り与力　豊嶋源右衛門

同　日　左之通被仰付

白銀五枚　八講布三疋

右数十年相勤候ニ付拝領被仰付、役儀御免除

二日　陰昼ヨリ快天、昨日御吸物等頂戴之、為御礼四時過登城、御帳ニ付直ニ御年寄衆御宅六ケ所ヘ廻勤候事

但、加判無之御年寄衆ヘハ尤不相勤候事

三日　ヨリ八日迄晴陰交、九日十日雨天、十一日快天昼ヨリ雨天、十二日十三日快天、十四日十五日十六日雨、十七日十八日快天、十九日雨雷、廿日昼ヨリ霽晴、廿一日ヨリ廿三日マテ快天、廿四日昼后雨、廿五日ヨリ以来晴陰交

御役御免頭列最前新番頭　**古屋孫市**

七日　病死　享年七十四

八日　御歩撰、宿**菊池九左衛門**宅

但委曲別冊ニ記ニ付爰ニ略ス、此次同断

右再撰、宿十三日**河内山久大夫**宅

十五日　月次出仕、一統御目見御意有之四時過済、且左之通被仰付

御家老役　**本多勘解由**

加判

御横目ヘ

△御家中之人々、当時所持之馬数并毛附・歳附書記、早速指出候様、夫々可申渡旨被仰出候条、可被申談候

但、馬数・毛附等各へ被取立、拙者共迄可有御差出候、平士之分ハ頭々へ取立、頭ヨリ各へ
相達候様可有御申談候
　八月
別紙之通可申談旨、関屋中務申聞候条御承知被成、御同役御伝達被成、当晦日切御横目所
へ御書出可被成候、以上
　八月十八日　　　　　　　　　　　　　御横目
御歩頭衆中
右ニ付左之通書出之
　　河原毛　　　　五歳
右拙者持馬毛附等如斯御座候、以上
　八月廿三日　　　　　　　　　　　　　津田権平
御横目所

△各儀御印物、当廿五日於御目通被下候条、布上下着用五時不遅可有登城候、他国詰等并病
気等ニテ難被罷出人々ハ為名代一類等之内布上下着用、右刻限罷出候様被申談、誰罷出候
段直ニ御横目へ可被相達候、且又忌中ニ候得ハ追テ御席ニ被下筈ニ候条、是又直ニ御横目へ
可被相達候、以上
　八月廿二日　　　　　　　　　　　　　横山山城

津田権平殿　但、河内山・安達連名

追テ在江戸之分ハ代判人ヨリ可被取計候、以上

廿五日　当役御役料知御印之物頂戴

晦日　江戸表火事之節、御行列帳可致披見旨、御横目中申談ニ付、則於御横目所披見、則四之手当役騎馬所也、御行列別冊前々之通ニ付爰ニ略ス、附、御行列中自分提灯之事

△地子銀上納遅滞淀之分、来年ヨリ百石五匁宛之図りヲ以、年賦ニ被仰付候旨之定番頭伝達廻状、七月晶紙ニ記之諸方御土蔵ヘ上納方之義、右同断

名替

聞番
順左衛門事
大地縫左衛門

壬戌九月小

御用番　村井又兵衛殿　御歩頭御用番
御城代　御同人　原田又右衛門

朔日　二日三日快天、四日雨、五日快天、六日雨、七日ヨリ十一日マテ晴陰交、十二日雨

同日　月次出仕、一統御目見、何モ無事ト御意有之、御取合年寄中座上ヨリ言上、四時頃相済

猶以難被罷出人々ハ其段名之下ニ可被書記候、以上

△当十三日御発駕之筈ニ候条、十一日四時ヨリ九時迄之内ニ登城可被相伺御機嫌候、病気等

之面々ハ御用番宅迄以使者可被申越候、以上

九月七日　　　　　　　　　　村井又兵衛

津田権平殿　但新番頭・御歩頭連名

右ニ付左之通紙面出之

当十三日就御発駕、明後十一日四時ヨリ九時迄之内登城、相伺御機嫌候様、御用番又兵衛殿被仰渡候得共、拙者儀当御参勤御供ニ付、前々之通不罷出候間、御届申達候、以上

九月九日　　　　　　　　　　津田権平

御横目衆中

九日　重陽出仕、前々之通、年寄衆謁四時前相済

付札　定番頭へ

御家中之人々於江戸表、諸色買上物代現金払之御定ニ候処、近年心得違相滞候人々モ有之ニ付、及公訴其時々於会所御取替金等ニテ内済取扱申儀毎度有之、御外聞ニモ相拘り御難題成儀甚以不心得之至ニ候、依之以来不縮、何時買上物代都テ現金払ニ可致候、其内ニモ何ト欤当座難相払義モ候ハ壱ヶ月切急度相渡可申候、若月ヲ越候ハ不依多少会所ヘ断出候様用事相達候町人共ヘ江戸於会所申渡候条、家来末々遺失無之様、厳重ニ可申渡候事

右之通一統可被申談候事

八月

右定番頭御用番武田喜左衛門ヨリ前月廿九日例文之廻状今日到来

△明後十三日御発駕、御供揃五半時、森下・倶利伽羅御小休之旨、御道中方ヨリ十一日廻状出

十三日　陰四時頃微雨、今日九時前御機嫌克御発駕、自分御中休津幡ヨリ御近習騎馬御供ニ付五半時御城へ出、四時頃三品（ママ）押出以前発出、津幡ニ御待受申上御供、御小休くりから長楽寺へ上り献上物披露、御先立御用等勤之

但、此末当番之節、御小休御用同断ニ付略ス、近例ハ本役御近習頭ヨリ御小休所御待請詰有之候得共、此度如往古之騎馬御供ヨリ上り御用相勤御見立申上、従御跡早馬ニテ奉追付、騎馬所へ乗入候事ニ相成、将又御先へ早乗ニテ罷越候テハ御近習騎馬所前後共欠成ニ相成候故、御休所へ御入之上、早速上り候筈、御入之節之御先立ハ、御先へ早馬ニテ罷越候御表小将相勤之、尤御駕籠之戸明立モ同人勤之、御立之節ハ拙者共右御戸明立モ相勤之候事

附、御宿々ニテ献上物目録共ニ其日之御泊へ持参候様御宿主等へ申渡、且餅菓子類ハ於其所ニ御取払ニ申談、其節ハ目録ハ懐中致候テ、其夜或ハ於御中休ニ御用人へ相達候筈之事

夜、五時前今石動へ御着之事

同　日　於金城御発駕後、左之通被仰付

新番頭　**小川八郎右衛門**代　　御歩頭ヨリ　**原田又右衛門**

御加増五十石　先知都合三百五十石
役向入情相勤候ニ付、如斯御加増被仰付

御馬廻組 **林弥四郎** 御勝手方等

御呼出之処、在遠所

御馬廻組 **江上清左衛門** 御勝手方等

金谷御広式御用被仰付
江戸梅之御殿附御用ハ御免除

物頭並 **井上太郎兵衛**

十四日　晴陰交、朝五時御供揃ニテ同刻頃御発駕、**自分**朝御供、御小休福岡ニテ**一木逸角**ト代合、九時頃高岡ヘ着、同刻過御着、追付之御供揃ニテ瑞龍寺ヘ御参詣

十五日　雨天之処昼ヨリ晴、朝六時御供揃ニテ暁七半時頃御発駕、小杉・下村御小休、東岩瀬御中休、西水橋御小休、夕七時魚津ヘ御着、**自分**昼御供、且御小休御用有之ニ付、水橋川御召舟見分ハ不致候事

十六日　時雨晴不定、朝六半時之御供揃ニ候処、夜前ヨリ強風雨ニ付、布施・片貝・小川三ケ所俄ニ出水ニ付舟橋懸け、依之御見合ニテ五時御立、三日市御小休、浦山御中休、船見御小休、七時過泊駅ヘ御着、**自分**朝御供之事、但金沢ヘ之御飛脚出伝附ス

十七日　快天、越後山之下・不親知・駒返り等高波ニ付今日ハ泊駅ニ御逗留

十八日　快天、六時過御供揃ニテ同刻前御立、境・雅楽・外波御小休、青海御中休、不親知等無御支、夕七時頃糸魚川ヘ御着、**自分**昼御供候事

十九日　快天、今暁七時御供揃ニテ同刻前御馬ニテ御立、能生御小休、名立御中休、有間川御小休、夕七時頃高田ヘ御着、**自分**朝御供、但糸魚川町端ヨリ御歩行、能生駅之内御馬上、

1 現小諸市荒井

2 東は江戸、北は金沢

同所駅端ヨリ御歩行、名立駅端ヨリ御馬上、都合六里余之御歩行也

廿日 朝微雨風立、昼ヨリ快天、今暁八時御供揃ニテ同刻前御立、荒井・関山御小休、関川御中休、柏原御小休、暮時前牟礼駅へ御着、**自分**昼御供、但関川ヨリ御馬、関之内ヨリ柏原迄御歩行

同　日 去十三日々付之奉書、江戸表へ到来、左之通被仰付

物頭並
御前様御用　**井上太郎兵衛**代

御前様附御用人ヨリ
山村善左衛門

廿一日 折々微雨、今暁七半時過御供揃ニテ七時前御立、新ラ町[1](あ)御小休、丹波嶋御中休、矢代御小休、七時過榊御着、**自分**朝御供

廿二日 快天、暁七半時御供揃ニテ七時頃御立、上田ヨリあなたニテ俄ニ不時御小休、上田ニモ御小休、海野御中休、小諸平原村御小休、七半時頃追分駅御着、**自分**昼御供、今日御行列立候所迄御馬上、其外ハ御歩行候事

廿三日 快天、朝六時不遅御供揃ニテ七半時頃御立、軽井沢はね石御小休、坂本御中休、松井田御小休、七時過板ケ鼻御着、**自分**朝御供也、今日峠御越へニ付東北[2]へ御飛脚出、双方共御用状出ス

廿四日 折々微雨、暁七時過御供揃ニテ七時前御立、高崎御小休、落合新町御中休、本庄・深谷御小休、七半時頃熊谷御着、**自分**昼御供之事

廿五日 雨天、路次泥土、暁七半時前御供揃ニテ七時頃御立、吹上御小休、鴻巣御中休、上尾

・大宮御小休、暮頃浦輪御着、**自分**朝御供之事

廿六日　快天、暁七時御供揃ニテ同刻前御立、蕨御中休、御下邸ヘ御立寄、御浴・御髪月代等被為成、九時頃御機嫌克御上邸ヘ御着、御供騎馬追合口（分）御門乗通し、梅之御殿角ニテ下馬等之義、於金沢御横目中申談有之候通也

但、御中休所ヨリ御近習騎馬御供、本役**渡辺久兵衛** 御近習御使番也 金城ヨリ御中休津幡迄、本役**戸田伝太郎** 御近習御使番也 相勤候事

一、前記御歩行之義、**自分**御供中迄ヲ記ス、**一木逸角** 加同役也 御供中之義略之、且旅宿善悪・食品等之義別冊享和録ニ記ス、爰ニ略之

一、**自分**今日ハ御供御用無之ニ付、御発駕前浦和駅出立、板橋駅茶店ニテ夫々支度整、御下邸御発駕之御行列ニ指続参着、旅装束之侭御席ヘ出、**駿河**殿等ヘ御着之恐悦申述、御貸小屋ヘ罷越候事

一、御着後、追付御供揃ニテ御老中方御廻勤被遊候事

一、為御待請御出之御客衆、御作法等都テ御前規之通ニ候事

△御城相図・上野相図ハ近例之通、御人数相建不申小屋拵ニ罷在、触拍子木次第相揃可申段、伺被仰出候条、御組・御支配御申談可被成候、御組等之内才許有之面々ハ其支配ヘモ不相洩相達候様、是又御申談可被成候、以上

九月廿六日

神戸蔵人　戸田伝太郎

原　七郎左衛門　永原治九郎

永原七郎右衛門

津田権平様

当御在府中、当御屋敷御近火之節、一ノ手・四ノ手御行列今昼ヨリ前々之通相建可申段、伺被仰出候条、御組・御支配御申談可被成候、御組等之内才許有之面々ハ其支配ヘモ不相洩相達候様、是又御申談可被成候、以上

九月廿六日

神戸蔵人

戸田伝太郎

津田権平様

原　七郎左衛門

廿七日　雨天、同役吉田八郎大夫、今暁発足御国ヘ罷帰候筈之処、同人家来小者、昨日ヨリ出奔躰ニ付、昨夜仮書付出之、今日モ書付ヲ以罷帰候上、於金沢猶更僉議之上可及御断旨御達申、彼是隙取昼頃発出之事

一、若御近火之節、拙者儀御前様御立退有之候節、御先乗可相勤旨、前田駿河殿被仰渡候、依之四ノ手御備候ハ難罷出段、前田駿河殿ヘ御達申置候、且御行列附、於御横目所致披見候処、最初之騎馬ニ候、将又御近火之節、梅御殿左而已御危急之程ニモ無之節ハ先御館ヘ罷出、御用相勤罷在、若御前様御立退之御様子ニ候ハ梅御殿ヘ可相揃筈之事

同　日　山岸七郎兵衛参着ニ付御料理頭等支配方引渡、其段及言上、御席ヘモ御届申候事

廿八日　快天、今日上使之弘御沙汰ニ五時ヨリ平詰之処、九時頃御小人目付来、熨斗目ニ一統着改候処、暫有之御老中土井大炊頭殿為上使御出、自分御白洲ヘ罷出、御前御門前迄御出迎等之御作法御前例之通ニ付記略ス、右ニ付拙者義御三家様ヘ御普為聴御使ニ参上之事

同　日　於金沢、左之通被仰付

小松定番御馬廻御番頭ヨリ
牧　昌左衛門
物頭並聞番　不破半蔵代

付札　定番頭へ

△於江戸表、御家中奉公人、三年ヨリ久敷罷在不申格合ニ候処、猥ニ相成候躰ニ候、依之、以来江戸表へ着致候ハ、家来末々之者名書、其主人々々ヨリ割場へ及届、出代り等之節モ不相洩様相届可申候、猶又右家来共、寄々割場へ呼出、人別判形取置、根帳ニ引合セ、時々綿密ニ相改候様、右場奉行へ申渡候事
（割脱）

右之趣被得其意、組・支配之人々へ可被申渡候、組等之内才許有之面々ハ其支配へモ相達候様可被申聞候事

右之通一統可被申談候事

九月

右、於金沢御用番又兵衛殿御渡之旨等、定番頭御用番九里幸左衛門ヨリ例文之廻状到来

但、右ニ付割場へ印形以紙面、家来名書出之、

委曲ハ江戸向雑記ニ就記之、爰ニ略ス

廿九日　快天

癸亥十月大

朔日　快天、今日御参勤之御礼ニ付六時御供揃ニテ同半時頃御登城、右御礼被仰上、直ニ御老中方御廻勤、九半時頃御帰館、右ニ付服紗小袖・布上下着用平詰、且今朝於殿中、水戸様・紀州様御対顔之処、御懇之趣有之候、為御礼使拙者義右御両家ヘ参上、但御使書留ハ別冊有之ニ付爰ニ略ス、品有之趣ハ此冊ニモ書ス

同日　左之通被仰付　附、此次五日互見

御先手　堀部五左衛門

御着府之上御暇之御内証兼テ有之候処、御婚礼後迄詰延

同　中泉七郎大夫

御婚礼方御用主付ニ付火事手并泊御番ハ相勤、右御用相済候迄御使ハ不及相勤ニ候事

御台所奉行　山岸七郎兵衛

出府之上、聖堂火消方御用モ相勤候様被仰渡置候得共、御婚礼相済候迄ハ不及相勤ニ候事

同日　御帰館後、頭分以上四・五人宛御席ヘ御呼立、左之通駿河殿御演述

今般御参勤ニ付、前月廿八日上使土井大炊頭殿ヲ以被蒙上意、且又今日御参勤之御礼可被仰上旨、昨日御老中方御奉書到来ニ付御登城被遊候処、於御黒書院御参勤之御礼被仰上、御懇之上意、其上駿河・修理御目見被仰付、重畳難有被思召候、此段可申聞旨御意ニ候

右ニ付、於竹之間ニ御帳ニ附、為恐悦駿河殿・修理殿御小屋へ相勤候事
但、右御弘ニハ前々相勤候事無之候得共、此度ハ御家督後初テ之就御参府ニ僉義之上相勤
申事ニ相極り候事

同　日　於金沢本納米価左之通、余所准テ可知之
地米　四十九匁　　羽咋米　四十壱匁　　井波米　三十六匁

二　日　快天、三日陰夕方ヨリ夜雨、四日五日快天、六日陰夕方微雨、七日同昼ヨリ快天、八
日九日快天、十日雨、十一日ヨリ廿六日マテ晴陰交天気宜、廿七日廿八日廿九日雨天、晦
日昼ヨリ快天夕方又陰雨

同　日　拙者義昨日御使ニ付、今日御弘之趣於御席駿河殿御演述ニ付、畢テ御帳ニ付、駿河殿・
修理殿御小屋へ相勤候事
但、御席へ御呼立之節、尤布上下ニ着改罷出候事

三　日　王子筋へ
大納言様就御成、御邸御門留等如前々

四　日　左之通、於金沢到来
代判　河内山久大夫殿
津田権平殿　　　　　　　　　　　　　　　　　御普請会所

△
享和三年分請地々子銀、当十一月中銀高前々之通無間違、町会所へ可被指出候、此段以来
当場ヨリ相触候様御用番御申渡ニ付申達候、以上

十月四日

五日　左之通、於御席駿河殿諸向被仰渡、附前記朔日、此次十五日互見
十一月中旬　御結納
十二月上旬　御婚礼

同日　五半時御供揃ニテ上野御宮惣御霊屋御参詣、御本坊御勤、夫ヨリ広徳寺御参詣之事

六日　於御席、左之通駿河殿被仰渡
中村九兵衛　津田権平
中泉七大夫
各儀、此表御倹約方御用被仰付置候得共、今般御僉議之趣有之、御倹約所当分被指止候ニ付御用無之段可申渡旨被仰出候事
亥十月
御省略方御用詰中被仰付候段、人見吉左衛門・堀部五左衛門被仰渡、御渡之覚書今年七月十七日津田権五郎、於金沢、長瀬五郎右衛門等ヘ御渡之分ト同趣ニ付略ス、互見
但、御用人ヘ被仰渡之趣モ金沢同断
今月九日、左之通駿河殿被仰渡、右六日同断ニ付略記ス
御省略方御用詰中被仰付
中村九兵衛

七日　五半時御供揃、御忍御行列ニテ御前様上野辺ヘ御行歩、岸本太兵衛亭御休所ニ相成候

同日　駒場筋ヘ御成、前々之通御門留、火消方間廻出ル

八　日　夜前ヨリ浅間山大焼之躰ニテ灰降来、板椽等ニ溜り有之

十三日　玉川七兵衛儀金谷御近習大組頭、当月十七日於広徳寺寿光院様御一周忌御茶湯、従相公様就御執行、御代香并右主附御用被仰付、去朔日金沢発足、今日参着之事

十四日　左之通、於御席駿河殿被仰渡

御用人津田権五郎壱人ニ付、若故障等之節、申談可被相勤候事　津田権平

当月廿八日・廿九日於広徳寺、寿光院様御一周忌御法事之節、主附御用被仰付　人見吉左衛門　高畠安右衛門

今月二日金沢発、今日参着

附同月廿三日御近習御用・御用部屋勤兼帯被仰付　御家老役　本多勘解由

十五日　左之趣ニ付今日拙者御用所へ出席、従相公様之御使等相勤、於御居間書院御直答被仰出、左之御使書十九日出ニ上之

相公様御使書―折目際表裏ニ調之

中将様右御次へ罷出、御口上神田十郎左衛門ヲ以申上候処、御前へ被為召、当日為御祝詞以御使者被仰進難有思召候、此段宜申上旨御答被仰出候

御用人在合不申候ニ付私御使相勤申候、以上

十月十五日　津田権平判

此後詰中折々相勤、同趣之義ハ此末記略ス

同日　従尾州様御使者御用人小笠原惣左衛門ヲ以、御婚礼且御結納御時節被仰進、右惣左衛門四時参上、御小将誘引ニテ御広間二之間ヘ相通、物頭罷出及挨拶、御家老役罷出、御口上承之達御聴、物頭誘引御広間上之間ヘ相通、御吸物・御酒・御肴二種指出、御酒之内御使組頭勤之、為挨拶御家老役并物頭罷出、給事御歩、御答ハ取次之御家老役申述、披候節御家老并組頭・物頭・取次御小将階下迄相送候事、前記朔日・五日互見

但、携候人々無地熨斗目・返小紋ニテ無之布上下、平士ハ服紗小袖・同断上下、且時刻移候ニ付、御湯漬之名目ニテ壱汁五菜等之御料理、向詰一ツ焼鯛・御濃茶等御御菓子迄段々被下之、挨拶組頭・物頭出候事、附一汁五菜ニテハ向詰無之筈ニ候得共、今日ハ格別ニテ如本文

右為御答礼、従此方様モ御使者御用人津田権五郎被遣之、於尾州様之御会釈等大抵此方様御同准之事

同月廿四日左之通御覚書ヲ以駿河殿被仰渡

津田権平

御手前儀琴姫様ヘ御結納御祝儀被進候節、相公様初ヨリ尾張様初方々様ヘ御祝儀物被進候ニ付、右御使者被仰付候

左之衣服附於御横目所披見申談有之候事

御結納御祝儀被進候節

一、御結納御祝儀被進候御使者御（馬脱）廻頭、褐子持筋熨斗目・同長袴

一、御祝儀物積方等為指引罷越候会所奉行、無地熨斗目・同布上下

一、相公様奉初ヨリ之御使者、無地熨斗目・返小紋ニテ無之半袴

一、御祝儀物ニ附参候御歩横目、腰不明熨斗目・花色無地上下

一、御祝儀物指添候御歩并御祝儀物積方役人御歩、兼房染小袖・布上下返小紋ハ除之

一、右御祝儀初被進候ニ付尾張様ヨリ新番頭被遣候節、此方様御家老并尾張様ヨリ被進候御馬代披露御表小将曁御使者ヘ御盃被下之節、御酌御表小将、褐無地熨斗目・同長袴、組頭・聞番褐無地熨斗目・同布上下、其外頭分無地熨斗目・布上下返小紋ハ除之、御勝手向相詰候頭分モ同事

一、尾張様ヨリ之御使者等ヘ給事相勤候御小将等ハ褐無地熨斗目・同布上下

一、御客御給事役并御式台ニ相詰候者、御勝手向共常熨斗目・布上下、但返小紋ハ除之、無地着用ハ勝手次第

一、御歩並ハ服紗小袖・布上下着用之事

但右同断

右之通御当日迄着用之事

御道具参候節

一、頭分以上、無地熨斗目・同布上下
　但、返小紋ニテ無之、上下着用之儀ハ勝手次第之事
一、御表向相詰候平士ハ常熨斗目・布上下
　但、御勝手向相詰候平士ハ服紗小袖・布上下返小紋ハ除之、御歩並服紗小紋・布上下
右之通初日着用、次之日ヨリハ御道具ニ携候人々ハ右同事、不携者ハ常服之事

御入輿之節

一、御輿・御貝桶請取候御家老役、裑子持筋熨斗目・同長袴
一、諸頭、裑無地熨斗目・同布上下
一、平士、無地熨斗目・布上下返小紋ハ除之
　但、御勝手向相詰候者ハ常熨斗目・布上下返小紋ハ除之
一、御歩横目・御歩、兼房染小袖・布上下返小紋ハ除之
　但、御勝手向相詰候者ハ服紗小袖・布上下返小紋ハ除之

御入輿翌日御三ッ目迄

一、頭分以上・平士、無地熨斗目・布上下返小紋ハ除之
　但、御近辺之人々モ御表ヘ御供ニ罷出候人々ハ同前之事
一、御帳付与力、服紗小袖・布上下返小紋ハ除之

一、御勝手廻り相詰候者ハ常服之事

五百八十之餅被進候節

一、御使者御小将頭、褐無地熨斗目・同色子持筋長袴

一、御歩横目、腰不明熨斗目・花色無地布上下

一、御歩、兼房染小袖・布上下返小紋ハ除之

一、阿方ヨリ右御祝之餅来候節、御口上承候組頭、褐無地熨斗目・同布上下

一、右之節御使者御前ヘ誘引之御家老、褐無地熨斗目・同色子持筋長袴

一、右之外、頭分・平士装束、御婚礼翌日御三ッ目迄之通

以上

御結納被進候節、御屋敷御祝儀物繰出之次第等并尾州様御玄関ニテ取捌之趣左之通

一、御祝儀物、長囲炉表之御間ヨリ廊下通り懸並置、御使者御馬廻頭中村九兵衛ヘ引渡、夫ヨリ中之口御玄関ヨリ繰出、中之口御門通、中御門ニ入、表御門通、罷越可申候、御使者指続罷越可申候

但、御使者御門外ヨリハ少間ヲ置罷越可申候、御使者従者之分雨具入候笠籠迄不残召連可申候、従者之分ハ大御門くゝりヨリ可相通候

一、御進物雨覆之分ハ先達テ御作事御門ヨリ大御門前ヘ相廻置可申候

一、御祝儀物被遣候節、大御門外ヘ駿河・勘解由・修理、御白洲右之方ヘ御附使者、敷附ヘ頭分、

聞番ハ御白洲左之方敷附ヨリ離れ可罷出候
一、右之節大御門前大組足軽警固、中御門辺御持方足軽警固、中御門内・中之口御門内割場足軽警固、神田十郎左衛門義ハ与力召連罷出縮等可申付事
一、御祝儀物積方為指引之岡田又右衛門先達テあなたへ罷越被進候品々積方等之義於御玄関見届可申候
但、又右衛門従者不残召連大御門ヨリ可罷出候
一、御時服等あなたニテ積候御用、御歩弐人罷越、先達テ御祝儀物参次第、夫々取捌可申候
一、御祝儀物あなたへ参候時分、岡田又右衛門曁御歩御玄関へ罷出、御時服等御玄関於敷附、御長持ヨリ取出、御歩夫々取捌可申候
一、塗御長持入候御祝儀物モ敷附ニテ取出、御歩夫々取捌積可申候、鯣・昆布等積方之儀、才領罷越候御台所同心へ夫々為積可申候
一、琴姫様へ被進候御目録且又中将様初へ被進候御太刀目録等御祝儀物、取捌之御歩ヨリ岡田又右衛門へ相渡、又右衛門ヨリ九兵衛へ相渡可申候、右御祝儀物不残指上候ハ指添罷越候御歩横目以下従者迄作法能披可申事
一、琴姫様へ被進物入候白木御長持并棒油単共御玄関ニテあなた御役人へ御歩横目并御歩指引ニテ相渡、其余之御長持簍台(わくだい)等不残持披可申事
但、油単・雨覆等ハ御樽居候簍台ニ載披可申事
一、御使者中村九兵衛・自分進上之箱肴ハ御時服等積候御歩挨拶仕、あなた御家来ニ為揚、可

申候目録ハ右御歩御使者之間へ持参、九兵衛ヨリあなた御役人中へ挨拶之上引渡可申候事
一、女中へ被下之御目録、九兵衛迄御時服積候御歩渡之、右九兵衛ヨリあなた御役人へ可相渡事
一、右相済、九兵衛儀御守殿等へ之御使相勤可申候
一、相公様初ヨリ中将様等へ御進物之御使者津田権平[1]、御進物於御殿御用人ヨリ請取、中村九兵衛儀大御門ヨリ罷出候様子承合、御作事方御門ヨリ罷出、尾張様へ罷越、御使者相勤、夫ヨリ御守殿等へ之御使者相勤可申事
右モ於御横目所披見申談有之候事

御結納被進候御日取之儀ニ付堀三左衛門殿ヲ以被仰進候節之御作法

一、三左衛門殿御出候ハ取次御小将御勝手座敷へ誘引、御火鉢・御たはこ盆・御茶出之、夫ヨリ御小書院へ組頭誘引仕、尾張様初御口上御家来之内罷出申述、御口上書相渡、畢テ御前御出御対顔、御熨斗 三方木地 御表小将出之、引之、御取持衆御在合御挨拶被申上、御入可被遊候
　但、三左衛門殿御披後直ニ御宅へ御披之御様子候ハ於御勝手座敷御料理出之可申候
一、御退出之節、組頭壱人・取次御小将壱人、鑑板へ送可申候
一、右相済、御取持衆へ二汁七菜之御料理、於御勝手座敷指出可申候
　但、尾張様ヨリ深津主水殿御越之節、御相伴之方御料理見合、御菓子出可申候

1 政隣

付札　宝暦十一年之節ハ御双方御取遣之御取持衆御料理二汁八菜ニ御座候得共、本文之通ニテ可宜哉ト詮議仕候

一、三左衛門殿重テ御出之節、取次御小将御勝手座敷ヘ誘引、御小書院ヘ組頭誘引、御口上御家老之内罷出承之、達御聴、畢テ御前御出、御逢被遊、夫ヨリ於御勝手座敷ニ二汁七菜之御料理出之可申候

同日尾張様ヨリ御婚礼御日取之儀ニ付深津主水殿ヲ以被仰越候節

一、主水殿御越之節、取次御小将御勝手座敷上之間屏風囲之内ヘ誘引、御火鉢・御たはこ盆・御茶出之、夫ヨリ御小書院ヘ組頭誘引、御取持衆之内御出、御口上御聞、御口上書モ御請取、於御料理之間ニ御家老之内罷出、承之達御聴、其以後主水殿御小書院ヘ御通之節御刀御持参ニ候ハ一先御小書院溜ヘ致誘引、御刀御指置候様可仕候

御前御出御対顔被遊、御挨拶之内主水殿ヘ御熨斗三方木地御表小将持出之、引之、御取持衆之内御在合御挨拶被申上、御前御入被遊、御料理二汁七菜塗木具出之、御取持衆之内御相伴可被成候、御酒之内御使組頭相勤可申候、御料理等段々相済重テ宝暦十一年御結納并

付札　御婚礼御日取之儀ニ付御使御出之節、御盃事之儀、付札ヲ以奉伺候処、宝暦二年揚姫様御結納御日取御使御出之節、御盃事被遊間敷旨被仰出候御例ヲ以、御盃事無御座候、依テ今般モ有御座間敷哉ト御盃事之御次第不奉伺候御前御出、御直答被仰述、御入可被遊候

一、御披之節、御式台鑑板ヘ御家老・組頭・取次御小将壱人罷出可申候

一、御取持衆二三人可申遣候

一、坊主衆二三人参上候様可仕候
一、御大小将御給事之事
一、右御席ヘ罷出候頭分以上并御熨斗目、持参之表小将無地熨斗目・返小紋ニテ無之布上下、誘引之御小将御給事服紗小袖・返小紋ニテ無之布上下着用可仕事
右宝暦十一年之振ヲ以奉伺候、以上
十月
中村九兵衛
人見吉左衛門

右御客方ヨリ借受写之
付札　中村九兵衛等ヘ
御婚礼ニ付万端宝暦之節ニ不拘、遂詮議可申旨被仰出候趣、先達テ申談候通ニ候、依之御結納等都テあなたヘ罷越候面々馬具等新出来ニ申付候ニハ不及、在合之分ヲ用ひ可申候、都テ花麗之義有之間敷事ニ被思召候、此段拙者ヨリ猶更可申談旨被仰出候条被得其意、物頭中等ヘモ各ヨリ可被申談候事、右前田駿河殿御渡之由ニテ九兵衛等ヨリ伝達之事
此次十一月二日互見
十九日　六半時御供揃ニテ御老中松平伊豆守殿ヘ御出御通り御対顔、四半時頃御帰殿
廿　日　左之通御客方ヨリ申聞之事
去年御家督以来御出府之節、毎月朔望并廿八日御出入衆初先規之御振合ヲ以、当分軽き御湯漬可指出旨被仰出置候得共、是以後御下城迄御待之御方々ヘハ御湯漬指出、其外ハ被指

止候、右之趣ニ候間、御登城無之時ハ、都テ御湯漬不被指出候旨今般被仰出、年頭并佳節ハ是迄之通ニ候段、駿河殿被仰渡候事

同日　於金沢、左之通廻状出是以後

相公様御行歩御出之節、御供人装束江戸御往来御道中歩御供人装束之通ト被仰出候条、御供ニ罷出候人々ヘ御申談可被成候、以上

十月廿日　　　　　横山引馬
　　　　　　　　　杉江助四郎

河内山久大夫様

追テ尤十月ヨリ股引脚絆ニ候間、為御心得申達候、以上

付札　定番頭ヘ

江戸詰人之内、交代又ハ病気等ニテ御暇相願罷帰候者可致返上御扶持方代并旅用等指支候節ハ於彼表、頭・支配人ヨリ相願候得ハ、銀子少々宛致借用罷帰、尤罷帰候上ハ右両様共一時返上之筈ニ候得共、難渋申立不致上納候、色々ト相願及延引候義ハ甚心得違ニ候、当時厳敷御省略モ被仰出候得ハ、以来於江戸表右銀子貸渡候義容易ニ不承届筈ニ候得共、病気ニ付御暇相願罷帰候義ハ誠ニ不時成事ニテ物入等モ可有之、其上致旅行候儀ニ候得ハ、小身之人々急ニ相成指支候段ハ可有之儀ニ候、左様之時ハ於江戸表、頭・支配人返上方等之儀モ得ト入念承糺候上、相願候得ハ品ニヨリ願之趣承届候義モ可有之候得共、罷帰候上彼是右両様共願ケ間敷義ハ一向不承届候間、若致借用罷帰候人々有之候ハ於江戸表申渡候通罷帰候上、

早速一時可致返上候、勿論此表頭・支配人ヨリ右ニ付願之趣紙面指出候テモ請取不申候間、
兼テ其心得可有之候事
右之趣、被得其意、組・支配之人々ヘ不相洩様可被申渡候、組等之内才許有之面々ハ其支
配ヘモ相達候様可被申聞候事、右之通一統可被申談候事
十月
右御用番長甲斐守殿御渡之旨等、今月五日定番頭御用番佐藤勘兵衛ヨリ例文之廻状出
今月九日病死
御家老役并若年寄
御勝手方御近習御用
御用部屋勤兼帯　不破彦三
廿二日　於金沢、左之通被仰付
金谷御膳奉行ヨリ
津田宇兵衛
御細工奉行　馬場孫三代
廿三日　木下川筋ヘ御成、御門留等前々之通
廿四日　於金沢、左之通被仰付
御使番ヨリ
物頭並江戸御広式御用　堀　兵馬
御役御免頭列ヨリ
小松御馬廻御番頭　牧　昌左衛門代
大脇六郎左衛門
廿五日　上使御使番鵜殿十郎左衛門殿ヲ以御拳之鶴御拝領、
万端御例之通ニテ八半時頃相済、御吹聴御三家様ヘ之御使者拙者相勤候事

廿六日　左之通、組・支配ヘ可相触旨等御横目中ヨリ例文之廻状出

付札　御横目ヘ

御当地御用聞町人共、是迄都テ其役先之人々并足軽・小者小屋々々ヘ罷越、別テ御算用者小屋々々ヘ罷越候躰ニ被聞召候、右ニ付テハ不正之義モ種々可有之候間、以来用事申付候町人之外、猥ニ不罷越候様被仰出、会所奉行ヘ申渡候条、御家中之人々モ其心得可有之事、

右之趣一統可被相触候事

十月

付札　組頭ヘ

諸商売人売物、御家中之人々御貸小屋ヘ預置、御屋敷中諸方ヘ売捌候義モ有之躰ニ候処、近年別テ致増長候段相聞ヘ候、元来御停止之事ニ候処、心得違之段沙汰之限ニ候、以来預り置不申様、末々之者ヘ主人等ヨリ急度可申渡候、若心得違於有之ハ御糺可被仰付旨、拙者共迄被仰出候ニ付、右躰之義見請候ハ御横目足軽ヨリ為相咎候様、御横目ヘ申渡候条被得其意、諸頭中申談一統不相洩様可被相触候事

癸亥十月

別紙之趣**駿河**殿等御渡、各様ヘモ可申談旨被仰聞候ニ付写相廻申候、以上

十月

中村九兵衛
人見吉左衛門

津田権平様　但詰合諸頭分連名

廿七日　御寺為惣見分、御法事御奉行駿河殿并諸役人八時揃ニテ広徳寺ヘ罷越

△

寿光院様御一周忌御法事、明日・明後日於広徳寺、就御執行ニ今日ヨリ廿九日迄鳴物遠慮等之義、此間御横目永原治九郎ヨリ廻状出、前々之趣ニ付留略ス

廿八日　左之通今日ヨリ改名

御家老役修理事
前田隼人助

廿九日　昨今於広徳寺

寿光院様御一周忌御法事無御滞相済、今日ハ四半時御供揃ニテ九半時頃御参詣

晦　日　左之通、駿河殿被仰渡候旨承ニ付記之

付札　割場奉行へ

覚

一、壱人　　物頭

一、弐人　　御番頭以下

平士

一、弐人　　八百石以上

一、三人　　四百五拾石ヨリ七百五十石迄

一、弐人　　三百石ヨリ四百四十石迄

但御貸馬口附弐人并沓籠持之外

一、三人　　　弐百五十石ヨリ弐百九十石迄
　但右同断
一、四人　　　弐百四拾石ヨリ以下
　但右同断
一、組頭へハ御貸人無之候
右今般御扶持方人数当分御定ニ付御貸人之儀モ足軽・小者之内、右之通当分御貸渡被成候条、人々断次第知行高等ニ引合可被相渡候
一、当御使之外、何ト欤品有之御使等ニテ其様子承届、御貸人高時々可申渡候
右之通可被得其意候事

十月

左之通於金沢、御触等有之

△地米御召米相成候分、渡方不指支様縮可申渡旨御算用場ヨリ申来候ニ付、夫々申渡候処、給人飯米引内納等有之、有米しらへ方不慥、給人へ承合候テモ行届兼、皆済之上ならてハ治定難申聞段、蔵方役人申聞候、依テ向後地米御召米有之節ハ十一月廿日迄ニ蔵宿相糺、御召米程有米之分為除立、不足之分有之候ハ、払米内納引等之員数其頭等へ相尋、書出候上御召米切手高ト引合指支候有無御算用場へ可相達筈ニ候、地米渡方不指支義モ先達テ御召米等一件被仰渡ニ相こもり居候得共、若心得違モ可有之候哉ト、右之趣御用番へ御達申候処、猶更御一統へ私共ヨリ可申談旨御用番又兵衛殿被仰聞候間、御承知被成、御同役・御同

席方等御伝達、御組・御支配へも不相洩様御申談可被成候、御廻達落着ヨリ御返可被成候、
以上

十月七日

井上井之助
村　杢右衛門

河内山久大夫様

△

先年ヨリ御家中并御城下諸寺庵等用塩、都テ当所本町肝煎御塩問屋被仰付置懸渡来候処、近年宮腰問屋等へ直ニ頼遣懸渡申躰ニテ、当所問屋共手合甚不数ニ相成申候、尤洩塩等堅相成不申義ニ候処、他所ヨリ懸渡候テハ甚紛敷、御縮方相立兼候、右問屋前々本町肝煎相勤候義ハ御買手役相勤候、為骨折被仰付置義ニ候処、右之通相成候テハ其詮モ無之儀ニ御座候、依テ以来ハ前々之通当所問屋へ申達、塩取請候様仕度奉存候、右問屋之義、肝煎宅々ニテ取捌候得共、向寄不宜人々モ可有之候間、是以後塩入用之節ハ、町会所迄小紙ヲ以申越候得ハ早速為懸渡申筈ニ御座候、尤宅々へ申遣候テモ相弁申候御塩代銀之義ハ御定高之通其時々指出可申義ニ候、近年宮腰問屋等ヨリ直ニ取寄候義多き躰ニテ御縮方紛敷義共有之、旁右之通詮議仕候間、此段御聞届一統被仰渡候様仕度奉存候、以上

八月晦日

村　杢右衛門
井上井之助

横山山城殿

右十月御用番**長甲斐守**殿御渡之旨等、定番頭**佐藤勘兵衛**ヨリ例文之廻状有之

△是迄会所銀上納元利立并無利足上ヶ下ヶ切手別々ニ取立候得共、詮議之趣有之、其段御年寄衆へ相達、以来調方別紙之通相改候ニ付、別紙案文相廻之申候、且又証文相改候節、利足上納切手文段之義ハ会所承合候様御申談可被成候、右之趣御承知有之、御組・御支配御申談、御組等之内才許有之面々ハ其支配へモ相達候様御申談、尤御同役・御同席御伝達落着ヨリ御返可被成候、以上

十月

伴　七兵衛

佐久間武大夫

河内山久大夫様

右上ヶ下ヶ切手案文、別帳上納一巻ニ就記之爰ニ略ス

或書曰[1]

陰靡羅鬼(インマラキ)、宋ノ世ニ鄭州ノ崔詞復(サイシフク)ト云人、都外ノ寺ニ宿シ眠ル、于時物ノ声有テ叱ス、驚見レハ鶴ノ形ニテ黒ク眼光灯ノ如シ、崔詞復怒テ猶窺フニ忽然トシテ見ヘズ、寺僧ヲ呼テ告ルニ答曰、寺中是迄曽テ無妖怪、但十日已前死人有シヲ仮ニ蔵め置、此故ナラン歟ト云、崔都ニテ開宝寺ノ沙門ニ語ル、答曰、蔵経ノ中ニ新ナル屍ノ気変化シテ如茲、是ヲ陰摩羅鬼ト号ト云シト清尊録ニ有

連理木　唐士幹明ト云人ノ妻美女也、唐王是を奪フ、于時幹明恨ムル由ヲ聞テ拘ヘ禁ム、明

1 中国古書『清尊録』

怒テ死ス、彼妻モ高楼ヨリ身ヲ投死セリ、兼テ一塚ニ埋ム事ヲ願置シカ共、唐王怒テ別ニ
埋ム、然ルニ両塚ヨリ梓ノ木生テ枝連レリト云々

梟首　黄帝**蚩尤**ガ首ヲ掛軍門ニ、是始也

殉死　秦ノ**穆公**薨セシ時ヨリ始ル

破鏡（ハケイ）　獣名也、父ヲ食フト云、梟ハ母ヲ食フト云々

正鵠（シヤウコク）　**朱子**曰、画布曰正ト、棲レ皮（ヲク ヲ）ヲ曰レ鵠ト

自鳴鐘（マトノメアテ）ヲ士圭（トケイ）ト云ハ誤也、周礼大司徒以二土圭法一測二土深一
　正二日影一以求二地中一**鄭庚成**曰圭長尺有五寸以二夏至日一立二
　八尺表一其影適正与二土圭一竿シ謂二之地中一

短冊　**頓阿**所詠之和歌ヲ不破之関屋ノ板ニ書テ**冷泉**
　為世卿ニ贈ル、其ヨリ效テ和歌ノ料紙トス

蹴鞠　本朝大宝九年始テ被行之

湯桶読（ユトウヨミ）　本朝往来有二漢音和訓相連テ所レ呼者一是ヲ
　湯桶読ト云、郡県姓氏等ニ是甚多シ

日本八景　士峯晴嵐　武野夜雨　琵湖秋月　難波夕照
　大仏晩鐘　長崎帰帆　白山暮雪　外浜落雁

甲子十一月大

朔日　陰雨晴不定夕ヨリ快天、二日ヨリ五日迄晴陰交、六日雨、七日ヨリ九日迄晴陰交、十日陰寒冷甚、十一日雨雪、十二日ヨリ十五日マテ晴陰交、十六日十七日雨天、十八日ヨリ廿一日マテ陰晴交、廿二日雨、廿三日晴、二十四日陰寒風烈、廿五日雨、廿六日同、廿七日廿八日廿九日快天、寒風烈、晦日夜前ヨリ雪降、朝マテニ積雪尺余終日不霽

三日　前記十月十五日互見

前記ニ有之御作法書之通ニテ、今日御先手**堀三左衛門**殿ヲ以、**尾張様**へ御結納被進候御日取今月十五日ト被仰進、従**尾張様**モ御先手**深津主水**殿ヲ以御入輿来月朔日ト被仰進候筈之処、**主水**殿御気滞ニ付、為御代御先手**水野和泉守**殿御越事

付札　御横目へ

△**尾張様**ヨリ御附人御小屋惣囲之内へ御家中末々迄無用之者入不申様、夫々可被申談候事

一、昼夜火之番足軽之義ハ、無構相廻可申事

一、御縮方見廻り之御横目足軽、尤無構見廻可申事

一、御成之節御門番等之義、為相触可被申事

一、御小屋前掃除、割場ヨリ定り之通可申付事

右之趣夫々可被申談候事

十一月

右御横目**永原治九郎**ョリ例文之廻状出

四　日　浜之御庭へ御成、御門留等前々之通

今月十五日御結納御祝儀被進、同十九日ョリ御道具被遣、来月朔日御婚礼御整之筈ニ候条、先達テモ申談候通前々之趣ヲ以被遂僉議、夫々不指支様可被相心得候事

右之通今日**駿河**殿被仰渡候事

五　日　左之趣**駿河**殿等御渡、夫々可申談旨被仰聞旨等之以廻状、**中村九兵衛**等ョリ伝達有之

付札　組頭へ

御家中倹約之義前々被仰出、別テ去年被仰出モ有之ニ付、一統質素ニ相暮候事ニ候得共、御勝手御難渋至極ニ付、今般此表御借金方年賦御返済之義モ被仰渡候事ニ候間、此御時節猶更一統家来末々迄モ万端相慎、心得違無之様相守可申旨被仰出候事

右之趣、被得其意諸頭申談、一統不相洩様可被申渡候事

十一月

六　日　左之通**駿河**[1]殿被仰渡

江戸御広式御用人被仰付
御役料知五十石宛被下之

御用達ョリ
神戸加平
行山三郎大夫
関屋兵作
津田権平

1前田孝友

七日　当十五日琴姫[1]様へ御結納被進候節并来月朔日御婚礼之節、御客方指支候間両日共御手前儀右御用可被相勤候事

八日　尾張[2]様へ従相公[3]様、裕次郎[4]殿之御使ニ参上
淡路守[5]様例之通、従裏御式台御出、御退出之節ハ表御式台ニ候処、御先立堀部五左衛門相勤、敷附迄罷出候処、取次御大小将斉藤金十郎心得違ニテ、鑑板端迄御送り申上、依之頭人見吉左衛門ヨリ、先自分ニ為指控置候段達御聴候処、左之通可申渡旨被仰出候段、（取次役加人、昨日申談有之、今朝ヨリ相勤）
駿河殿被仰渡、即吉左衛門於御小屋申渡之

斉藤金十郎

右金十郎義淡路守様御出御退出之節、御送方相違不心懸之至ニ被思召候、依テ指控被仰付候事

九日　右金十郎指控今日御免許被仰付候事
但、昨日淡路守様へ御失礼之御挨拶、以奉札被仰進候処、夜前御使者ヲ以、金十郎御咎被仰付置候ハ、御免被成候様被成度旨等被仰上候事

十日　今般御婚礼御用相勤候平士以下へ、左之通拝領被仰付
熨斗目　壱ツ宛　（御用懸）平士以下
但、御給事相勤候者へハ、布上下モ壱具宛被下之
服紗小袖　壱ツ
布上下壱具　宛　（御給仕役）御歩
但、無地上下着用之者ハ頭依願重テ布上下一具宛被下之

1尾張徳川宗睦養女（徳2 223頁・229頁）
2徳川斉朝
3治脩（十一代）
4前田利命（重教男）
5前田利幹（富山藩九代）

服紗小袖　壱ッ宛　　　御用懸　御歩等

十一日　左之通本多勘解由殿御申渡之旨、神戸蔵人等五人ョリ廻状有之
　　　　　　　　　　　　　　　　　　　　　　　戸田・原・永原両人九月廿六日ニ有之通也

△御中屋敷辺火事之節、只今迄御人数相揃候得共、是以後右相図打候節、小屋拵ニ罷在、触拍子木打廻次第相揃可申旨被仰出候条、夫々可被申談候事

十二日　少々就御風気ニ、広徳寺御参詣無御座候事

付札　御横目へ

当十五日御結納御祝儀被進候ニ付、其節御祝之赤飯・御吸物等年寄中等、且又御殿在合之頭分へモ頂戴被仰付候、平士ョリ御歩並迄、右同様不急度頂戴被仰付候事

一、来月朔日御婚礼之節モ、御祝之赤飯・御吸物等、前条同様頂戴被仰付候事

一、右両日共、御殿在合候足軽以下へモ、無急度赤飯御酒・さき鯣被下候事

右之趣、被得其意、夫々可被申談候事

　亥十一月

右於御横目所、披見申談有之候事　此次翌十三日互見

御結納御行列附

御先払足軽

御先払足軽　御歩横目

聞番方使役ョリ

紺染絹油単

御小袖入白木御長持　才領足軽

持参人六人

足軽小頭　御帯入白木御長持　但台共入　紺染絹油単　持参人六人　才領足軽　御小袖台　紺染木綿油単　持参人三人

才領足軽　白銀弐拾枚入塗御長持　付台共入　紺染木綿油単　持参人四人　才領足軽　御歩

昆布・鯣・塩鯛入御長持　紺染木綿油単　持参人五人　才領足軽　昆布・塩鯛・鯣之台　紺染木綿油単　持参人四人

三ッ入簍台　才領足軽　御樽一荷入簍台　紺染木綿油単　持参人六人　才領足軽

御樽一荷等同断　御目録御馬代金　居台共入御長持　紺染木綿油単　持参人四人

才領足軽　御歩　御太刀箱　持参人三人　才領足軽　鯣一箱・昆布一

紺染木綿油単
箱入御長持　才領足軽
持参人四人
女中ヘ被下候分紺染木綿油単
白銀入御長持　才領足軽
持参人四人
御歩横目　御歩横目等挟箱　草履捕等　押足軽
押足軽　惣雨(カ)
奥御作事方御門ヨリ指出御行列ヘ加候事　押足軽　掛唐
紺染木綿油単
油入簑台　合羽籠四ッ　笠籠　三ッ　雨具才領
持参人三人　持参人二人宛　同断
足軽　御使者
琴姫様ヘ御結納被進候節飛騨守[1]様初御出ニ付役附
一、御饗応方等諸事御用
中村九兵衛
人見吉左衛門
津田権平
一、御小書院御饗応方
中村九兵衛
人見吉左衛門
津田権平
一、御給事指引并御料理出口取持
御表小将御番頭
壱人

1　前田利考（富山藩八代）

一、御給事

一、手長

一、御勝手座敷

一、御給事指引并御料理出口取持

一、御給事

一、手長

一、御城坊主衆席

一、給事

一、御広間上之間

一、給事指引

一、給事

御大小将御番頭　壱人

御表小将横目　壱人

御表小将

御大小将

新番

坊主

同小頭

指引

物頭

御大小将御番頭　壱人

御使番　壱人

御大小将　新番

坊主　指引同小頭

聞番

御徒　指引同小頭

組頭

御大小将御番頭　同御横目

御大小将

1高須治行室（紀伊宗将女従）（徳2 244頁）

2徳川勝長（尾張徳川宗勝男）（徳2 222頁）

一、手長
一、御広間二之間上之方
聖聡院[1]様御使者
一、同　　　下之方
掃部頭[2]殿等御使者
一、右両席給事
一、御広間溜御一門様方御附使者
一、給事
一、諸事御用
一、御振廻方御用
一、御茶之湯方
一、御座敷掃除等可申付并手長指引
一、御式台

坊主　指引同小頭

物頭

右物頭相兼

新番

御大小将御番頭　指引
御使番　　内

物頭　聞番

御歩　指引同小頭

御用人

御台所奉行

御茶堂方

坊主小頭

組頭　物頭　聞番

御大小将御番頭

御使番　御横目

御大小将

1前田治脩（十一代）
2治脩正室正
3前田利命（治脩男・斉広弟）

一、所々見廻作法等可申付　御大小将横目
一、大御門　神田十郎左衛門　与力　同心
一、中御門　高畠安右衛門　与力　同心
一、役者取持　会所奉行
一、同御料理被下指引　御賄方与力
一、給事　坊主
一、同供之下々給事　割場小者　指引同小頭
一、御屋敷中火之元可申付尤　御近所火消御大小将
　足軽廻可申付
一、外廻掃除等可申付　御作事奉行　割場奉行
一、御露地方御用并御手水之義可申付　三十人頭
　以上

来ル十五日御結納御祝儀被進候即日尾張様御使者参上之節

一、御使者新番頭幡野弥太郎罷越候節、組頭一人・聞番壱人御玄関へ出向、御広間上之間へ組頭致誘引候上、御家老之内罷出、尾張様ヨリ御前へ之御口上承、御太刀馬代御目録請取、達御聴可申候、指続組頭罷出、相公様[1]・御前様[2]・裕次郎[3]殿へ之御口上承、御進物御目録取次可申候

1 徳川勝長（宗勝男）（徳2 222頁）
2 尾張宗勝女（松平忠明前室）（徳2 225頁）
3 尾張宗睦女（上杉治広室）（徳2 228頁）

一、**聖聡院**様御使者、御先手物頭代り**石川又兵衛**罷越候節、組頭・聞番御玄関ヘ出向、御広間二之間ヘ致誘引、重テ組頭罷出御口上、御進物之御品々御目録共取次、**相公**様・**御前様**ヘ之御進物之御品々御目録共取次、**裕次郎**殿ヘ之御口上モ取次可申候、右相済、両席共御家老罷出挨拶仕、御熨斗木地三方御小将出之可申候

一、御広間二之間屏風囲下之方ヘ**掃部頭**殿[1]・**品姫**様[2]・**純姫**様[3]御使者、御書院番**山口清兵衛**取次、御小将誘引之上、組頭罷出御口上承、**相公**様・**御前様**ヘ之御口上モ承之可申候

一、**幡野弥太郎**御広間上之間ニテ御家老挨拶、御料理二汁七菜塗木具、御大小将給事ニテ出之

御料理前御料理之内・御酒之内、御使組頭相勤、為挨拶御家老・組頭・聞番罷出可申候

一、**聖聡院**様御使者**石川又兵衛**、於御座間二之間ニ御料理二汁七菜塗木具、新番給事ニテ出之可申候

御料理前御料理之内・御酒之内、御使組頭相勤、其外組頭・聞番罷出挨拶可仕候

一、**幡野弥太郎**自分御礼、献上之箱肴御表小将持出、御大書院二之間御敷居ヨリ三畳目下ニ置之、**弥太郎**組頭誘引罷出、御敷居ヨリ一畳目上ニ着座、披露組頭交名唱之、御礼申上相済、同三之間御杉戸之外ヘ通、重テ**弥太郎**御家老誘引、二之間御敷居之外ニ控、追付**御前**ヘ御吸物上之、**弥太郎**御家老挨拶、二之間御敷居之内御椽頬之方一畳目ニ着座、御吸物出、御土器木地三方御肴同持出之**御前**ヘ上之、御した汁木地八寸、御長柄銚子御表小将持出之、此節御家老及挨拶、**弥太郎**御廊下之方ヘ引退、重テ御家老誘引二之間御敷居之外ヘ控、御三方ニ向御間之内ヘ入頂戴、御肴御手自被下之加有之御土器持退候時、御意有之、御次ニ

テ御坊主衆請取之御給事人ヘ被相達、御土器御三方ニ載、御前ヘ持参仕、御前被召上、御使者御敷居之外ニテ御礼申上退、御前御勝手ヘ被為入
　但、自分御礼所并御盃被下候御畳階級之儀ハ御間絵図ヲ以相伺可申候
一、御前重テ御大書院ヘ御出、御使者幡野弥太郎二之間御敷居之内ヘ御家老誘引ヲ以罷出、御直答被仰述御取持衆之内御挨拶有之、弥太郎退候節御意有之、相済弥太郎最前之席ヘ復座
一、右相済、聖聡院様御使者石川又兵衛御大書院二之間御敷居之内ヘ御家老誘引罷出、聖聡院様ヘ之御直答被仰述御意可有御座候
一、掃部頭殿等御三方ヨリ之御使者、山口清兵衛二之間御敷居之内ヘ御家老誘引、御目見被仰付、掃部頭様等御使者ヘ御意有之退
　但、御前ヨリ之御答、先達テ御家老罷出申述
一、御前様ヨリ尾張様・聖聡院様・掃部頭殿等御方々ヘモ御答、山村善左衛門席々ヘ罷出可申述候
一、右御順々御答相済、御本使幡野弥太郎ヘ被下物御目録於御広間上之間御家老相渡
一、掃部頭殿等御使者御広間二之間下之方屏風囲ニテ御料理 二汁七菜塗木具 新番給事ニテ出之可申候
一、御本使幡野弥太郎退出之節、御家老・組頭壱人・聞番壱人、御式台階下迄罷出可申候
　御料理之内、組頭・聞番罷出挨拶可仕候
一、聖聡院様御使者石川又兵衛退出之節、組頭壱人・取次御小将壱人、階下迄送可申候
一、掃部頭殿等御使者山口清兵衛退出之節、組頭壱人・取次御小将壱人、階下迄送り可申候

以上

右於御横目所、披見申談有之候事

十三日　左之通　附昨十二日互見

十一月十五日御結納御祝儀被進、十二月朔日御婚礼之節、御祝之赤飯・御吸物・

御酒被下候節役附

御料理之間上之間

一、年寄中・御家老中并頭分御祝被下候取持　物頭

一、指引　御大小将御番頭

　　　　御横目

一、給事　御大小将

以上

御結納被進候節御小書院御饗応御作法

一、飛騨守[1]様・淡路守[2]様御付人御宅へ二人宛付置可申候

一、飛騨守様・淡路守様御出被成候ハ、御平生之通中之口御式台并表御式台へ物頭罷出直ニ御小書院へ御誘引可仕候

但、御両方様御刀、御小書院御椽頬御杉戸之外ニ直之、御刀懸ハ出不申候、前田信濃守[3]殿・前田大和守[4]殿御小書院へ御通之節、御刀飛騨守様等御刀之次、順々ニ直し可申候

1 前田利考（大聖寺藩八代）
2 前田利幹（富山藩九代）
3 前田長禧（寛22 244頁）
4 前田利以（七日市藩九代）

一、前田信濃守殿・前田大和守殿御出之節、御平生之通取次、御小将鑑板ヘ罷出、御小書院溜ヘ御誘引仕、其外之御客衆ハ御勝手座敷ヘ御誘引可仕候

一、御客御揃之上、御小書院ヘ御通之分、御列座相定候上、達御聴御前御出御挨拶之上、御熨斗木地三方置熨斗ニ仕、御取持衆御挨拶之上引之、追付御料理出之、御引菜御左右御上座ヨリ大和守殿迄御前御引、夫ヨリ御取持衆御引可被成候、若御前御隙入被為在候ハ右之御挨拶仕、不残御取持衆御引可被成候、御酒之上御肴御給事人引之可申候

一、二献目御銚子相済候ハ御吸物出之、御土器三方・御肴三方御左右御上座ヘ一向宛出之、御前御出、御嘉儀御先手衆之内御挨拶之上、御前御始ニテ飛騨守様ヘ被進御結、其御土器ニテ淡路守様御盃事被遊相済、御土器三方・御肴三方共飛騨守様御前ヘ御嘉儀衆御直し置、御襖之方ヘ御向、御前御始、信濃守殿ヘ被進御結、其御土器ニテ大和守殿御盃事被遊相済、御土器三方等御嘉儀衆ヨリ信濃守殿御前ニ御直置可被成候、御前御勝手ヘ被為入、御相伴衆ヘハ数之御土器出之、御肴御取持衆之内御引可被成候

付札宝暦十一年之節ハ御嶋台并御納御嶋台両度出候得共、今般ハ本文之通ニテ可有御座候哉

一、改り候御土器三方・御肴三方出不申、最前御盃事之節、御取持衆御嘉儀ニテ御献被為合御納可被遊候哉

付札　近年御婚礼之節、御嶋台出不申、御土器三方ニテ御盃事被遊候、其節改り候御土器ハ出不申、最前御盃事之節御献数被為合相済申候

御勝手座敷御作法

一、御取持衆朝之内見計、於同所懸合御料理出之可申候
一、御料理ハ御小書院御料理半ニ見計出之、御取持之御面々へハ御隙明次第、於同所御料理出之可申候、尤御前御出御挨拶可被遊候、御引菜御取持衆御持参、数之御土器出之、御肴御取持衆御引可被成候、御酒之内御使組頭相勤可申候
但、御熨斗ハ出不申候、且前田要人殿御勤柄ニ御座候間、御勝手座敷屏風囲上之席へ御通可申候
一、坊主衆例席ニテ御料理出之可申候
一、飛騨守様・淡路守様御退出之義被仰聞候ハ、達御聴御前御出御挨拶可被遊候、夫ヨリ御勝手座敷へ御出御挨拶被遊、坊主衆席へモ御立寄御意有之可被為入候
一、飛騨守様・淡路守様御供人御料理断之義、聞番ヨリ申遣ニテ可有御座候
一、御当日、常御使者裏御式台ニテ取次可申候
一、御見廻衆御通可被成旨被仰聞候ハ一往及御挨拶、其上ニモ御通可被成旨ニ候ハ、御勝手座敷三之間御廊下へ御誘引可仕候
一、御三家様ヨリ御附使者御座候ハ御広間溜上屏風囲之内へ相通可申候
一、御一門様方御附使者、御広間溜ニテ御料理出し可申候
一、御大書院・同二之間、御小書院・同溜、御広間、御勝手座敷御飾可有御座候
右御先例引合奉伺候、以上
十一月

御結納之節　御小書院

飛騨守様　淡路守様　前田信濃守殿　前田大和守殿

[1]長田阿波守殿　[2]本多大隅守殿　[3]横山兵庫助殿　[4]彦坂大膳殿

[5]斎藤主膳殿　[6]曽根孫助殿　[7]曲直瀬養安院　[8]桂川甫周老

御勝手座敷

[9]堀　三左衛門殿　[10]彦坂九兵衛殿　[11]深津主水殿　[12]斎藤長八郎殿

[13]能勢市兵衛殿　[14]佐野六十郎殿　[15]井戸十三郎殿　[16]東儀幸次郎殿

[17]曲直瀬正隆（カ）老

御勝手座敷屏風囲

[18]前田要人殿

以上

同　日　八時揃ニテ御給事等習仕有之

十四日　左之通、於御横目所、披見・申談有之

明日、御結納ニ付、御殿揃刻限六時過之事

一、**尾張様**ヘ罷越候人々ハ六半時揃之事

一、明日、一統中之口往来之事

1 長田繁趫（寛9 27頁）
2 本多政房（寛11 296頁）
3 横山知雄（寛10 102頁）
4 彦坂忠孝（寛6 27頁）
5 斉藤総苗（寛13 161頁）
6 曽根次倚（寛3 275頁）
7 曲直瀬正雄（寛10 94頁）
8 桂川国瑞（寛21 14頁）
9 堀　直従（寛12 381頁）
10 彦坂忠篤（寛6 27頁）
11 深津盛徳（寛17 149頁）
12 斉藤総良（寛13 161頁）
13 能勢能弘（寛19 169頁）
14 佐野運高（寛14 37頁）
15 井戸弘謙（寛17 73頁）
16 東儀兼善（寛22 327頁）
17 曲直瀬恒幸（寛10 94頁）
18 前田武宣（寛17 293頁）

但、指急候御用等ニテ表御式台往来之人々ハ御使者等モ同所ニテ取次候間、作法能可罷
通候事
右、駿河殿被仰聞候事

十五日　月次御登城有之、前記之通、今日御結納御祝儀物御取遣有之、委曲御作法前條之通ニ
付略ス、従此方様之御進物ハ左ニ記候御使書両通ニ有之通、従尾張様之御進物左之通

中将様[1]へ従尾張中将様御太刀金馬代
　従聖聡院様昆布一箱・塩鯛一箱
相公様[2]へ従尾張中将様同断
　従聖聡院様干鯛一箱
　従琴姫様昆布一箱・塩鯛一箱・御樽代金五百匹
御前様[3]へ従尾張中将様昆布一箱・塩鯛一箱
　従聖聡院様塩鯛一箱
　従琴姫様昆布一箱・塩鯛一箱・御樽代金五百匹
裕次郎[4]殿へ従尾張中将様塩鯛一箱

同　日　御献立等左之通
　熨斗木地三方敷紙
　御料理二汁五菜、外御引菜、御膳塗木具飛騨守様等御客之分

1 前田斉広（十二代）
2 前田治脩（十一代）
3 治脩室正
4 前田利命（治脩男・斉広弟）

膾　ひらめ　さより　くり
　せうか　金かん

御汁　つみ入　根いも
　松茸　小な

香の物

御食

二

杉箱　くしこ　苞とうふ
　漬せんまい　敷くす

鰹田夫　黒豆
　田作り
　つみふ
　くわい
　ちんひ

御汁　ほうく
　ふきのとう

一ツ焼　小鯛

御引菜　なよし　いろ付焼
　青串

御吸物　花いか
　糸にんしん

御肴　かまほこ

御土器木地三方

御取肴木地三方内批　巻するめ
　干はむ

御下捨土器木地足打

数之御土器木地三方

御茶請　翁餅
　河たけ

後御菓子　若松糖　紅菊霜
　幾世の友

尾張様ヨリ之御使者幡野弥太郎等三人ヘハ御料理二汁七菜ニ付右之外左之通

指味　鯛　はつしるひ　巻から墨
　みる　九年母　わさひ　なんてん葉

煎酒

右弥太郎へ御盃被下候節、左之通

土器下輪　御吸物　ひれ　御器　御土器　木地三方

塗木具　同台　　御取肴　巻鯣

長柄御銚子

同　提　　御下捨土器木地足打

以上

一、早く御出之御客へハ懸合御料理出之

一、御附使者、且町医師・本阿弥等於竹之間御料理被下之候事

今日赤飯等頂戴人　　附十二月朔日モ同断

駿河殿等ヨリ御歩並迄　　三百拾人

但、御酒・御吸物等、且此内ニ御目見町人等御手役者モ有之

足軽以下　　九百三拾弐人

但、御酒・さき鯣　　内、足軽・坊主四百八十人

小者四百五十一人也

都合千弐百四十二人

御小袖　　三重

御帯　　二筋

1 土屋利族（寛9 231頁）

白銀　二十枚

鰑　一折　琴姫様

昆布　一折

塩鯛　一折

御樽　二荷

御目録

右、尾張様へ参上仕候処、御玄関へ御書院番土屋[1]（谷）庄左衛門出向、御小座敷へ誘引仕候上、番頭鈴木嘉十郎へ御口上申述、御祝儀物御目録相渡申候

御太刀馬代金一枚　尾張中将様

御目録

鰑　一箱　聖聡院様

昆布　一箱

御目録

右、琴姫様へ之御口上申述候後、指続鈴木嘉十郎へ御口上申述、御進物之品々御目録共相渡申候処、聖聡院殿へハ尾州表へ可相達旨申聞候、畢テ自分進上之箱肴土谷庄左衛門へ相渡、宜披露之儀申述相済、御用人小笠原惣左衛門罷出、御書院三之間へ誘引仕、御家老瀧川豊後守罷出、御答左之通申述候

就吉辰、今日琴姫方へ御結納之品被遣之、幾久敷目出度被存候、尾張殿へも御目録之通

1徳川勝長（尾張宗勝男）（琴姫伯父）（徳2 222頁）
2松平播摩守源頼室品姫
3上杉藤原治広室純姫

御指越被入御念儀満足被存候旨之御答ニ御座候

右相済、御巻物被下之候段、豊後守申聞候ニ付御礼申述相済、小笠原惣左衛門誘引仕、最前之御小座敷へ復座仕候

掃部頭殿[1]
松平右京大夫殿奥方様[2]
上杉弾正大弼殿奥方様[3]

右御口上ハ、最前聖聡院様へ之御口上申述候後、引続土谷庄左衛門罷出候ニ付申述候処、掃部頭殿ニハ尾州へ可相達候、両奥方へハ居所へ可相達旨、庄左衛門申聞候

白銀　五枚宛　上臈　一人
包熨斗　老女　二人
御目録

白銀　三枚宛　若年寄　二人
包のし　御中臈　六人
御目録　御小将　一人
表使　二人

白銀　三十枚　惣女中
包のし
御目録

1尾張徳川宗睦養女（徳2 223～229頁）

2政隣

3徳川家斉女（尾張治行男五郎太縁女）（徳1 80頁・2 149頁）

右琴姫[1]様御附之女中へ被下物・御目録共、右庄左衛門へ相渡申候
控罷在候処、小笠原惣左衛門挨拶仕、御料理二汁七菜・御酒・御肴被下之、御料理之内
御近習頭市江多門ヲ以緩々相祝候様蒙御意、御土器三方御取肴被下之候、御茶請・後御
菓子迄段々被下之、自分[2]進上之箱肴遂披露候旨、土谷庄左衛門申聞候、右段々之御礼ハ
大番頭沢井図書へ申述相済、披候節同人并取次役壱人鑑板へ相送申候
一、岡田又右衛門等ハ夫々御用相済、先達テ相披申候

淑姫[3]君様取次
石川九兵衛

紗綾　五巻
鰑　一箱
御目録

右、御守殿へ参上仕、御口上申述候処、追テ可相達旨、右九兵衛申聞候ニ付、御進物・御目
録共同人へ相渡置申候、以上
十一月十五日

中村九兵衛

巻ノ上端ニ
相公様御使書

尾張中将様

鰑　一箱
昆布　一箱
御目録

右参上仕候処、御玄関へ物頭須貝又十郎出向、御小座敷へ誘引仕候ニ付同人へ御口上申述候

処、就吉辰今日加賀守殿ヨリ琴姫方ヘ御結納之祝儀相整、御同前目出度被存候、仍テ御目
録之通被遣、満足被存候、此段宜申上旨、御用人林小八郎ヲ以御答ニ御座候

鰑　一箱　　聖聡院様

御目録

右今日就吉辰琴姫[1]様ヘ従中将様御結納御祝儀被進、千秋万歳御同事珍重思召候、随テ為御
祝儀御目録之通被進候旨之御口上右又十郎ヘ申述候処、尾州ヘ可相達旨申聞候ニ付、御目
録・御進物共相渡置申候

掃部頭殿
松平右京大夫[2]殿　奥方様
上杉弾正大弼[3]殿　奥方様

右同趣之御口上、右又十郎ヘ申述候処、掃部頭殿ハ尾州ヘ可相達候、両奥方ハ居所ヘ可相達
旨申聞候

控罷在候処、御使番刑部善右衛門[4]挨拶仕、二汁五菜之御料理・御酒・御肴被下之、御酒
之内林小八郎ヲ以、緩々相祝候様ニ御意御座候、御茶請・後御菓子迄段々被下之候、御
同朋佐溝閑阿弥[5]・須貝又十郎[6]度々罷出挨拶仕候、右相済披之節、右小八郎・又十郎御式
台鑑板ヘ相送申候、且蒙御意候御礼、御料理被下候御礼、小八郎ヘ申述候

綛紗　三巻

1 尾張徳川宗睦養女（徳2 223～229頁）
2 松平輝延　幕府寺社奉行
3 上杉治広　幕府
4 刑部善之右衛門（十右衛門）大御番組
5 佐溝嘉順
6 須加井重郎右衛門　御幕奉行　御本丸番

1徳川家斉娘（尾張治行男五郎太縁女）（徳180頁）

2治脩室正

鯣　一箱　淑姫[1]君様取次

御目録　石川九兵衛

右御両殿へ参上仕、今日吉辰ニ付中将様御結納御祝儀御整ニ付御目録之通被進之候旨之御口上申述候処、追テ可遂披露旨取次之者申聞候ニ付御進物・御目録共同人へ相渡置申候、以上

十一月十五日　津田権平判

御前様[2]御使書　巻ノ上端

鯣　一箱　尾張中将様

昆布　一箱

御目録

鯣　一箱　聖聡院様

御目録

前条同断

掃部頭殿等御三人

右参上仕、御口上物頭須貝又十郎へ申述候処、――――前条同断略ス

紗綾　三巻　淑姫君様取次

鯣　一箱　石川九兵衛

右御同趣之御口上――――

御目録

右御守殿へ参上仕――――――以上

十一月十五日　　　　　　――

裕次郎殿御使書　巻ノ上端

鯣　　一箱　　　尾張中将様

御目録

右――――

聖聡院様

右――――　以上

十一月十五日　　　　――――判

右三通駿河殿迄相達上之、且御次へ罷出、御近習頭神戸蔵人ヲ以相公様等御使者無異儀相勤候旨等要々口演ヲ以申上、委曲ハ御使書ニ相調、駿河迄相達候段及言上置候、尤中村九兵衛モ同断、将又於尾張様自分へ被下候御料理御献立左之通

膾　たい　赤貝　みる　しらか大こん　金かん

香物　粕漬瓜

汁　小つみ入　大こん　小しいたけ

めし

1 鰡（ぼら）の幼名

煮物　焼なよし[1]　長いも　車えひ　な　じかう

二

坪皿　かく形魚　木耳（きくらげ）　竹の子　くわゐ　ねりみそ

猪口　にんしん葉　けし　ひたし物　汁　鱸　さんしやう

向詰　鯛

御酒　吸物　小たい　ゆ　小皿　花はへん　花にんしん　同　作り身魚　しやうか　酢懸て

御茶請　餅菓子名不知　水くり　川たけ　濃茶

後菓子　松風焼等三品　薄茶

同日 御客御饗応方前記十三日ニ有之通ニ付略ス、暮頃御料理出、五時前相済、夫ヨリ前記十三日ニ有之通於御料理之間ニ年寄中等并御奥表頭分一席ニテ赤飯・御吸物・御酒・御取肴被下之、御酒之内御近習頭ヲ以寛々相祝候様御意有之、右等之御礼ハ取持**高畠安右衛門**御先手物頭也へ於同席申述、且平士ハ長いろり之間、諸小頭以下ハ御台所ニテ同趣ニ被下之、足軽以下赤飯・御酒・さき鯣被下之、右平士以下ハ御祝物被下候時刻ニ御殿詰合之分迄不押立被

「ふかし・ふきのと」「巻鯣」

下之、御礼御台所奉行ヘ申演

十六日　左之通御横目永原治九郎ヨリ例文之以廻状到来

付札　御横目ヘ

△琴姫様御入輿之上、御前様[1]御儀大御前様ト称可申候、琴姫様御儀ハ御前様ト唱申筈等ニ候

条、御家中之人々一統承知候様相触可被申候事

十一月

同　日　尾張様御役人御広式御問之御様子見分ニ罷越候事

但、御表向相替儀無之候事

同　日　左之通到来ニ付及応答御礼ハ参上可申上旨申遣候事

中村九兵衛様　　御守殿

津田権平様　　堤[2]　左兵衛

以手紙致啓上候、然ハ昨十五日琴姫様御結納ニ付淑姫[3]君様ヘ御上ケ物御使被相勤候ニ付

別紙之通右御使并宰領持人ヘ被下之候之旨ニテ奥ヨリ出候ニ付、則相廻し申候、右可得

御意、如此御座候、以上

十一月十六日

琴姫[4]様ヨリ被下

一、紗綾　壱巻　　加賀守[5]殿ヨリ之　御使ヘ

一、五百疋　　才領持人ヘ

1 治脩室正

2 堤　光迢（寛21 101頁）

3 家斉女・尾張宗睦養女・尾張中将斉朝室

4 尾張宗睦養女

5 前田斉広（十二代）

1前田治脩（十一代）

一、紗綾　弐巻　肥前守殿ヨリ之[1]　御使へ
一、三百疋　才領持人へ
一、紗綾　弐巻　御同人御内室ヨリ之　御使へ
一、弐百疋　才領持人へ
以上

右、身当り等之分及言上并御席御用所へモ相届候事

紗綾　弐巻
包のし
宛　中村九兵衛
津田権平

右、昨十五日御結納御祝儀物御使相勤候ニ付今日従尾張様御使者三尾忠兵衛ヲ以被下之

右言上等右同断

十八日　右拝受物之為御礼、御守殿ハ堤左兵衛殿御宅　四谷右馬殿横町、尾張様ハ三尾忠兵衛居小屋　川田久保下小屋也　へ今日罷越候事

附記
紗綾　弐巻
包のし
宛　中村九兵衛
津田権平

右、今度御結納御祝儀物御使相勤候ニ付同月廿九日聖聡院様ヨリ御使者山口清兵衛御使書ヲ以被下之右言上等同断、但為御礼

壱番御道具参候節御作法

一、大御門ヨリ中御門相通り御広式御玄関へ御使者御使番平野又左衛門上り候ハ御広式番之内出向、御使者之間上之間へ致誘引、其後辻平之丞等内罷出、御口上承、御道具御目録請取之、御道具ハ御玄関へ御用人出向請取可申事

一、右御使者へ熨斗出之、其上ニテ平之丞等内御答可申述事
　御熨斗ハ御鎖口番御歩持出可申事

一、御道具請取手形ハ右御用人ヨリ出之可申事

一、右御使者東御門ヨリ披、才領持人同断東御門へ道案内之義警固足軽之内ヨリ相兼可申候、御使者従者之分ハ大御門外二枚開ヨリ御広式前へ可相廻候
　但、二番・三番御道具之分ハ南御門ヨリ中之口御門前通り、御広式御門へ入、壱番御道具之通辻平之丞等内罷出、御使者へ及挨拶、御用人罷出受取之手形ハ御用人ヨリ出し可申候

一、右之節大御門前大組足軽警固、中御門辺并御広式御門前・東御門之辺、御持方足軽警固、御広式前同、御門内割場足軽警固申付、尤神田十郎左衛門・高畠安右衛門与力召連罷出、縮等可申付
　但、二番御道具ヨリハ南御門ヨリ入申ニ付中御門辺等警固本文之通、南御門外割場足軽警固可申付

一、壱番御道具之節、年寄中・御家老、大御門下へ罷出、二番目ヨリハ南御門へ罷出候事
　但、一番御道具之節、御白洲へ御附使者、敷附へ頭分罷出、聞番ハ敷付ヨリはなれ可罷出

候

一、大御門ヘ割場奉行壱人罷出可申事

一、二番ヨリハ南御門御横目一人・割場奉行一人、御横目ハ尤所々巡見、作法等可申付候事

一、壱番ヨリ御道具参候度々御広式御門外ヘ御歩横目一両人、御横目足軽二三人罷出、御門内ヘ御道具繰入候節、込合不申様ニあなた才領等之者ヘ及挨拶可致指引候事

一、御道具参候度々御門内ヨリ御広式迄之案内、聞番方使役足軽可為致案内候事

一、押立候御道具之時分ハ足軽ニ為揚可申候、尤小頭布上下着用為致指引可申事

一、御勝手御道具并女中道具之分ハ小者ニ為揚可申候、御勝手御道具之分ハ御玄関、女中之分ハ女中上り口ヨリ為指揚可申候

一、女中道具之分ハ才領添等ニテ可来候条、御作事方御門ヨリ入可申候、揚方之義ハ御用人ヨリ御目付ヘ遂示談置指図之通相心得可申候、御広式ヘ之案内割場足軽・小者之内可差出候事

女中道具指越候日限

十一月廿四日　同廿七日　同廿九日

一、御道具参候節、附ケ人阿方御屋敷并中程本郷三丁目附置、御注進可申候員数ハ二人宛可指出事

但、御客方組頭ヨリ申渡、御次ヘ御案内申上、御広式ヘモ罷越申達候様可申付事

一、御道具参候節并御使者ヘ警固足軽・御門番人下座可仕事

但、御使者披候節モ下座可仕候事

一、御道具揚候足軽廿五人計ニテ可宜候、羽織袴為致着用可申候

一、御勝手道具并女中道具之節ハ小者廿五人計為相詰可申候、紺染為致着用可申候

但、右足軽・小者ハ御広式附ヨリ指出候事

一、御道具請取御廊下通ニ指置、あなた御用役等左之人々罷越、夫々引渡候筈ニ候条、持参人等披候上、指図之通為持運可申事

十一月十九日

御用役 間嶋忠左衛門　御広式目付 中井弥藤次(治)　同下目付 梅村文太郎　同断 仙川喜右衛門

小人七人

同廿一日

御用役 奥沢百助　御用達 桑山弥四郎　仙川喜右衛門

小人五人

同廿三日

御用役 淡川(河)武治　御広式書役 山下勝三郎　御広式下目付 宮崎嘉内

小人五人

御道具参候日限等

十一月十九日一番辰刻　同廿一日二番同刻　同廿三日三番午刻

右刻限尾張様御屋敷出申筈ニ候事

一、御附之人々十一月廿四日・同廿七日・同晦日三ヶ日ニ家内トモ引越候ニ付、諸道具右三ヶ日ニ車等ニテ追々来り候筈ニ候、御作事方御門見合之印鑑先達テ到来之筈ニ候、裁領或ハ持人等之内、印形之小札可致持参候条、見合ニテ往来共無滞可相通候、取戻り候品之義ハ入候節其段申聞承届置可申事

初テ来候節ハ御附御貸長屋ヘ之道案内、割場ヨリ足軽・小者之内可指出候、二度目ヨリハ其義ニ及間敷事

一、内藤喜左衛門儀ハ十二月朔日引移候筈ニ候事

一、引越之人々妻子等、御作事方御門ニテ誰妻子之段断候ハ可相通候、乗物ニテ罷越候者モ指添候者断候ハ可相通事

指添人初テ罷越候者ニ候ハ御貸長屋ヘ之道案内、割場ヨリ足軽・小者之内可指出事

御先女中罷越候日限等

十一月廿五日　壱番下女十九人　　同廿九日　下女九人

同　晦日　二番

十二月朔日　御入輿前三番

同日　御入輿後下女十九人

右御先女中廿五日・晦日之分ハ御作事方御門ヨリ入可申候、朔日ハ南御門ヨリ入可申候、御半下又下女ハ都テ御作事方御門ヨリ入可申候、御広式ヘ之道案内之義前条同事

一、右御先女中ハあなた御役人指添罷越申筈ニ候条、辻平之丞等内御広式ニテ右御役人ヘ可及

挨拶候事

以上

十一月十九日初日御道具来候節、御出之衆御饗応之役附、附前条十二日記置候御結納之節役附ト同趣ニ付留略ス

初立御道具参候節御饗応御作法

一、**飛騨守**[1]様・**淡路守**[2]様御見廻懸り之趣ニテ御出被成候ハ御平生之通、中ノ口御式台并裏御式台ヘ物頭罷出、先御定席ヘ御誘引可仕候

一、**前田大和守**[3]殿御出之節、御平生之通、取次御小将鑑板ヘ罷出、御小書院溜ヘ御誘引仕、其外之御客衆御勝手座敷ヘ御誘引可仕候

一、初立御道具参候節、御式台ヘ**飛騨守**様・**淡路守**様初御出可有御座候

但、**飛騨守**様・**淡路守**様・**大和守**殿御刀、御大小将持之可申候

一、右相済追付**飛騨守**様・**淡路守**様初御相伴衆迄組頭御誘引仕、御小書院ヘ御通被成候様可仕候

付札
御前御出之儀如何

但**飛騨守**様・**淡路守**様等御三方之御刀、御小書院御杉戸之外ニ御順々直之可申候

一、御列座相定り、口上達御聴、追付**御前**御出御挨拶之上、御熨斗 木地三方 出之置熨斗ニ仕引之、追付御料理出之可申候、御引菜**飛騨守**様・**淡路守**様・**大和守**殿ヘ**御前**御持参可被遊候、御相伴衆ヘハ御取持衆御持参可被成候、御酒之上御肴御給事人引之可申候

1 前田利考（大聖寺藩八代）
2 前田利幹（富山藩九代）
3 前田利以（七日市藩九代）

付札
御前御隙入被為在候ハ右之御挨拶仕、不残御取持衆御引可被成候

一、御土器（木地三方、御肴同、）二向、飛騨守様・淡路守様へ居之、御前御出御初飛騨守様へ被進御結相済、御嘉儀之衆飛騨守様御前ニ御直し置、夫ヨリ淡路守様へ御向御前御初、御盃事被遊御結、其御土器ニテ、大和守殿御盃事被遊相済、御嘉儀之衆淡路守様御前ニ御直し置可被成候御前御勝手へ被為入、其外之御相伴衆へハ数之御土器出之、御取肴御取持衆之内御引被成候様可仕候

付札
改り候御土器・三方ハ出不申、御献数不宜候ハ御献数被為合候様御取持衆へ可申談候

一、段々相済、飛騨守様・淡路守様等御退出之義、被仰聞候ハ達御聴、御前御出御挨拶可被遊候、坊主衆席へモ御立寄御意有之可被為入候

一、御三家様ヨリ御附使者有之候ハ御広間溜屏風囲上之方へ相通可申候

一、御一門様方等御附使者御広間溜へ相通可申候

一、御小書院御飾可有御座候

右詮議仕奉伺候、以上

十一月

御小書院

（御断）飛騨守様　（御断）淡路守様　（御断）前田大和守殿　本多大隅守殿[1]

横山兵庫助殿[2]　三浦和泉守殿[3]　曲直瀬養安院[4]　（御断）桂川甫周老[5]

1本多政房（安房守政行四男）
2横山知雄（寛10 102頁）
3三浦義和（寛20 224頁）
4曲直瀬正雄（寛10 94頁）
5桂川国瑞（寛2 14頁）

御断多ニ付御小書院御一席

御取持　堀　三左衛門殿

斉藤長八郎殿

以上

十九日　御道具来り都テ御作法書之通ニ付略記ス

御前御道具参候節、御式台ヘ御出之義、前記ニ有之候通、付札ヲ以、伺付有之候処、不被遊御出之事

同　日　靍皐院[1]様御十七回忌ニ付、芝於青松寺従安芸守[2]様御法事御執行之処、為組頭代拙者御代香御使者ニ五時ヨリ罷越候処、八時過御法事相済、七半時過帰、且又御香奠銀五枚、取捌御歩大村栄八之事

但、二汁七菜御斎料理出ル、取次須崎数馬、挨拶人佐藤彦兵衛、御使書別冊ニ記ニ付爰ニ略ス

廿五日　尾州様・紀州様ヘ今日ヨリ入寒ニ付、御見廻之御使者ニ参上之事

琴姫様御輿入御行列左之通、但従尾州様調参之通写之

右案内小使　従従　馳走人見分役使番　人別中間若党　二人

左案内小使　従従　馳走人見分役使番　人別中間若党　二人

鎗　長柄　口付　馬　沓籠　合羽籠　帳付

挟箱　草履取　口付　歩行若党　料紙硯箱持

1浅野宗恒（安芸広島藩主六代）室（吉徳女喜代）

2浅野重晟（寛5 344頁）

鎗　長柄
挟箱　草履取　口付　馬　沓籠　合羽籠　帳付 歩行　料紙硯箱持 若党
中間　草履取
中間　草履取　此間十丁程置　案内小使　徒　持筒頭　若党
案内小使　徒　若党
鎗　長柄
挟箱　草履取　口付　馬　沓籠　合羽籠　同　小人目付　歩　歩
口付　小人目付　歩　歩
小十人　小十人　徒目付　類輿　挟箱持人二人
小十人　小十人　徒目付　類輿　挟箱持人二人　類輿　長刀 持人壱人
歩　類輿　小人六人　小十人　類輿長刀渡　類輿渡
歩　小十人　類輿挟箱渡　書院番
輿立持人二人　担持人四人　歩　担渡
輿立持人二人　歩　書院番　貝桶
歩　貝桶付 書院番　挟箱持人一人　長刀持人一人
持人四人　歩　挟箱持人一人
見送老女　乗物　陸尺六人　同心　挟箱持人一人　聖聡院殿
乗物　同心　挟箱持人一人　長刀
見送老女　乗物　同心　挟箱　長刀　附上臈　乗物　以上持人等同上
同心　挟箱

同心　小人目付　挟箱二人　蟇目矢　弓方書院番持之
新番
同心　小人目付　挟箱二人　蟇目矢　同断
介副　弓方書院番　使番　挟箱渡　新番
長刀　持人二人　新番組頭
介副　弓方書院番　使番　挟箱渡　新番
小十人　目付　貝桶渡　家老　徒目付
守脇指　附用役持之
小十人　目付　輿　渡　家老
小十人　小十人　使番　長刀渡　広式番
介副附用役　小十人　小十人
小十人　小十人　使番　広式番
新番　附用役　新番　広式懸り　小納戸
輿　小人十人　広式懸り　小納戸　附医師
新番　附用役　新番　広式　物頭
脇指箱　持人二人　脇指箱渡　書院番　広式番
徒目付組頭
刀箱　同断　刀箱渡　書院番　広式番
新番　小十人　中間頭
新番頭　立傘　持人二人　簑箱
新番　小十人　小十人頭
輿立　持人二人
同板　同　二人　茶弁当二人　数寄屋坊主　床几　一人
持人二人　輿立　同　二人
挟箱二人　中間組頭　小十人　挟箱一人
小十人頭　小十人組頭
挟箱二人　小人組頭　小十人　挟箱一人

長刀一人　　附介添　乗物六人　同心　挟箱一人　長刀一人　附老女乗物
　　　　　　　　　　　　　　同心　挟箱一人

六人同心　附若年寄　乗物　四人　同心　附中臈　乗物　四人
同心　　　　　　　　　　　　　　同心

同心　同断　乗物四人　同心　同断　乗物四人
同心　　　　　　　　　同心

同心　附小姓　乗物四人　同心　附表使　乗物四人　一　附次
同心　　　　　　　　　　同心　　　　　　　　　　一

乗物四人　同心　中間組頭　合羽籠六荷　中間組頭
　　　　　同心　　　　　中間

合羽籠三荷　徒目付組頭　徒目付　小人目付　家老供
　　　　　　　　　　　　徒目付　小人目付

之同替　同断　小人目付　小人目付　附用人供廻　惣供
　　　　　　　小人目付　小人目付

若党　草履取　長柄　挟箱　鎗　供馬　沓籠
若党　草履取　長柄　挟箱　鎗

惣供合羽籠　小人目付　徒　目付　若党　鎗　長柄
　　　　　　小人目付　徒　　　　若党　挟箱　草履取

口付　馬　沓籠　合羽籠　同　徒目付　小人目付　小使
口付　　　　　　　　　　　徒目付　小人目付　小使以上

琴姫様御婚礼後御仕懸
御使被遣候分　附従尾州様調来候通写之

紀州殿[1]　太真殿[2]　水戸殿[3]　中将殿[4]
鶴千代殿[5]　俊祥院殿[6]　一橋大納言殿[7]　同民部卿殿[8]
乗蓮院殿[9]　松平播磨守[10]　同右京大夫[11]　田沼主殿頭妻[12]
松平安芸守[13]　同備後守[4]　上杉弾正大弼[15]　同　鷹山[16]　同喜平次[17]
弾正大弼娘三　貞・安・祇[18]
内藤帯刀[19]　同暁山　芳雲院
内藤大和守[20]　同銀治郎[21]　大和守妻　祥雲院　翠寿院
内藤　仲[22]　同鏞之助　同亀五郎
井上壱岐守[23]　同鑒吉　壱岐守妻　同人娘延
出輿時刻之儀、吉刻辰刻之積ニ候事

一、右之通ニ候得共御登城日之儀ニ付時刻相延、其御方西丸御退出之注進付置、右注進ニテ供相通、水戸殿屋敷ヘ被帰候、注進是又付置、右注進ニテ出輿之積ニ候事

十一月

1 徳川治宝（紀伊藩九代）
2 徳川重倫（紀伊藩八代）
3 徳川治保（水戸藩六代）
4 徳川治済（一橋家二代当主）
5 徳川斉敦（一橋家三代当主）
6 徳川宗輪室・治保母
7 徳川治済（寛3 17頁）
8 徳川斉敦（寛3 18頁）
9 徳川斉朝（尾張十代）生母
10 松平頼説（常陸府中藩八代）
11 松平頼縄（頼説息）
12 田沼意次には正室（伊丹直賢女）・継室（黒沢定紀女）・側室（田代氏）あり
13 浅野斉賢（広島藩八代）
14 浅野重晟（広島藩七代）
15 上杉治広（米沢藩十代）

16上杉治憲（米沢藩九代）
17上杉斉定（米沢藩十一代）
18三（米沢藩十一代上杉定斉室）
貞（福島藩九代板倉勝俊室）
安（高知藩十一代山内豊興婚約者）
祇（高家旗本畠山義宣室）
19内藤正脩（寛15 180頁）
20内藤頼以（寛13 229頁）
21頼以息
22頼以息
23井上正紀（寛4 307頁）

1前田長禧

来月朔日　御入輿ニ付、御客御作法

一、飛騨守様・淡路守様御付人、御宅へ弐人宛付置可申事

一、飛騨守様・淡路守様御出被成候ハ、御平生之通中ノ口御式台并裏御式台へ物頭罷出、直ニ御小書院へ御誘引可仕候

但、飛騨守様・淡路守様御刀、御小書院御縁頬御杉戸之外ニ直之、御刀懸ハ出不申候

一、前田大和守殿御出之節、御平生之通取次御小将鑑板へ罷出、御小書院溜へ御誘引仕、其外之御客衆ハ勝手座敷へ御誘引可仕候

一、御客御揃之上、御小書院へ御通之分、御列座相定り候上、達御聴御前御出御挨拶之上、追付御料理二汁七菜・塗木具出之、御引菜飛騨守様・淡路守様、大和守殿へハ御前御持参、夫ヨリ御取持衆御引可被成候、若御前隙入被為在候ハ、右之御挨拶仕不残御取持衆御引可被成候、御酒之上御肴御給事人引之可申候、御銚子三篇通り御湯出、御後菓子迄段々引替引之可申候

但、御熨斗ハ出不申、御盃事無御座候

御小書院溜

一、前田信濃守[1]殿御出之節、御平生之通取次御小将鑑板へ罷出、御小書院溜へ御誘引可仕候、御列座相定候上、御前御出御挨拶之上、追付御料理二汁七菜・塗木具出之、信濃守殿へ御引菜御前御持参可被遊候、其外之御面々へハ、御取持衆御引可被成候、御前御隙入為在候

ハ、右之御挨拶仕不残御取持衆御引可被成候、御酒之上御肴御給事人引之、御銚子三篇通り御湯出、御後菓子迄段々引替可申候

但、御熨斗ハ出不申、御盃事無御座候

御勝手座敷

一、御取持衆見計、朝之内於同所懸合御料理出之可申候

一、御料理ハ見計出之、御取持之御面々ハ、御隙明次第於同所御料理出之可申候

御前御出御挨拶可被遊候、御引菜御取持衆御持参、御銚子三篇通御湯出之、後御菓子迄段々引替引之可申候

一、**飛騨守**様・**淡路守**様御出御早く御座候ハ、御定席ニテ懸合御料理指出可申事

一、**飛騨守**様・**淡路守**様御供人御料理断之義、聞番ヨリ申遣ニテ可有御座候

一、御勝手座敷ヘ御通之御出入衆指懸り、御見廻被成候ハ、今日御婚礼之趣申述、幸御料理御祝被成候様申述、御勝手座敷ヘ御誘引可仕候

一、坊主衆例席ニテ御料理出可申候

一、御三家様方御附使者御座候ハ、御広間溜上之屏風囲之内ヘ相通可申候

一、御一門様方御附使者、御広間溜ニテ御料理出之可申事

一、御当日常御使者ハ、裏御式台ニテ取次可申候

一、**宝生大夫**等於御料理之間ニ、御通り懸り御目見可被仰付候

一、御大書院・御小書院・同溜・御勝手座敷御飾可有御座候

右御先例ヲ以引合奉伺候、以上

十一月

御入輿以後、御大書院御作法

一、御入輿之節、飛騨守様・淡路守様・前田信濃守殿前田大和守殿御式台ヘ御出之節、御刀御大小将持出可申候、御入輿相済、最前之御席ヘ物頭御誘引可仕候

一、於御大書院、御供之御家老御逢被遊、相済候上、飛騨守様初不残御大書院ヘ御列座、同所御縁頬御杉戸之外ニ、飛騨守様・淡路守様・大和守殿御刀直之可申候、御客御揃之上、御熨斗木地三方置熨斗ニ仕引之、追付御吸物出之、数之御土器木地三方御上座ヨリ御末座迄出之、御銚子壱篇通り御引肴御給事人持出之、又御銚子一篇通り御土器ニ向出之、御左右御上座ヘ居之、御取持衆御挨拶、御左右御上座御始、御取肴御取持衆御引、御末座迄御順盃、御取持衆御挨拶之上、御土器三方御勝手ヘ引之、御銚子入御吸物引之可申候

一、数之御土器初献御上座ヘ御銚子向候節、宝生大夫等小謡うたひ可申候

一、前田信濃守殿等、於御小書院溜御熨斗出之引之、御吸物出之、数之御土器木地三方出之、御銚子一篇通り御引肴御給事人持出之、又御銚子一篇通御土器信濃守殿御初、御取肴御取持衆御引、御末座迄御順盃、御取持衆御挨拶之上御土器三方引之、御銚子入御吸物引之可申候

一、飛騨守様初御退出之義被仰聞候ハ達御聴、御前御出御挨拶可被遊候、夫ヨリ御小書院溜・御

勝手座敷へ御出御挨拶被遊、坊主衆席へも御立寄御意可有御座候

一、飛騨守様初御退出之節、前条之通罷出可申候

右御先例引合奉伺候、以上

十一月

御婚礼之節

御小書院

飛騨守様　淡路守様　前田大和守殿

本多大隅守殿[1]　彦坂九兵衛殿　曲直瀬養安院

筒井左膳殿[2]　御断 間宮友三郎殿[3]　木原兵三郎殿[4]

御小書院溜

同断 前田信濃守殿　横山兵庫助殿　曲直瀬正隆老

信濃守殿御断ニ付、兵庫助殿・正隆老ハ御勝手座敷へ

御勝手座敷

堀　三左衛門殿　斉藤長八郎殿　同主膳殿

木下春次郎殿[5]　佐野六十郎殿　御断 東儀幸次郎殿

深津主水殿　御断 井戸十三郎殿　御断 長田阿波守殿[6]

彦坂大膳殿　久津見又助殿[7]　御断 桂川甫周老

---

1 本多政房（本多安房守四男）（寛11 296頁）

2 筒井政憲（寛17 83頁）

3 間宮光徳（寛7 275頁）

4 木原白郷（寛22 315頁）

5 木下一資（寛20 285頁）

6 長田繁趟（寛9 29頁）

7 久津見息言（寛21 343頁）

筒井右馬助殿[1]　能勢市兵衛殿　能勢亀三郎殿
曽根孫兵衛殿[2]　御断　前田要人殿
以上
附記御見廻懸りニテ
御祝　一柳献吉殿[3]　久永主税殿[4]
長田讃岐守殿[5]

1 筒井政憲（寛17 83頁）
2 曽根次彭（寛3 275頁）
3・4・5 一柳・久永・長田三名は旗本

御入輿之節
一、御入輿之節、本多勘解由大御門外ヘ罷出可申事
　頭分以上何モ御白洲ヘ罷出可申候、聞番ハ御門外ヘ罷出可申候事
一、御当日之朝ヨリ辻固会釈、御使番一人・御大小将壱人御出輿以前、御道筋辻固会釈可仕事
　但、御大門ヨリ罷出可申候従者ハ、大御門くゝりヨリ可相通候
一、御道具来候節之通、御歩四人、足軽小者召連御入輿御先ヘ罷越、御道筋御馳走之御方々記之可申候
　但、足軽四人、小者四人召連、雨具・笠籠可為持、雨天之節ハ御歩側ヘ帳附召寄、手傘之下ニテ為記可申候事
一、御横目御屋敷之内巡見、表御門ヘモ見廻り可申候、且又割場奉行壱人御広式御門ヘ罷出可申事
以上

付札

御出輿御供揃等相極候ハ追テ可申渡候事

十二月朔日御婚礼之節御客役附

一、御小書院御饗応方

中村九兵衛　人見吉左衛門
津田権平

一、御給事指引并御料理出候取持兼

御表小将　御番頭
御表小将横目

一、御給事

御表小将　御大小将・新番

一、手長

坊主　指引同小頭

一、御小書院溜、御饗応方

中村九兵衛　人見吉左衛門
津田権平

一、御給事指引并御料理出口取持兼

御大小将　御番頭
御大小将横目

一、御給事

御大小将　新番

一、手長

坊主　指引同小頭

一、御勝手座敷

物頭　御大小将　御番頭

一、御給事指引并御料理出口取持兼

右御番頭相兼

一、御給事

御大小将　新番

一、手長　坊主　指引同小頭
一、御城坊主衆席　聞番
一、給事　御歩　指引同小頭
御広間御勝手
一、御一門様方御附使者　物頭　聞番
一、給事　御歩　指引同小頭
一、御入輿以後於御大書院　中村九兵衛　人見吉左衛門
飛騨守様初御吸物等出　津田権平
候節、御饗応方
一、御給事指引　御表小将御番頭
御大小将御番頭
御表小将横目
一、御給事　御表小将　御大小将　新番
一、手長　坊主　指引同小頭
一、諸事御用　御用人
一、所々見廻作法等可申付　御大小将横目
一、御振廻方御用　御台所奉行
但、御台所奉行ハ御広式ヘ相詰候ニ付会所奉行

一、御茶之湯方　御茶堂方
一、御座敷掃除等可申付　坊主小頭
一、御式台　御大小将御番頭　御使番
　御大小将横目　御大小将
一、大御門　神田十郎左衛門与力・同心
一、中御門　高畠安右衛門与力・同心
一、外廻掃除等可申付　御作事奉行　割場奉行
一、御露地方并御手水之義可申付　三十人頭
一、御役者取持　会所奉行　御歩横目
一、御屋敷中火之元可申付、尤足軽　御近所火消　御小将二人
召連廻可申候
以上

廿八日　左之御覚書駿河殿御渡之旨等、御横目永原治九郎ヨリ例文之廻状ヲ以到来之事、
附於金沢ハ十二月廿八日於御横目所寄々一統可申談旨、御用番御渡之覚書、諸頭等ヘ披見申談有之候事

付札　御横目ヘ
梅之御殿之事　梅之御居宅
北之御殿之事　北之御居宅

1 牧野康長（寛6 273頁）
2 啓（先ばらいする）
3 曽根次武（寛3 273頁）

右両御殿、是以後右之通相唱候様被仰出候条、此段一統可被申談候事
亥十一月

同　夜　四時頃、向柳原出火ト御櫓遠板打、無程天神三組町ト見直近板打、御備等立候、然処右火事藤堂和泉守殿向柳原上邸下長屋ヨリ出火、本家モ不残焼失之処、烈風ニテ和泉橋辺迄焼通り、同夜八時頃鎮火、右ニ付御邸ヨリ遠火ニ付、九時過退散申談有之、各引取

晦　日　左之御覚書駿河殿御渡之旨等、御横目永原治九郎ヨリ例文之廻状到来

付札　御横目へ

△御婚礼相済候為恐悦、御歩並以上之人々、頭支配人御小屋へ明朔日・明後二日之内罷出候様、一統可被申談候事

十一月晦日

御入輿御道筋

尾張様表御門ヨリ市ヶ谷八幡前、下田町、御堀端通り、牛込御門前、舟河原橋右へ御堀端通り、水戸様御屋敷前左へ、牧野虎之丞[1]殿御屋敷前脇壱岐坂ヨリ本郷二丁目通り此方大御門へ

御供啓[2]道

東御門ヨリ春木町麟祥院門前右へ、金助町傘谷通り、火消御役屋敷前右へ御堀端通、水道橋内山野辺主水正殿御屋敷前右へ稲荷小路、曽根内匠[3]殿御屋敷前通左へ、金森左衛門殿御

屋敷前通堀留、夫ヨリ俎板橋、九段坂、三番町通り、市ヶ谷御門、石橋横町、本村通用御門へ

以上

同日　左之通、於御横目所披見申談有之

十二月朔日御入輿ニ付、御殿揃刻限五時ト可申談旨駿河殿被仰聞候事

御婚礼御規式諸礼方、渡辺喜内ヨリ今月上旬書上候写

一、御結納御祝儀被進物、御小袖三重等之事ハ前記十五日之條ニ就有之爰ニ略ス

但、鯛ハ大二ッ・鯣六連・昆布六把・御角樽也、十五日ト互見之事

御当日御規式

一、御貝桶渡請取之事　　一、御輿渡請取之事

一、御当日御道具渡請取之事　　一、庭之松明之事

一、脂燭差之事

右御役人可被仰付候事

御祝御座敷

燭台　白絵御屏風　置鳥　御銚子

御床蓬莱――鶺鴒（せきれい）　御台　御瓶子一対　御器初

白絵御屏風　置鯉　御提　燭台

1新婦が衿にかけるお守

2酒宴の時、洲浜の台に作物の代りに大きな盃を三つ星・五つ星のように並べたもの

御水引紅純子宝尽御模様　　御敷絹白幸菱

御座敷御着之次第

御下段ヨリ御上段向御右之方　**中将**様

御下段ヨリ御上段向御左之方　**琴姫**様

一、**琴姫**様御着座被遊候テ、老女中愛敬之守[1]奉請取**中将**様ヘ入御覧、御床之折釘ニ懸ル

一、御器初御床之上ニ有之候ヲ**琴姫**様ヘ指上、夫ヨリ**中将**様ヘ差上、元之所ヘ直置申候

式御三献

御三盃　御床際ニ置申候　御星之物[2]　御三盃之御三方ト並置申候

御初献　御引渡

中将様　御酌　御銚子ハ御勝手ヨリ出申候

出ル

琴姫様　御加　御提

右御引渡御膳奉居候　但　白紙飾

御三盃　**琴姫**様御前ヘ奉居候　**琴姫**様御初め、**中将**様御納め、御酌御加入ル　御引渡

之　御膳下ケ申候

御二献御膳**中将**様　**琴姫**様ヘ御二献御膳奉居候　御酌御加　出ル

御三盃　**中将**様御前ヘ奉居候　**中将**様御初め　**琴姫**様御納め　御酌御加　入ル　御二献之御膳下ケ申候

御三献御膳**中将**様　**琴姫**様ヘ御三献御膳奉居候　御酌御加　出ル

御三盃　琴姫様御前へ奉居候　琴姫様御初め　中将様御納め　此時結ひ酌御座候テ、御酌
御加入ル
御三盃　御星之物御三献　御膳共下ヶ申候
　五々三[1]
御本　御二　御三　此御順段々奉居候　御湯出ル　御膳段々下ヶ申候、御縁高盛御菓子
出、直ニ下ヶ申候
　此所へ御土産物披露
右御規式被為済、御披被遊候事
　　　以上
　御色直　御着座之順
中将様　御三盃　御床際ニ置申候
　御三献
琴姫様　御星之物　御三盃　御三方ト並申候
　御初献御膳
中将様　琴姫様へ御初献之御膳奉居候　御酌御加出ル
右御銚子ハ御勝手ヨリ出申候、但、金紙飾
御三盃　中将様へ奉居候
中将様御初め琴姫様御納め　御酌御加入ル　御初献　御膳下ヶ申候
御二献　御膳

1 膳立の方式

中将様　琴姫様へ御二献御膳奉居候　御酌御加 出ル
御三盃　琴姫様へ奉居候　琴姫様御初め　中将様御納め御酌　御酌御加 入ル　御二献　御膳下ケ
申候
　御三献　御膳
中将様　琴姫様へ御三献御膳奉居候　御酌御加 出ル　御肴出ル
御三盃　中将様へ奉居候
中将様御初め　琴姫様御納め　御酌御加 入ル　御三盃　星之物
御三献　御膳共下ケ申候
右御規式被為済　三汁九菜御料理指上　御盃台　押等モ指上申候事
　御寝所御飾之事
一、御銚子提高砂之御台　稲之押之事
一、御規式前　御小漬　二汁五菜指上候事
一、天児(あまがつ)　御膳部之事
一、御貝桶　御弓　蟇目飾所之事
一、御玄関ニ幔幕之事
一、御規式之節、御三方等白木白絵ニテ御座候、御色直ヨリ
ハ白木色絵ニテ御座候
右平岩新左衛門申聞之趣ニ付、御待上臈等御略式ニテハ御規式如斯御座候、以上

十一月

御三ッ目　御五ッ目之内御取遣之皆子餅

五百八拾入　五合取玉子形餅

壱折　　干鯛十枚　居台

壱折　　昆布十杷　居台

壱折　　鰑　十把　居台

十二月朔日御婚礼之節、御飾　附今月十五日御結納之節モ同断

御大書院

三幅対　中福禄寿　左右龍　雪舟筆　　立花二瓶　銅耳口 木地台

御棚　御香炉　青磁八卦　御盆　堆朱五葉入

御軸物　明月記　定家卿筆　御盆　青貝

御附床

御硯　平瓦　子昂　　御硯屏　七宝　　御筆　青貝

御筆架　銅牛人形　　御墨　飯櫃

同二之間

二幅対　梅花　友雪筆

御小書院

二幅対　左　梅ニ鳩
　　　　右　竹ニ雀　猩々翁筆
　　　　　　　　　　砂物　銀象眼鉢

御棚
　御香炉　赤絵今利唐子
　　　　　　　　　　御盆　地紅菱
　御硯箱　松柳蒔絵
　　　　　　　　　　御料紙　青白

同　溜

一幅　菊　探幽筆

　御広間

一幅　松図　子昂筆

　御勝手座敷

一幅　寿老人　養朴筆

十二月朔日就御入輿御表御客御献立

熨斗木地三方敷紙　御料理二汁七菜　御膳塗木具

　鱠　ひらめ　桜海苔　くり
　　　せうか　きんかん
　　　　　　　　　　御汁　小つみ入　皮こほう
　　　　　　　　　　　　　地紙蕪　松たけ
　　　　　　　　　　　　　小な

　　香物　塩山椒
　　　　　　　　　　御食

二
　杉箱濃醤　ほうく　つみふ
　　　　　　山のいも　木茸
　　　　　　　　　　御汁　すゝき
　　　　　　　　　　　　　うとめ

都春錦　大梅干　大平かつを
ちんひ

八寸

指味　鯉子付　玉子せんへい　巻からすみ　刻かくてん
九年母　わさひ　熊笹

煎酒

向詰　小鯛焼て　御台引　はた白みそ漬
青串

御肴　まくりかまほこ
杉串　御吸物　小はまくり　結にんしん
岩たけ

御土器　木地三方　御取肴　巻するめ
干はむ　木地三方　敷紙

御下捨土器　木地足打

数之御土器　木地三方　御取肴　同断

御茶請　千歳餅
あたけ　後御菓子　すいしかん
紅室つくし
若葉

同日、於御広式御献立

御小漬二汁五菜　御膳塗薄盤

酒浸　紙塩すゝき　皮取みかん
塩引かつを　御汁　焼たい　坪しいたけ
長いもさん

御食

香物　かす漬　平瓜
　　　しそ　千枚漬

二

煮物　かまほこ　漬せんまい
　　　くわい

御汁　しら魚
　　　黒のり

浸し物　甲いか　小な
　　　　紅かくてん

一塩小鯛焼て　御盃　御銚子

御肴　すたれ麩
　　　もみふし

御吸物　くしこ
　　　　糸にんしん

御干菓子　干種のはま　まつかさ　青柳
　　　　　小みとり　　御やうし

御床飾置鳥等前記之通、但御星の物　のりからすみ
　　　　　　　　　　　　　　　　　からすみ

式三献

初献　土器下輪　香立　海月　御器
　　　三土器紙土器下輪香立梅干　同台

二献　同断　同断　ひれ　酢壺　塩　御器
　　　同断　　　　打身　　　　生姜　同台

三献　同断　腸煮　同上　塩　御器

長柄御銚子　提　同台

五々三

御本

土器下輪

塩引　小角　香立　きそく　蒲鉾　土器下輪　御汁　つみ入　いものこ　葉付大こん　皮こほう　松たけ

同

削物　土器　手塩　土器下輪　香物　小角香立　小桶　御食　御箸　同台

二

同

鯛　同上　鰡　下輪きそく　貝盛　土器下輪　御汁　鶴　地紙　蕪　漬蕨

同

たり　同　からすみ

三

小角香立

羽盛　小角香立　きそく　栄螺

同
　舟盛　御かさ　白木白絵三方　　　　御汁　鯉
　　御湯　同断
縁高
　御菓子　やうかん　長唐いも　　　台きそく　小蝶台
　　　　　まんちう　源氏かう　　　千鳥台　白木白絵三方
　　　　　有平糖　みかん
　　　　　朝日せんへい　　　　　　御やうし　とんほう
　　　　　　　　　　　　　　　　　　　　　松梅椿
　置御盃
此所ニテ御退座、夫ヨリ御色直等　前記互見
三御盃　白木紺青絵三方
土器下輪
　御星の物　九万疋（くまひき）
　　　　　　のりからすみ　花盛　白木紺青絵　三方
　御色直三献
初献　小角　昆布
　　　同　熨斗　三土器　御器
　　　同　勝栗　　　　　同台
二献　小角　結のし　土器下輪蝶　改敷
　　　土器下輪香立　五色餅　　　御器
　　　　赤粉　　　　　　　　　　同台
　　　　白粉

三献
小角ひれ
土器下輪
鱒盛　御吸物　鶴
七宝下輪きそく
赤貝
御器
同台
御添肴
土器下輪きそく
鰷饗
白木紺青絵
三方
長柄御銚子　糸花金飾
提　同断
御料理三汁九菜　御膳木地薄盤
鱠
たい　小ゑひ　くり
笹かき大こん　金かん
御汁
鶴　地紙大こん
松茸　こほうせん
小な
小角香物
粕漬　ひら瓜　花茄子
表御漬蕪　塩山椒
御食
二
煮物
山吹しんしよ
せり
杉箱
ほうく
くしこ
にんしん敷みそ
御汁　たい　ゆ
煮鳥　鴨
ちりめん麩
さき長いも
梅か香

三
杉地紙
指味　鯉子付　すゝき　くらけ
　　　刻かくてん　九年母　わさひ
　　　熊笹
　　　　　　猪口　いり酒
　　　　　　　　　　御汁　万な

与　　　　　　五
小鯛焼て　木地三方　むしひらめ　葛溜り　木地三方
　　　　　　台引
御盃御銚子　　　御肴　小板かまほこ　木地三方
御吸物　松笠いか　しらかいいも
　　　　うとめ
嶋台土器一　難波　押　巻鯣　ふき
御納台　鶴亀　押　笹かれい　長春
御下捨土器　木地三方
塗縁高　千とせ餅
御茶請　水くり　御やうし
　　　　川たけ　　　　　木地三方
後御菓子　相生糖　長生殿
　　　　　児結ひ

御寝間御床飾等　前記之通互見

稲の稃　まきするめ
数の子

二度目之御膳　二汁五菜　塗薄盤

かき和　一しほ鯛　九年母
塩はらゝ　かつを

御汁　焼きす　根いも
岩たけ

香の物　みそ漬平瓜
粕漬花丸瓜

御食

二

に物　鮑　結ひしき
麸のせん

御汁　ほうく
こんふ

浸し物　にんしん
春きく

石かれい一塩

御盃　御銚子

御肴　生干さより

御吸物　小はまくり
みる

御茶請　玉子餅
くわい

後御菓子　海老糖　寿扇子
さわらひ

二

御二ッ目　朝御膳　一汁三菜

煎酒　すゝき一塩　よりてん　みつかん

御汁　赤貝　根いも

御めし

御香の物　花丸瓜　千まい漬

煮物　焼とうふ　こし玉子

小鯛一塩

御盃　御銚子　御肴　簾ふ　もみふし

御二菓子　紅長生殿　こほれ山吹　葛巻せんへい

同夕　御料理　二汁五菜

鱠　すゝき　山吹　さより　交くり　金かん

御汁　立花焼　丸うと　松たけ

御香の物　平瓜　花なすひ　花丸瓜

御めし

煮物　かも　せり
　　　舟形　ゆ

浸し物　のし半餅　はすね　みつは　　御汁　小々鯛　山せう

小鯛一塩焼テ　御盃　御銚子　御肴　生干きす

御吸物　花えひ　岩たけ　　御茶請　園の桃　川たけ

後御くわし　養老とう　貝つくし　白いと巻

同夜　一汁三菜

酒ひて　一塩あわひ塩引　かつを　　御汁　ふかし　沢ふき

香の物　花なすひ　平うり　　御めし

煮物　むし玉子　せんまい　　口細かれい　煮こゝり

御三ッ目　三日朝　御請ニ付左之通

和交　刻大こん　くるみ
　　　同にんしん　木くらけ
　　　よりてん　九年母
御汁　いものこ
　　　しいたけ
　　　つま白
香の物　花なすひ
　　　　平うり
御めし
煮物　薯蕷　麩
　　　結ひしき
鞍馬牛蒡　さとう　山升みそ
御盃　御銚子　御肴　苞とうふ
後干菓子　巻松風　宮城野
　　　　　唐いちこ

同夕　御膳　二汁五菜

指味　すすき　岩たけ　春きく
　　　白かくてん　みつかん　煎酒
御汁　焼なす
　　　沢ふき
　　　塩しめち
香の物　花丸うり　千枚漬
　　　　花なすひ
御めし

二

煮物　つみ入　焼くり
　　　にんしん
　　　葛通し
和物　せんまい
　　　ごまみそ
御汁　白うと
　　　焼のり
石かれい一塩　御盃　御てうし　御肴　巻はへん

同夜　一汁三菜

御吸物　焼かつを　うと　しその

御茶請　千年飴　くわゐ

后御くわし　牡丹糖　まき煎餅　小桜糖

煮物　くしこ小口　みの生か

香の物　ひら瓜　花なすひ

御汁　小かも　大こん

御めし

煮物　しんしょ　かさいな

焼ひたし鮒

本御三ッ目　四日朝　一汁三菜

かき和　鰍のすし　ふし　一塩ひらめ　九年母　くらけ

御汁　かき貝　よせとうふ

御めし

香の物　みそ漬大こん　千まいつけ

煮物　和らかふ　干へう　平ふし

ほうく一塩

御盃　御てうし　御肴　まはやき

御干くわし　栗粉短冊　みつかん　紅翁霜

同夕　御料理　二汁御菜

鱠　名よし　赤かい　刻うと　ひしき　九年母

御汁　小しんしよ　皮こほう　つま白

御めし

香の物　平瓜　花丸うり　森口漬蕪

煮物　むしたい　わさひ葛溜り

御汁　すゝき　ふきの頭

猪口　玉子

一塩小鯛焼テ

御盃

御銚子

御肴　あま鯛みそ漬

御吸物　くしこ　しらがいも

御茶請　宇治重ね　焼のり

后御菓子　牡丹かう　白玉とう　黄小みとり

同夜　一汁三菜

和交　くしこ小口　にんしん
　　　れんこん　ひしき
　　　みつかん
御汁　白魚
　　　大こん
御めし
香の物　平瓜
　　　　花丸なすひ
煮鳥　小かも　くわゐ
　　　すたれふ
小々鯛煮付

同日　五百八十之餅　御祝御膳　塗薄盤
結のし
黒まめ
御雑煮　餅　かつを
　　　　五部な
御吸物　御到来之
　　　　干鯛
御盃　御てうし　御到来之
　　　　　　　　御酒　御到来之
　　　　　　　　　　　御取肴　するめ
　　　　　　　　　　　　　　　こんふ

同日従相公様　琴姫様へ左之通被進之
御杉重
上　千代ころも　猩々糖
　　こほれ山吹　翁草　若なとう
二　松風やき　花蕨　寿扇子
　　若盛とう　玉あられ

下　千とせ餅　紅白
　　花やうかん

包御のし

彩色糸花仕立
　御菓子蓬莱
　　長命糖　千代の浜せんへい仕立
　　桜りん　ていさとう　紅白
　　長から糸

包御のし

同日　中将様へ従貞琳院様若松蒔絵御重一組

上　にしめ　麩　巻はへん　むし玉子　せんまい　くわゐ
　　　　　　粕漬花瓜　南天葉

二　小車かん　　三　黄簾餅　　下　九重まんちう
　　京かの子　　　　やよひ

包御のし

御前様へ従貞琳院様飜梅御重一組

上　にしめ　巻玉子　鯛小くし焼　ひしき　色付長いも
　　　　　　粕漬平瓜

二　相生かん
　　駿河野

包御のし

三　杢目餅（草）
　　寿き巻

下　山吹まんちう

今月従大納言様就御尋、諸家珍敷交名書上候写、左之通

松平豊後守内
七寸五分（クツハタ）刑部左衛門

松平相模守内
古屋敷跡新九左衛門

松平政千代内
谷谷谷谷（タニヤヤタニ）
八幡男（ヲナリ）也

仁礼政（ニシマサ）善六
三分（ミツ）一所（ヒトヽコロ）典膳

藤堂和泉守内
七里（ナヽサト）鎌左衛門

松平志摩守内
大毛（タイモウ）難有左衛門

宗猪三郎内
竹串伝角左衛門

小笠原右近将監内
松飾目出度左衛門

有馬中務大輔内
太田大三郎兵衛之助

酒井新十郎内
竹下太（フト）八左衛門

一石八斗兵衛

松平越前守内
加納鹿左衛門

水野日向守内
大岡田村新助之進五郎左衛門

松平壱岐守内
松加目由兵衛

松平甲斐守内
穴山宮内兵衛

奥平大膳大夫内
筑紫脇妊（ツクシワキハラミ） 高山綾多良彦（タカヤマアヤタラヒコ）

本多中務大輔内
長坂血鎗九郎

京極能登守内
今（イマ） 一（ハジメ）

牧野河内守内
入交（イリマジリ）弥六左衛門

鍋嶋摂津守内
嬉野（ウレシノ）五石（ゴロタ） 祐宗（ユウソウ）弥九郎

松平周防守内
草薙鎌右衛門

牧野佐渡守内
四月朔日（ワタヌキ）夏左衛門

水戸殿内
野呂山野狐六（ノロヤマヤコロク）

松平下総守内
後藤平戸二（ヒラトジ）

毛利甲斐守内
白貫満足（シラヌキマンゾク）兵衛
一二三四五六（ヒフミシコロク）

右ニ付先年有之候珍敷名苗字因々ニ左ニ附記ス

•帷子五月（イノロサツキ）　•米倉悠（ハルカ）　•洞　族（ヤカラ）　•梅内自力（ジリキ）

•毛馬内名張（ケマナイナハリ）　•信戸　武（ノブトタケシ）　•下斗米小四郎（シモトマイ）

•鎊田多（シンバタヲヽシ）　•下村宜平（ギヘイ）　•佐羽内　盛（サカリ）

•女鹿孫惣（メカマゴソウ）　•浦上叶之（カナヘ）　•田鎖　勘五郎（タクサリ）

•斗内　万（トナイヨロヅ）　•吉田　進（スヽム）　•人首藤四郎（ムス）ー伊勢国住ト云々

左ハ享保二十年書上候珍名苗字、但前記ニ有之分ハ不記

松平薩摩内
疋知田四方四五惣右衛門（ヒキチタヨモシゴ）

牧野河内守内
名字不知九十九（ナジフチツクモ）

水野日向守内
犬薗田村庄五郎助進（イヌソノタムラ）

細川越中守内
平　平平平（タイラヒラヘイヘイ）

伊達遠江守内
車海林舎人（シャウジ）

南部大膳大夫内
小助助助（コスケジョスケ）

鍋嶋摂津守内
嬉野白石祐宗弥次郎（シライ）

松平相模守内
古家添新九郎太郎左衛門（コガセキ）

松平阿波守内
米　辱世（ヨネヂヨクヤ）

松平下総守内
伊藤車戸二（シヤトジ）

酒井左衛門尉内
向坂血鑓（サキザカチヤリ）

乙丑十二月小

朔　日ヨリ十二日迄快天、十三日微雪、十四日快天、十五日終日雪降五六寸積夜霽、十六日ヨリ廿七日マテ快天続、廿八日終日雪降夕迄ニ三四寸積、廿九日快天

同　日　雨、御丸へ月次御登城、四半時過御帰殿

同　日　就吉辰、前記御作法書等之通ニテ八時過御出輿之段、御附人追々告来、七時過御入輿、御輿渡瀧川豊後守勤之、請取前田駿河勤之、御貝桶渡御家老代大寄合高橋司書勤之、請取前田隼人助勤之、御門下へ本多勘解由各褐子持筋熨斗目・長袴着用之諸頭御白洲等へ罷出、御表向御客御惣様夜五時前御披、夫ヨリ御結納之節同断御作法ニテ赤飯等頂戴被仰付、四時頃各相披候事

但、年寄中・御家老中へ今日ハ御重肴被下候ニ付、最初ニ御頂戴、右相済頭分二建ニ頂戴、御吸物　なよし　ふきのと

一、御奥御規式夜六時過初り八時過相済、御前同刻御表居間へ御披、暫御休息、追付御奥へ被為入、翌朝五時過御表居間へ御出之事

一、今日左之通、於御横目所披見申談有之

明日ヨリ四日迄、御表向一統平詰ト駿河殿被仰聞候事
但、三日ハ御日柄ニ付御規式ハ無之候得共、御表向服之義ハ御三ッ目迄之服同様之旨、御同人被仰聞候事

二日 従尾張様之御附頭内藤喜左衛門等於御居間書院、御目見被仰付

御先手
堀 三左衛門殿
白銀十枚 縐紗三巻 干鯛一箱

同
三浦和泉守殿
従尾張様御頼
縐紗三巻 干鯛一箱

右、今般御婚姻御取持御頼ニ付、今日御大小将御使者ヲ以被遣之、附宝暦十一年之節ハ御刀被遣之候事

瀧川豊後守
高橋司書
縐紗五巻 宛

右、昨日御輿渡・御貝桶渡相勤候ニ付、御大小将御使者ヲ以今日被遣之
附駿河殿・隼人助殿ヘモ従尾張様今日右同様ニ被下之

同日 左之御作法書等於御横目所披見

尾張様ヨリ皆子餅[1]被進候節御作法
一、御使者罷越候ハ組頭壱人・聞番壱人御玄関ヘ出向、御広間上之間ヘ可致誘引候
一、御家老罷出御口上承之、御目録受取、達御聴可申候
一、右相済御家老罷出及挨拶、御熨斗 木地三方 新番持出之可申候、相済御料理二汁七菜塗木

1（みなこもち）婚礼の三日目、婿・舅の両方で共に五百八十個の餅をついて互に使に持たせて祝う

具、新番給事ニテ出之、御料理前・御料理之内・御酒之内、御使組頭相勤、為挨拶御家老并
組頭・聞番罷出可申候

付札
宝暦十一年皆子餅被遣候節ハ、於御大書院御直ニ御口上御聞被遊、畢テ御盃等被下候義、
都テ紀州様御作法ニ相随ひ奉伺候様子ニ御座候、今般尾張様御作法御事軽き御扱ニ付、本文
之通可有御座候哉

一、右相済、御家老罷出御答可申述事

一、退出之節、御家老并組頭壱人・聞番一人御玄関鑑板へ送可申候

一、右御祝之餅台居之分并御樽肴等足軽羽織袴着用、御玄関敷付ヨリ御式台迄運可申候、御式
台ヨリ御歩服紗小袖・布上下着用ニテ罷出、御勝手へ引之、御次へハ坊主持参上之、残り皆
子餅ハ御歩両人服紗小袖・布上下ニテ御玄関へ罷出有之、挨拶仕請取之、足軽羽織袴ニテ御
玄関ヨリ御台所へ可遣之候事、以上

付札
本文居台無之分ハ裏御式台ヨリ御台所へ相廻候筈ニ候条、其趣ニ可被申談候事

明後日皆子餅被進候ニ付、御殿揃朝六半時之事

十二月四日皆子餅被進候節繰出等

一、皆子餅御進物入御覧候ハ長囲炉裏之間御台所上之間へ懸並置、御使者へ相渡候事
但、御使者ヨリ御台所与力へ申談、御進物之品不残長囲［炉脱］裏之間ニ難指置、御台所上
之間ニモ難指置候ニ付、御台所小者不寝之番申付候事

一、右御進物入御覧候節御台所与力取捌、御次へ同心持運候、御使者へ引渡候時分、簣台ニ入、

油単等懸申義ハ御婚礼方足軽ニ可申付候、従者御貸物并雨具篗台ハ前廉割場ヘ相渡置候事

一、右御進物等御台所御門ヨリ繰出、表御門ヨリ出、御入輿御道筋之通罷越候事

以上

五百八十之餅御行列

聞番方使役足軽　紺染木綿油単

足軽小頭　松木台御餅入篗台

聞番方使役足軽　但叺三ッ餅五十一持参人四人

同上

才領足軽　松木台御餅入篗台　才領足軽

同上　同上

御徒　同上　同上

鰑入御長持　才領足軽　昆布入御長持

御徒　但居台共入　同上　同上　同上

同上　黒塗　御徒

才領足軽　御樽入篗台　才領足軽　御餅

同上　御徒

同上　同上

入篗台　才領足軽　御餅入篗台　才領

但叺二ッ餅五十二同上　同上　同上

同上
足軽　御餅入籆台　　才領足軽　御餅
但叺三ッ餅七十八　同上

同上　　同上
入籆台　　才領足軽　御餅入籆台　　才領足軽
同上　同上　　同上七十六　同上

同上　　同上
御餅入籆台　　才領足軽　御餅入籆台　　才領足軽
同上七十五　同上　　同上　同上

御歩横目　紺染木綿油単
掛唐油入黒塗籆台　合羽籠
御歩横目　持参人三人　持参人二人宛

御徒
同同同　笠籠　同上　同同同　雨具才領足軽

横目等　挟箱　草履取　同　同　押足軽
挟箱　持人一人宛　御使者
挟箱　草履取　同　同　押足軽

人見吉左衛門　以上

三日　左之御作法書等於御横目所披見

尾張様ヨリ先つ之御使者参上之節御作法

一、御使者新番頭参上之節、取次御小将誘引、御広間二之間へ相通、物頭罷出及挨拶、追付御家老罷出御口上承之達御聴可申候

付札
相公様・大御前様・裕次郎殿へ之御口上、組頭罷出承可申候

一、御使者、物頭誘引御広間上之間へ相通、御吸物・御酒・御肴一二種指出、御酒之内為御使組頭罷出、御意之趣申述、為挨拶御家老幷物頭罷出可申候

但、給事新番

一、御答取次候御家老罷出申述相済披候節、御家老幷組頭・物頭・取次御小将、階下迄送り可申候

付札
御答相済候上**大御前様**御答**山村善左衛門**罷出申述候事

一、御家老幷組頭・物頭等携候人々嘉珍[1]無地熨斗目、返小紋ニテ無之布上下着用之事

一、時刻移候ハ軽き御湯漬指出申候、其節物頭挨拶之事

以上

明日**尾張様**ヨリ被進候皆子餅、御殿在合之頭分幷平士・御歩並迄頂戴有之候、且又御殿当番之足軽・小者へモ頂戴被仰付候事

十二月四日**尾張様**へ皆子餅被進候節

一、御台所御門ヨリ大御門出、御結納道筋之通罷越、あなた表御門へ入可申事

1（かちん）褐色

但、披候節、あなた本村通用門ョリ出、御結納之節披有之通
一、御使者大御門ョリ出候節、徒者ハくゝりョリ可相通事
一、御双方様御使者牛込揚場之通ニテ行合申図りニ候、互ニ挨拶なしニ可罷通事
一、白木篗台・棒・油単并泥台共ニ指置候事
塗篗台・塗長持等之分ハ持披候事
一、御使者**尾張様**ニテ取次役出向、御小座敷へ通り候、以後大番頭御口上書請取之、御答モ同人申述御料理出候事
一、御歩横目以下御進物相渡、相済候ハ披可申事
一、右御祝之餅被遣候節并**尾張様**ョリ被進候節、大御門・中御門暨**尾張様**御使者、中御門通東御門ョリ披候節、右所々大組御持方足軽警固申付、与力相廻可申候
御使者披候節、東御門へ之道案内、警固足軽之内ョリ可相勤候、従者ハ大御門外二枚開ョリ中御門前へ廻置可申候、道案内同断
一、宰領持人ハ御進物揚次第、東御門ョリ披候事
以上

四　日　前記之通**尾張様**へ皆子餅等被進候御使者ハ御小将頭**人見吉左衛門**、従**尾張様**同断御使者御広式御用人**間嶋権右衛門**番頭格、御双方共、綛紗三巻宛被下之、御料理等前記御作法書之通御双方同断、五時過御都合能相済候事
一、御婿入・御舅入当分無之ニ付、先つ之御使者新番頭**桜井内記**四時過参出、前記御作法書之

通従此方様之御使者組頭代自分相勤、御作法等左之御使書写之通

尾張中将様

右参上仕候処、御式台階上へ御先手物頭山本半右衛門出向御小座敷へ誘引仕、大御番頭鈴木嘉十郎へ御口上申述候処、今般御婚礼相整御同前目出度被存候、仍テ以御使御申越之趣満足被存候、此段宜申上旨右嘉十郎ヲ以御答ニ御座候

相控罷在候内、御吸物・御酒・御肴被下之、緩々相祝候様右半右衛門ヲ以御意御座候、且時刻移候ニ付、御出来合被下候段御使番山崎屯申聞、二汁五菜之御料理・御濃茶・後御菓子迄段々被下之候内、度々右半右衛門等并御同朋佐溝閑阿弥・安藤半阿弥罷出挨拶仕候、蒙御意候等之御礼嘉十郎へ申述候

右相済披候節、嘉十郎并御先手物頭須貝又十郎御式台鑑板へ相送申候、以上

十二月四日

津田権平

右御近習頭渡辺久兵衛ヲ以上之、且同趣之御使書一通宛相公様・裕次郎殿へハ、翌日御用所迄指出、大御前様へハ、梅之御居宅へ指出候処、山村善左衛門請取上之候段、返書到来之事

同日 御到来之皆子餅、頭分以上へハ御雑煮・薄醤油・花かつを向小皿干鯛直し二ッ・昆布直し二ッ宛、御到来之御酒御吸物、ほうく、ふきのと、御取肴・巻鯣、御結納等之節之通、於御料理之間年寄中等同席ニテ頂戴被仰付、御作法都テ御結納等之節頂戴之節同断、御歩

並以上ハ直し餅之侭、御吸物等被下之、足軽以下ハ御殿在合候分迄直し、餅・御酒・さき鯣被下之候事

同日　左之通、従御前様等拝領物被仰付

紅白縐紗　三巻宛　前田駿河　本多勘解由
前田隼人助
御近習頭　御用人

同　二巻宛　聞番　恒川七兵衛
同　二巻　白銀七枚　物頭並　辻　平之丞
同　二巻　御先手　中泉七大夫

右七兵衛等三人ハ、御婚礼方主付御用相勤候ニ付被下之、但平之丞当時ハ御近習頭ニ付、並之通外ニ二巻被下之

尾張様ヨリ
白銀二十枚　縐紗三巻　恒川七兵衛

尾張様ヨリ
縐紗　三巻宛　中泉七大夫　辻　平之丞
御広式御用物頭並　林　源太左衛門

同断
縐紗　五巻宛　前田駿河　本多勘解由

1・2・3・4・5・6長谷川・西尾・宮本・清水・堀田・桂山は旗本衆

前田隼人助
尾張様御家来
小笠原惣左衛門

此方様ヨリ
白銀十五枚　縐紗　三巻

右惣左衛門等御婚礼懸り之御役人へ夫々以階級被遣物有之候事

六日　今般御婚礼被為済候為御祝儀、従

公方様上使　長谷川藤太郎殿[1]
大納言様ヨリ　西尾忠四郎殿[2]
御台様ヨリ　宮本三次郎殿[3]
公方様ヨリ　相公様へ　清水新右衛門殿[4]
大納言様ヨリ　御同公様へ　堀田孫作殿[5]
御台様ヨリ　同断　桂山三郎兵衛殿[6]
公方様ヨリ　御前様へ　右藤太郎殿
御台様ヨリ　同断　右三次郎殿ヲ以、一種干鯛一箱・一荷御樽宛

御銘々御拝領、九時過御都合能相済、御表ニテハ御餅菓子等、御広式ニテハ二汁六菜等之御料理出之、附右上使等御六人共御使御広式番之頭也

但御表之分モ御料理御所望ニ付、御用意有之候処、御出之上御断、御焼物ハ御所望ニテ御取扱、将又宰領持人都合千人余来、依頼御料理代都合金小判八十六両被下之候事

右相済為御礼御老中御廻勤、御守殿并尾張様へハ為御普為聴、物頭御使被遣之、且相公様

御名代淡路守様、上意御拝聴之事

同　日　御餅菓子御余計有之ニ付、御台所奉行ヨリ相伺之上、於御台所、右御菓子頭分頂戴之、
御礼御台所奉行へ［（虫損）］申述

同　日　左之通被仰出、御台所奉行山岸七郎兵衛於御小屋申渡

御料理頭
任田金蔵

思召ニ不応儀有之ニ付、先
指控被仰付、尤御国へ罷帰
相慎罷在候様可申渡事

七　日　紀州様御息女様
裕次郎殿ト御縁組御内約、御用人津田権五郎為御使者参上、此方様へモ紀州様ヨリ御用人浅
倉三郎右衛門御使者ニ来ル、御双方共御酒・御吸物・御肴被下之候事

八　日　左之御作法書於御横目所ニ披見
御前様御里披之節御供人
一、御供人平士以上装束褐無地熨斗目・同上下
一、御歩小頭無地熨斗目・返小紋ニテ無之上下
一、御歩横目・御歩兼法小袖・返小紋ニテ無之上下
一、御歩以上くゝり股立
一、雨天ニ候ハ御歩横目以上手傘・木綿合羽着用之事

十　日　左之通御用所ヨリ申談有之

御出之御方々并以御使者申来候御口上、都テ申演之通り御式台帳ニ記可申候、将又御使者
相勤候書付、是又御先々御返答申演之通り、相調指上可申候
右之通被仰出候事
亥十二月八日

十一日　朝五時御供揃ニテ同半時頃御前様御里披[1]、暮六時前御帰被遊候事
但御家老御供本多勘解由、御用部屋御供関屋中務へ御供被仰付置候処、気滞ニ付代御近
習頭神田十郎左衛門 御持方頭 其外御大小将・御歩等御供、御行列附ハ［（以下空白）］

御算用者小頭並年寄中席　服部直助
執筆役
勤方不応思召儀有之ニ付、執筆役小頭並被指除之
右之通昨十日被仰出、且元来去年御留守詰之処、御婚礼御用ニテ詰延被仰付、右御用相済
今日発足帰候筈之処、右之通昨日被仰付候ニ付、自分指控之義伺候ニ付、今朝発足延引之
処不及指控ニ段就被仰出候、今昼発足帰候事

十三日　今般御婚礼御用等相勤候人々へ、左之通夫々拝領物被仰付
縐紗　五巻　熨斗目壱　前田駿河
同　三巻　同断　前田隼人助
白銀　七枚　青木与右衛門

1 おさとびらき　里帰りのこと

絹　三疋　宛

白銀七枚
絹　弐疋

白銀　三枚

同　五枚
絹　弐疋

同　三枚

御広式御普請方御用ニ付、左之通

染物　三端宛

中泉七大夫

恒川七兵衛

林　源太左衛門

辻　平之丞

御右筆
中西順左衛門

年寄中席執筆組外
渡辺源五郎

新番［（虫損）］方
渡辺喜内

青木与右衛門

辻　平之丞

白銀　五枚
染物　二端　宛　中泉七大夫
林　源太左衛門

白銀　三枚
染物　二端　御作事奉行
金谷佐大夫

同　日　左之通被仰付、但就病気ニ名代白江金十郎罷出

御加増
一、百石　先知都合三百石　坂井小平

小平儀
御幼少ヨリ久々御近習相勤、心付候儀ハ無泥御諫申上御心得ニ被為成候事共有之、忠勤之程不浅神妙之至御喜悦思召候、兼テ思召モ被為在候処大病取詰急ニ本復之躰有之間敷段被聞召候ニ付、如斯御加増被仰付右於御席駿河殿被仰渡、附小平病気指重、今月廿五日病死、享年五十五

十五日　昨日御老中方依御奉書、今日御登城、御婚姻之御礼被仰上、依之一統服紗小袖・布上下着用平詰、右ニ付相公様ヨリ御献上物之御使為組頭代拙者可相勤旨、昨日駿河殿就被仰渡候、今暁七時過御館へ出、夫ヨリ御城へ罷出、委曲左之通、着服無地熨斗目・小紋上下、九半時頃帰候事

公方様
一、干鯛一箱　附記、御大小将今日

御樽一荷　　　　　聞番代也
御目録

右今朝聞番外御用御座候ニ付、小泉権之助同道御城へ持参仕候処、御坊主衆桧之御間へ被相廻、土井大炊頭殿、御奏者番松平周防守殿御出席ニ付、御目録周防守殿へ御渡申、今般中将様御婚姻御整ニ付、御目録之通御献上之旨、大炊頭殿へ申述候処、御披露可被成旨御同人被仰聞候、御目付土屋長三郎殿御指引被成候、以上

十二月十五日　　　　津田権平判

右相公様へ指上候ニ付、御用所へ指出之候事

十六日　昨日御老中方御連名之依御奉書、今朝五時前御供揃ニテ同刻過御登城、九時頃御帰殿之上、左之通於御席頭分以上へ勘解由殿御演述、一先退重テ罷出恐悦申上候事

但、布上下着用罷出候様御横目中申談ニ付、各着改御席へ罷出、此次六丁目互見

昨日御老中方御連名之依御奉書、今日御登城被成候処、於御白書院御老中方御列座、兼テ御頼置被成候通、御家来壱人諸大夫被仰付候旨、土井大炊頭殿被仰渡、難有被思召候、此段何モヘ可申聞旨御意ニ候、右畢テ右ニ付前田駿河叙爵被仰付、伊勢守ニ被成候旨為承知、是又勘解由殿御申聞候事、

右ニ付西御丸ヘモ御登城被遊候、御老中・若御年寄衆へ之御廻勤ハ御名代飛騨守様へ御頼之事

御先手
中泉七大夫

右詰中此表御広式御用兼帯之義御入輿之砌故格別思召ヲ以被仰付候条、林源太左衛門等
申談可相勤候、尤御表向御番方モ申談可相勤候事

右、一昨十四日被仰渡有之

一、今日御家来叙爵之儀、勤功之者へ可被仰付旨、従
公義御指図有之候ニ付前記之通也、無左候得ハ家柄ニ付、本多主殿殿へ叙爵可被仰付筈ト
云々

△御組・御支配、来年頭御目見申上候人々例之通御書記、当廿日切ニ御指出可被成候
一、朔日御目見、二日御目見之人々モ前々之通御書分可被成候、朔日・二日ニ分り候義、廿日
頃相知不申候ハ、相知次第早速御申聞可被成候、御目見之人々ハ先廿日迄ニ御書出可被成
候、以上

十二月　　　永原治九郎

津田権平様

廿一日　御三家様曁日光御門跡へ之御使ニ参上、御使書別冊ニ記之、爰ニ略ス

同　日　為歳暮御祝詞、御表へ従御台様御使、御広式番之頭鈴木左門殿ヲ以、白銀十枚・干鯛
一箱御拝受、御作法御例之通ニテ御餅菓子等出之、御広式梅之御居宅ヘモ御広式番之頭石
尾喜左衛門殿ヲ以、縐紗廿巻宛紅白、従公方様御拝領、従御台様干鯛一箱・白銀十枚宛御
拝受、両御広式共二汁六菜之御料理等出之、御作法都テ御例之通ニ候事
但梅之御居宅ヘハ鈴木左門殿御表相済、二枚開ヨリ直ニ御越之事

右夫々相済、御用番之御老中ヘ為御礼被遊御勤候事

△当秋御参勤御供之人々、相雇候越後市振ヨリ信州新町迄、通人馬賃銀返上高割府帳面、別紙弐冊相廻候、年賦返上之義ハ近年被仰渡候通、御知行被下候人々ハ来子七月ヨリ、御切米被下候人々ハ来子三月ヨリ上納之筈ニ候条、右之趣被成御承知、御同役御伝達、御組・御支配之内才許有之人々ヘモ不相洩相達候様、御申談可被成候、以上

亥十二月　　人見吉左衛門判

津田権五郎判

同詰諸頭連名殿

享和三年十二月
越後市振ヨリ信州新町迄通馬賃銀割符帳

壱疋
一、弐拾弐匁弐分三厘七毛

右当御参勤御道中――――割符如此御座候、以上

亥十二月　　津田権平

野村忠兵衛印

人見吉左衛門殿

津田権五郎殿

廿二日　左之通承ニ付記之

御老中　　松平伊豆守殿

公方様御実父一橋宮内卿様御儀、二之御丸ヘ御移し被成、大御所様ト被称、諸侯方ヨリ之

献上物等、都テ大御所様御格ト被仰出候処、右伊豆守殿御請無之ニ付、御憤怒有之、仍之役儀御断被成候処、願之通今日御役御免許被仰付

廿三日　左之通

去十六日被叙四品候ニ付
今日右御礼被仰付

淡路守様

廿七日　於御次、今般御婚礼ニ付右御用等烈敷相勤候間被下之候旨、関屋中務演述、御目録被渡候ニ付、於竹之間夫々呼出申渡之、御目録相渡

金弐百疋宛　御婚礼為御用出府、近日発足御国へ
罷披候御歩六人

右依御願、是以後御会釈方等、都テ飛騨守様御同事ト今日被仰出

淡路守様

右為承知諸向夫々へ伊勢守殿被仰聞有之候事

付札
中村九兵衛
人見吉左衛門へ

今般御貸金等被仰付之趣、以別紙申渡候通ニ候、此儀先達テ拙者共迄被仰出之趣有之候得共、御勝手向御逼迫至極ニ付、段々御仕法モ被仰付、於此表不時成拝借等之願ハ一円御聞届無之趣一統承知之事、就中此表御借金方御年賦御返済被仰渡、未金主共ヨリ御請不仕御調達モ一切不致出来御時節故、中々御救等可被仰付御手当ハ勿論、御地盤御手繰モ甚指支

候ニ付、其段及御請候処、幾重ニモ仕少分たり共、御貸渡之義逐僉議候様重テ被仰出、当御在府別テ一統烈敷相勤失墜可有之処、願方モ無之ニ付テハ弥増可及難渋ト御仁恵格別之思召ヲ以被仰出候御儀ニ付、此上強テ申上候義モ仕兼候ニ付、此後御運ひ之処モ不顧、無理成取計ヲ以御貸渡ニ候条、被仰出之御趣意難有奉存、猶更万事倹約ヲ相守、御奉公ニ取続候様相心得可申候、前段之通此度格別之趣ヲ以御貸渡之儀ニ候間、尤以後之例ニハ不相成候、此段モ致会得候様可被申渡候

右之趣一統夫々可被申談候事

亥十二月

中村九兵衛
人見吉左衛門へ

付札

御勝手向連々依御難渋、御格外厳敷御節倹就被仰付候、追々御仕法モ被仰付候処、何モ御当節ヲ奉存入情相勤、別テ当年ハ彼是御用繁多ニ付、一統勤方烈敷自分失墜モ有之、弥可為難渋ト深く御痛心被遊候、依之当御在府格別之思召ヲ以、御歩並以上壱人扶持ニ金弐歩宛御貸渡、足軽以下へハ金弐歩宛可被下旨被仰出候、右之趣被得其意、組・支配之人々へ可被申渡候、尤諸頭中へ演述、組等之人々へモ申聞候様可被申談候事

亥十二月

別紙両通前田伊勢守殿御渡、各様へモ可及演述旨被仰聞候ニ付、写相廻候条御承知可被成候、以上

十二月廿七日

中村九兵衛

人見吉左衛門

在江戸
諸頭連名様

廿八日　歳暮為御祝詞両御丸へ御登城、且来年頭御着座等之義就被仰出候ニ為御礼御下りニ御老中方御廻勤

同　日　於御館モ歳暮為御祝詞、頭分以上四時ヨリ八時迄之内於竹之間御帳ニ附候事

廿九日　於御席年頭仮御奏者可相勤旨、伊勢守殿被仰渡候事

△元日御礼人揃刻限、頭分五半時、平士四時、二日御礼人五半時ト可申談旨、伊勢守殿被仰聞候条御承知被成、御組・御支配ヘモ御申談可被成候、以上

十二月廿九日

永原治九郎

同詰諸頭連名様

同　夜　於御次、御内々左之通拝領物被仰付

絹　二疋宛

御省略方　四人

御台所奉行　一人

染物　二端宛

会所奉行　一人

割場奉行　弐人

御作事奉行　一人

右格別烈敷相勤候ニ付被下之

右之外御台所懸り之者へ今度御婚礼之節、宝暦十一年御婚礼之節トハ過分ニ御入用方減候ニ付、金子夫々ニ応し拝領被仰付

同夜 去廿二日金沢発之早飛脚来着、**奥村河内守**殿春来積気之処、次第ニ指重難治之症ニ候旨申来、依之御尋等之義早飛脚出、御用所執筆夜半頃御殿へ出

今月十二日病死　享年六十九　人持組 **庄田兵庫**

同月　七日病死　同七十五　隠居料本高之内ヨリ五百石 **玉井宗仙貞道** 人持組**玉井勘解由**祖父

同月廿三日病死　同七十六　隠居料三百石 **不破介翁厳** 御大小将**不破東作**父

右金沢ヨリ追々告来ニ付記之、左モ同断

今月十五日 於金城、頭分以上へ今般、**中将**様御婚姻御整之御弘有之、依之同日翌十六日之内為恐悦御年寄中等宅へ廻勤、且御歩並以上ハ頭等宅へ為恐悦罷出候筈ニ付廿一日夫々参出、病気等之人々ハ名代人参出、京等詰人ハ代判人ヨリ申遣承知之上、頭等迄以紙面恐悦申越筈之段等、夫々御用番**村井又兵衛**殿ヨリ被仰渡有之

△諸方御土蔵打込返上銀、先達テ取立置候返上銀、しらへ目録御知行之分、根帳引合相済候ニ付証文取立候条、組・支配之分取揃加奥書并身当共、来年二月廿日迄之内当場へ可被指出

候、右しらへ目録之内銀高等相違候之分ハ引直置候ニ付右目録可相達候条、来年正月廿日ヨリ同廿八日迄之内、奇日・偶日共、四時ヨリ八時迄之内、名目録為持家来可被指出候、証文調方ハ其節可申談候、且証文被指出候節右相達候しらへ目録指添可指出候、名目録ハ最初之分、相用候ニ付被指出候ニハ不及候、其節添紙面ニ証文通数書記可被指出候、他国詰之分并旧宅曁故障人ハ代判人ヨリ取立可被指出候、遠所在住等之分ハ到来次第可被指出候、以上

十二月七日　　御算用場

菊池九右衛門殿

十二月廿三日跡目被仰付候人々左之通

二千五百石　内三百五十石与力知　将監養子　**永原大八**

末期願置候通、実方弟**永原七郎右衛門**嫡子**大八**養子被仰付

千七百石　外記養子　**奥村八郎**

三百石　源右衛門嫡子　**竹田彦六郎**

七百石　内三十石**今井**茶湯料　斎宮末期養子　**戸田喜十郎**

千石之三ノ一
三百三十石　半蔵せかれ　**不破鋹三郎**

五百石　孫市嫡子　**古屋七左衛門**

二百二十石　九郎右衛門嫡孫　坂田鉞吉

五百石　勘大夫養子　永原進之丞
末期願置候通、同姓永原久兵衛指次弟

二百石　久之助養子　山東歌之助
同断
奥野故七左衛門次男聟養子

千石　孫兵衛嫡子　小堀新蔵

五百五十石　内二百石与力知　七左衛門嫡子　奥野嘉六郎

三百五十石　八百之助養子　奥村鉄之助
同断　実方弟奥村平右衛門嫡子

三百石　次郎養子　河合亦祐
末期願置候通、末家河合右膳嫡子

二百五十石　善左衛門養子　西村次郎

二百石　伊大夫養子　丹羽松之助

同　三郎兵衛養子　中村直記

二百石之三ノ一
六十石　伝次郎養子　鷹栖立之助
末期願置候通、魚住道仙三男

四百石
末期願置候通、村杢右衛門四男勇次郎義聟養子
百八十石
同断　指次弟
同
百二十石
同
百石
同
百五十石
百石
同断　吉田丹次郎弟
百石
同断　兄金三郎
五人扶持

七之助養子　福嶋勇次郎
健太郎養子　松江与三五郎
次郎兵衛嫡子　水野団助
幸助せかれ　宇野孫三
与兵衛嫡子　加藤又九郎
久五左衛門養子　富永助三
八郎左衛門嫡子　脇田石之助
伊助せかれ　内田三九郎
助三郎養子　吉田喜三郎
大作家督相続　跡地金三郎
升庵せかれ　小瀬復庵

十人扶持　元昌養子　**今井昌軒**
末期願置之通、**魚住道仙**二男

百石之内　平左衛門嫡子　**相川平大夫**
八十石
平左衛門義定番御歩小頭被仰付候節、御引足知五十石之分可被指除儀ニ候得共、数十年勤
功モ有之者ニ付如此被仰付

百十石　嘉平太養子　**西永与三八**

五人扶持　平八せかれ　**長谷川平太郎**

百石　武右衛門養子　**山崎武次郎**

同日　転役等左之通被仰付

定番御馬廻御番頭　**津田孫兵衛**代　御表小将横目ヨリ　**太田数馬**
御近習御用ハ御免除
両学校御用兼帯被仰付

御台所奉行　**馬渕順左衛門**代　御大小将ヨリ　**湯原友之助**

御近習御用兼帯御免除　組外御番頭　**岩田伝左衛門**

役儀御免除　定番御馬廻御番頭　**津田孫兵衛**

就病身、依願役儀御免除
白銀五枚・生絹三疋拝領被仰付

御台所奉行
馬渕順左衛門

△かけの諸勝負御制禁之義、例年之通御用番村井又兵衛殿ヨリ今月廿三日御触有之

十二月十六日、左之通被仰付

隠居料
十五人扶持

能美郡御代官
森　権五郎

家督無相違
百八十石

権五郎せかれ
同　勝三郎

権五郎儀及極老候迄数十年御奉公仕、品々役儀全相勤候ニ付隠居・家督被仰付

御年寄衆執筆役御算
用者小頭並

竹中伊兵衛

伊兵衛儀勤方不応思召儀有之候ニ付、執筆役・小頭並被指除

或書ニ曰、長吏弾左衛門、座頭ト出入ニ付、頼朝公御時代於鎌倉、御定法之御朱印物頂戴仕置所之一巻ヲ指出之写左之通

座頭　髪結　籠番　猿楽　陰陽師
壁師　瓦師　辻盲　猿引　鋳物師
石切　放下　笠縫　鉢叩　辻貧人
渡守　山守　青屋　壷立　弓弦師

筆結　墨師　関守　金城　土器師
獅子舞　蓑作　傀儡師　傾城
右之外、道之者数多有之ト言へ共、是皆長吏之下たるへし、船大工・棒削・盗賊之類・湯風呂屋・傾城屋・人形廻・沓作・革細工・膠細工、此等之類、長吏之下たるへき者也
鎌倉住人　藤原朝臣
弾左衛門将頼兼
右之通、頼朝公御諱之上之字被下置、御朱印被成下写也

謡有七徳事
音律・拍子・詩歌・催馬楽・発句・和歌
附、草木鳥獣器物四時糸物
神釈儒之教知
附、仏神聖賢祖師古人之名
和漢之文字知
附、仮名遣手仁於葉
官位之名
附、衣服之色禁庭
武備知

附、古今治乱名将勇者

三国之名所

附、宮社寺庵屋室

散鬱気覚快楽

前記去年享和二壬戌歳十二月畾紙互見、其次左ニ続く

文化二年八月三日、御馬廻頭**岡田助右衛門**組**笠間新左衛門**儀前記之通蟄居御免之処、嫡子**助佑**儀永く御預ニ付勤番引仕罷在候、然所**新左衛門**儀段々年罷寄候儀、一生御番モ不相勤族、甚迷惑至極奉恐入候、**助佑**儀不縮ニ無之様急度仕抹仕置可申候間、可相成儀ニ候ハ何卒御番相勤度、併此儀不都束(ふつつか)ニ奉願候儀如何敷、先頃**助右衛門**迄及内談候ニ付旧例モ無之事ニ候得共、当五月御用番**長甲斐守**殿へ**助右衛門**ヨリ得御内談、御指図有之様仕度段相達置候処、今三日右懸り合之**稲垣左兵衛**妻ハ**駒井浅右衛門**姉ニ付先達テ**助佑**同事**浅右衛門**へ永く御預之処、其砌ヨリ不縮無之様致仕抹置、**浅右衛門**儀御番相勤罷在事ニ候得ハ**新右衛門**儀モ同様之事ニ候間、御番相勤候儀御聞届被成候、尤**助佑**儀急度不縮無之様仕抹可致置旨、執筆**堀江忠蔵**ヲ以被仰聞御達申置候、御内談紙面御返ニ付、**新左衛門**へ御番相勤候儀承届候趣等、以紙面申渡、御番入ハ**助佑**縮方相整候上、及案内次第可申談段モ**助右衛門**申談置候処、縮方相整候段案内ニ付同月十日ヨリ橋爪御門四番組へ御番入、同六日申渡候事

一、同年八月廿五日、御用番**甲斐守**殿ヨリ追付可致登城旨之御紙面ヲ以、**岡田助右衛門**御呼出、

左之通以御覚書被仰渡候ニ付、新左衛門儀助右衛門宅へ御呼出申渡之

付札　岡田助右衛門へ

笠間新左衛門嫡子
助佑

右助佑儀、新左衛門へ永く御預被成置候得共、此節之儀ニ付御免被成候条可被申渡候事

八月廿五日

一、文化五年五月十日、右平大夫助佑事也縁組御馬廻組大嶋忠大夫三番目妹ト申合度旨、父新左衛門ヨリ奉願候処、同年七月十日願之通被仰出

一、文化七年七月、河内山久大夫組笠間新左衛門儀七十一歳ニ相成、不行歩等ニ付御番御赦免願置候処、同年十二月十九日願之通御赦免之儀、御用番奥村助右衛門殿被仰渡

一、右ニ付為冥加せかれ平大夫四十歳へ代番為勤度旨、願之通文化八年七月十三日御用番長甲斐守殿被仰渡

耳目甄録　廿

享和元年―享和二年　内容一覧

本巻での藩主家系譜

治脩（はるなが）（藩主・一一代、加賀守・宰相

享和二年三月隠居、肥前守）

斉広（なりなが）（世嗣、筑前守・一〇代藩主重教次男

享和二年三月家督相続、藩主・一二代、加賀守

享和二年六月一三日中将転任）

凡例：★は権平（政隣）自身がかかわるもの

○のついた月は閏月

寛政一三年・享和元年（一八〇一）

治脩（五七歳）在府
斉広（二二歳）在国、3月26日参府
★権平【政隣】（四六歳）在国、4月28日異風才許
加人（兼役）

1・1 今月の天気
1・1 御留守年の通り頭分以上登城
1・7 人日祝詞で物頭以上等登城
1・8 例年通り月次経書講釈休講
今暁の強風で西丁口門倒壊、今日より修復
1・15 ★月次出仕
19日より喧嘩追懸者役交代（青木→中村）
月番加判（横山・前田）
1・21 治脩より、年頭祝儀御礼銭上納への謝意届く
25日、町人の宿駅伝馬利用への名義貸し不可の触れ
1・27 江戸詰交代（杉野→広瀬）
右順番は（佐藤）のところ、役儀のため次順（広瀬）になる
幕府より、二朱判製造停止、丁銀製造等の触れ
あわせて二朱判通用促進の触れ
19日、病死（公事場奉行：小幡）
24日、病死（家老：横山）

2・1 今月の天気
★月次出仕
斉広当春出府御供三件（広瀬・菊池・三宅）
2・4 斉広出府御供二件（原田・安達）
2・7 足軽小頭等永年勤務者へ増米五俵
2・13 治脩帰国の際の御礼使（篠原）
2・15 ★月次出仕
転役三件（笠間・山森・山根）
召出（馬医：佐野）
21日、★政隣へ、治脩の年頭祝儀御礼状受取に来るよう組頭（本多）から通知
2・22 ★本多邸へ御書拝戴のため訪問
2・25 （長）叙爵御礼出発前に斉広より紗綾拝領、料理・盃事、★相伴
翌26日（長）出発、★見送り
2・24 13日享和と改元と御用番より周知
2・28 転役五件（交名あり）
指控（和田）

2・29　馬廻組（寺西）妻自害一件
家中・町方とも火の元用心触れ
斉広出府御供二件（寺西・奥村）
治脩帰国発駕4月6日予定も延期

3・1　今月の天気
★月次出仕
転役（渡辺）
斉広出府発駕当日の城内通行規制の触れ
8日より喧嘩追懸者役交代（山路→千田）
11日、御用番宅へ斉広発駕の祝詞参上の廻状

3・13　斉広発駕、途中将軍御成り行列で浦和一日逗留、26日江戸着府

3・15　★月次登城

3・18　★来月長谷観音祭礼への詰番被命
江戸御供人への餞別等無用の触れ

3・22　転役等八件（交名あり）

3・23　転役四件（交名あり）

3・25　病死（算用場奉行：永原）

3・28　★長谷観音見分

3・29　馬廻役（樋口）自害

3・30　★長谷観音詰めにつき、明日の出仕断り紙面提出

4・1　今月の天気
★月次出仕

4・2　★昨今両日観音院へ詰め、他詰人・能番組書上

4・9　転役（青木）

4・10　先手組（広瀬）江戸より御暇、今日帰家

4・15　★月次出仕
先手組内で悶着一件
寺中祭礼能、詰人・能番組書上

4・18　帰国御供御用捨で今日帰着者三人
4日、治脩帰国道中御供三件（永原・長瀬・広瀬（長）、江戸での叙爵御礼を終え帰着

4・22　転役（大野木）
裕次郎の御幟見学の触れ

4・26　江戸より治脩御暇の次第申来る
転役（広瀬）

4・28　★御異風才許加人（兼役）を被命
転役等七件（交名あり）
遠慮等二件（副田・福田）

4・29　転役（大野）
改名（本多）

5・1　今月の天気
★月次出仕
治脩帰国御供二件（山路・恒川）
前月17日、斉広紅葉山予参時に家臣馬逃出し一件
5・2　★異風鉄砲稽古見分で三の丸へ、以後の毎月稽古日書上
★今月中の鉄砲関連所々初見分書上
5・5　★端午祝詞出仕
二の丸下石垣普請のため唐御門等往来規制
5・15　★月次出仕
閉門者等の有無書出しの命
転役（長瀬）
5・18　牢揚屋へ（伊藤父子）
5・28　昇任・新知（広瀬）
観樹院七回忌法事、来月28・29日と触れ
これまでの各種貸付銀の返済方変更について触れ
両川への塵芥投棄等について例年どおり触れ
6・1　今月の天気
★月次出仕
6・11　転役等二件（永原・高畠）
転役・加増（水野）
6・15　★月次出仕
6・19　転役（下村）
新知二件（藤井・田嶋）
6・22　治脩帰国延期も、日決まり次第出府（青木・山路）
6・24　宮腰・大野、漁場諍いにつき騒動一件
6・28　天徳院で観樹院七回忌法会執行
13日、治脩持病につき、秋まで帰国延期を周知
7・1　今月の天気
★月次出仕
半納米価
金沢城内で怪物飛行
今夏まむし多出、被害者多し
稲実入り時期につき、石川・河北両郡で鷹野遠慮触れ
7・5　家中勝手難渋により、上納銀用捨等の触れ
7・7　★七夕出仕、佳日につき諸場式日なし
転役二件（進士・大脇）
足軽・小者への貸金の返済方を触れ

7・9　転役（塩川）
7・11　隠居・家督（土師家）、隠居料あり
跡目等四三件（交名あり）
7・13　養子・縁組等仰出
依願役儀免除三件（篠嶋・古屋・堀）、各拝領物あり
7・15　盆中につき月次出仕なし
7・16　同じく諸場式日なし
7・23　犀川上で鉄砲稽古★見分、同役兼役（窪田）同道
7・26　上納用捨につき、今年一作蔵解状渡される旨廻状あり
18日於江戸、治脩へ気色御尋上使あり
家中勝手難渋により、貸付銀返済猶予
羽州高畠藩で一揆一件
7・28　於江戸、両殿様御鷹の鶴拝領
8・1　今月の天気
月次登城、御用番より先月気色御尋上使の旨披露
8・20　大風雨、被害数件書上げ
幕府より博奕厳正取締の触れ
8・24　（前田内匠助）江戸へ発出
8・25　遠慮御免（佐々）
流刑御免（栗田）
指控御免（中村）
8・28　転役二件（人見・松本）
14日、江戸より治脩持病保養等の知らせあり
15日、暇帰国三件（高田・永原・長瀬）
同右代江戸詰二件（山路・恒川）
江戸詰人事、来年御供より繰上げ発令
24日於江戸、新扶持（外科医：塩川）
9・1　今月の天気
★月次出仕
出雲守前月26日卒去、殺生等遠慮触れ
9・9　重陽祝詞出仕
転役（人見）
石川門周辺普請につき通行止め触れ
（前田内匠助）江戸詰につき、乗物乗用措置で加増
五嶋領に異国難船一件
10・1　今月の天気

★月次出仕
10・13 異風才許指除(窪田)、これにより★同御用番引受け
役儀指除・遠慮(豊島)、★宅へ呼び申渡し
役儀指除・指控四件(小寺・高畠・宮井・前田)
10・15 ★月次出仕
10・16 病気につき加判・兼帯御免(西尾)、名代(前田)
弓料拝領三件(平田・嶋田・杉原)
異風料拝領四件(国府・今村〈源〉・今村〈次〉・不破)
転役六件(交名あり)
10・22 転役八件(交名あり)
隠居・家督(今井家)、隠居料あり
10・23 転役(堀)
藩主在府につき、来春は人馬数帳指出不要の触れ
1日、本納米価
11日於江戸、弓料拝領(石黒)
同日同、異風料拝領(今村)
28日同、直に江戸詰(団)
治脩滞府延長につき、小将頭等詰交代
寿光院広式造営の予定を仰出
南火の見櫓建直しを命
11・1 今月の天気
★月次出仕
11・11 転役四件(本多・青山・山崎・富田)
病死(多賀)
11・15 ★月次出仕
11日、転役(水野)
11・18 来年頭献上物等につき廻状
11・22 転役(斎田)
役儀指除・指控(加藤)
12・1 今月の天気
★月次出仕
藩庫逼迫の中、家中貸渡銀の触れ
12・16 跡目一三件(交名あり)
与力跡召出一六件
12・17 縁組・養子等仰出
役御免の頭列せがれ御番入二件(松田・安井)
12・22 転役(葭田)
12・24 算用者召抱
賭けの諸勝負禁止触れ

役儀指除（土方）

12・28 隠居・家督（藤田家）、隠居料あり

急速出府（組頭・聞番：長瀬）、但し二月発足に延期

12・29 歳末祝詞登城

聖廟九〇〇回忌につき、来二月（前田）京都へ代拝一件

享和二年（一八〇二）

治脩（五八歳）在府、3月9日隠居、10月25日帰国

斉広（二三歳）在府、3月9日家督を襲、6月13日中将転任

8月25日入国

★権平【政隣】（四七歳）在国、正月16日御歩頭へ転役、5月27日妻病死

1・1 今月の天気

御留守年のとおり頭分以上登城

1・4 御射初等例年どおり

（前田）服喪失念一件

1・7 人日祝詞で月次出仕の面々登城

1・8 月次経書講釈例年どおり休み

1・15 ★月次出仕

喧嘩追懸者役交代（中村→本保）

翌16日、右本保兼役拝命により、（茨木）へ交代

1・16 ★御歩頭へ転役、役料百五十石、御異風才許は免除

右につき、御歩頭御用番を（今村）より引継ぐ

同、御異風御用は（本保）へ引渡し

転役五件（交名あり）

1・17　転役（水越）
1・18　転役（中村）
1・28　転役（飯尾）、経緯書上
遠所蔵宿預け収納米のうち、端米の所払を許可
2・1　今月の天気
★月次出仕
2日、一季居奉公人につき公事場奉行廻状
14日、春秋出銀につき廻状
25日、火の元用心廻状
29日、城中火の元用心廻状
2・4　★式日登城も別段御用なし、組御用式日書上
2・10　明・明後日法事のため、★奥村河内守と宝円寺見分
2・11　翌日にかけ於宝円寺、謙徳院五〇回忌法事、詰等書上
2・13　★宅で組寄合、同役三人・小頭九人出席
4日於江戸、転役（林）
2・16　閉門三件（桜井・小谷・大屋）
2・18　★母方叔父（奥村）死去につき忌中役引
幕府より博奕厳禁の触れ
2・27　★明日より忌明けにつき御用番等へ案内
城内普請の完工・着手につき、往来解除・禁止触れ
2・28　転役（池田）
喧嘩追懸者役交代（千田→平田）
於江戸、御表居間へ年頭初めて寿光院等招請饗応、能番組書上
3・1　今月の天気
★月次出仕
3・2　治脩、隠居・家督の願書出す
斉広、御居間書院へ移る
3・3　上巳祝詞で例月出仕の面々登城
3・4　転役（佐藤）
藩主隠居等願書提出により、（長）等追々江戸へ発出
藩主家隠居・家督9日許可予定とのこと
3・8　転役二八件（交名あり）
3・15　★月次出仕
先祖由緒一類附帳提出の廻状あり
当春江戸詰交代に及ばずと仰渡さる
18日登城と触れ
3・18　頭分以上登城、治脩隠居・斉広家督許可の様子弘

めあり

3・22 転役四件（交名あり）
以後の治脩身分、伺・上申等について触れ
登城の命あり、改めて藩主家隠居・家督の弘め
配下へも申聞かせ、祝詞として組頭等宅へ罷出る
べし
江戸から通知の使者（林）今朝参着、次いで25日
大聖寺へ御使い
治脩肥前守に、斉広加賀守に改名

3・28 転役三件（関屋・渡辺・中村）

4・1 今月の天気
★月次出仕
長谷観音祭礼能
伺事は先例を以て行うべしの触れ

4・4 転役（石川）
泰雲院一七回忌法事について廻状あり

4・13 於江戸、転役等四件（交名漏れ）
幕府奏者番二名、家督御礼の習礼に近々来邸と

4・15 ★月次出仕
寺中祭礼能
於江戸、家督御礼につき藩邸での仕切り次第

4・16 隠居・家督（伊藤家）、隠居料あり
召出・新知（大平）
呼出しも忌中につき不出（玉井父子）

4・17 於江戸、斉広紅葉山予参

4・22 転役（三宅）
裕次郎の御幟建ての廻状あり

4・25 昨日廻文により頭分以上登城、斉広家督御礼の弘
めあり
右により今・明日中、年寄宅等へ祝詞勤めるべし
★本家家老役（津田）忌中も、勤めるべしと指示あ
り
江戸城御礼の際、随身家臣の忌にかかわる追記
不応思召につき役儀指除（小将頭：伊藤）

4・26 転役（今村）

4・28 隠居・家督（玉井家）、隠居料あり
藩主家家督・隠居につき京都へ御使（多賀）
逼塞免許（遠藤）
三月中旬より金沢・江戸とも風邪流行一件
風邪かからぬための手足の爪の取り方

5・1 今月の天気

5・4 ★月次出仕
斉広中将転任の場合の京都への使者、内々(篠原)へ命
5・5 ★端午祝詞登城
跡目・新知等御礼の際の献上金額・次第の伝達
5・10 ★明日・明後日御法事につき、宝円寺見分
5・11 翌日とも宝円寺で泰雲院一七回忌法事執行、★拝礼、詰め
5・15 ★例月出仕
転役(佐々木)
召出三件(湯浅・小泉・野崎)
5・16 転役(奥村)
★算用場より役料知仮所付受ける
5・21 於江戸、仮兼役(長瀬)、但し代人(不破)参着につき28日発帰
5・24 江戸城登城行列で水戸様行列と悶着
右により、処分・帰国(大脇・中村・塚本)
同時に登城時の心得を布達
5・26 於江戸、斉広七月中の暇頂戴予定を周知
入国御供等四件(交名あり)
5・27 ★妻病死につき忌中役引届提出
5・28 当江戸留守詰め順先書出しの命あり

今月中旬、越中川筋所々水損
6・1 今月の天気
★忌引につき月次登城せず
転役二件(前田・岩田)
6・6 明後日登城の廻状あるも、★忌引につき登城せず
頭分以上登城の上、斉広七月の暇帰国の披露あり
右祝詞として御用番宅勤めを命、★忌中につき使者出さず
6・7 転役(前田)
家督相続につき、貞琳院殿を様と唱えるべきも、殿のままと触れ
6・11 御料理人(坂野)せがれ、縮所逃出し自殺一件
6・15 月次出仕、★忌中につき登城せず
犀川・浅野川への塵芥投棄禁止触れ
6・17 ★忌明けにつき出勤
病気のため江戸より帰国旅中病死(土肥)
14日、病死(横山)
6・19 江戸より帰国予定候補日を告げ来る
7日、近習頭等へ入国御供仰渡し、(青木)は婚礼御用で詰延べ

10日、帰国御供七件（交名あり）
入国にあたり、供奉者の華美な服装等厳禁の触れ
13日於江戸、斉広中将転任の弘め、官名前々のとおり唱えるべし
13日、転役二件（中泉・鈴木）、鈴木は改名

6・21 土用入り
明日、上意下達あるにつき登城の廻状あり

6・22 頭分以上登城、斉広中将被任の披露、年寄中等宅へ祝詞参出すべし

6・26 転役（志村）、★政隣代で御先筒頭に
於江戸、御歩二人、それぞれ出奔一件・自殺一件
御近習御用（横浜）、御家督につき18日日光山への御使を拝命

6・27 ★母方祖母死去、★気滞につき今日より役引

6・28 転役（吉田）
新知二件（三上・小川）
加増三件（不破・矢嶋・中嶋）
隠居・家督（松野家）、隠居料あり
当留守詰七件（交名あり）発足日限書入れあり
当年日照りにより、水管理の厳正を命
転役（奥野）
於江戸、加増（織田）
20日、斉広転任の御礼登城、下城後老中方等廻勤
27日等、近畿筋等水害について書上
28日、大小将拝命七件（交名あり）

7・1 今月の天気
月次出仕、★気滞につき欠席届出
転役（河村）
半納米価書上

7・4 江戸邸で、斉広家督後初めて表居間へ治脩等招請、能番組書上
★父方伯母昨夜病死、病気役引に加えて忌中役引断届出す
★右につき、23日忌明につき出勤書付両通出す
家中難渋かつ町方調達も難しく、役出銀以外の諸上納金の猶予触れ

7・7 七夕出仕、★忌中につき出仕断る

7・8 月次講釈、★忌中につき断り紙面出す
転役（武田）
指控（伊東）、但し一昨6日の仰出

7・10 天珠院五〇回忌法事、来月4・5日天徳院で執行、及び閉門者等書出しの触れ

13日、右9月4・5日へ延期の旨廻状あり
斉広、江戸発駕8月6日予定につき留守詰人は発駕前に江戸着すべし
右につき、20日前後に追々発足
且、8月19日着城と通知
稲実入り時期につき、石川・河北両郡で鷹野遠慮触れ

7・11 与力から組外へ（笠間）
御歩小頭から組外へ（中村）
加増三件（松波・福村・角尾）
指控免許四件（小寺・高畠・宮井・前田）
逼塞免許二件（行山・青木）
指控免許（副田）
遠慮免許（飯尾）、但し当分江戸勤務させず
流刑免許（宮田）

7・15 例年どおり月次出仕なし
今回帰国御供人へ旅用費用貸付の触れ

7・22 ★23日忌明出勤の届出す
御入国後の御目見時の服装貪着なしと廻状

7・26 犀川蛇谷渕で御歩中水練も、★湿瘡により不出、家来差出す

7・28 家中勝手難渋で上納銀猶予の事務方手続きの触れ
28日、転役（永原）
斉広着城日、供の年寄衆への料理下賜御用主付を、馬廻頭（中村）等へ命
18日於江戸、加判（織田）
25日、上使をもって斉広へ初の暇、28日暇の御礼

8・1 今月の天気
★月次出仕
足軽小頭より定番御歩に召出・切米宛行（山本）
同（浦山）
足軽小頭惣組役より同三件（吉川・藤田・松田）

8・6 治脩、国元への湯治許され10月下旬帰国予定、★明日登城命あり

8・7 昨日廻文により頭分以上登城、斉広暇頂戴の次第披露あり
右祝詞のため年寄中へ勤めるべし
加判（前田〈修〉）
病死（前田〈内〉）
斉広着城迎え次第の覚書

8・11 一昨日心得違いにより自分指控申出るも許さる
（大小将横目：永原）

8・15　★月次出仕
斉広不快につき発駕遅れて13日に、25日着城予定
斉広家督等及び治脩隠居祝儀の献上鳥目代金について触れ
鳥目代金包封見本あり
8・19　転役（篠島）
8・21　江戸発駕知らせの飛脚来着、糸魚川到着の飛脚23日来着
8・24　明日着城につき★登城、小頭中と打合せ、待受け朝六つ時のこと
8・25　斉広、午頃着城、予定通り御迎え、御意あり
夫々御用方済み八つ時頃退出
同役一人ずつ、毎日四つ時より八つ時まで詰めのこと
入国御供人に料理等下さる
江戸へ交代発足人は、発足前日御用言付の有無問合わすべし
8・26　斉広、宝円寺・天徳院参詣、入国初につき御供人布上下着用
8・28　召出・新知（図書嫡子：前田又勝）
転役（遠田）
8・29　19日江戸より御用状、新築の寿光院御殿は梅之御殿と称すべし
11日、転役（村上）
13日、召出（針医：久保）
治脩帰国御供四件（林・山口・山路・湯原）
隠居・家督への献上物上納刻限等触れ
着城後の治脩への使者（志村）へ命、26日発足
26日、役儀指除（玉井）
29日順正院七回忌につき、高松への代香使者（杉野）11日発足
治脩、今般東海道で帰国につき、（小原）へ横須賀まで迎えを命、組足軽同道10月2日金沢発
今回の東海道経由は、斉広のすすめによると云々
9・1　今月の天気
月次出仕、一統御目見、御意あり
新知（安田）
斉広家督祝儀提出方法を触れ
9・2　御礼日の家臣の着服につき触れ
9・3　富山侯使者、斉広入国祝儀で登城
9・4　明日からの法事のため、天徳院惣見分
天徳院で天珠院五〇回忌法事、斉広参詣・焼香

9・5 右同、斉広参詣・聴聞
9・6 転役（林）、用意次第発足江戸詰
転役二件（伊藤・三橋）
15日より順に家中独礼、献上物提出詳細触れ
以下、15日より28日までの御礼人等書上
9・7 明日法事のため、神護寺惣見分
9・8 神護寺で浚明院一七回忌法事、斉広参詣
月次講釈は★御寺詰につき欠席
15日からの入国御礼につき、当病人等扱いにつき触れ
9・9 重陽出仕、前々のとおり藩主出座なし
9・10 新知等三件（石黒・竹内・棚橋）
9・11 転役二件（井上・永井）
跡目等四五件（交名あり）
9・12 斉広、宝円寺参詣
今回跡目・残知の人々の御礼・献上物について触れ
9・13 ★熨斗目・半袴で登城、以下、隠居・家督祝儀提出方詳細書上
病死（家老役：西尾）
9・14 明日御入国御礼につき、青銅仮切手を組御用番（矢部）一集に提出

9・15 月次出仕は止め入国御礼規式、詳細書上
前日に引続き入国御礼
9・16 跡目・残知の人は先日御礼済につき今回は不要
役儀の御礼は今日勤めるべし
治脩湯治帰国の日程を早飛脚で申来る
役儀指除・遠慮（吉本）、大坂で不慎のため
9・17 引続き入国御礼
9・19 治脩湯治帰国御礼使者（長）、23日発足
治脩着国御礼使者（三田村）被命
斉広からの御礼使者（青地）被命
召出（馬乗：片山）
9・20 斉広、神護寺・如来寺参詣
喧嘩追懸者役交代（茨木→永原）
9・21 引続き入国御礼
9・22 西本願寺使者、入国御礼のため登城
治脩帰国御供（織田）病につき、代（今枝）発足、10月2日江戸着
治脩御供代、一昨日以来順次発足出府
佳節朔望出仕の人々の病欠届について触れ
佳節朔望出仕の人々の列立時間厳守の触れ
9・25 引続き入国御礼
9・26 引続き入国御礼

9・27　治脩帰国時拝領物への御礼使（津田）28日発足予定
治脩帰国後、江戸への交代人は言付の有無確認のこと

9・28　引続き入国御礼
転役（服部）

9・29　東本願寺使者、入国御礼のため登城、斉広風邪につき出座なし
御用人当分加人（窪田）、欠人補充のため
今般入国御礼銭、来月10日より15日までに上納すべし

9・30　斉広、天徳院参詣
転役（松原）
指控免許（伊東）
指控免許・役儀指除（塚本）
遠慮免除（豊嶋）
治脩、国元入湯のため暇頂戴の伝達次第
病につき26日帰国、10月12日病死（家老役：織田）
来春参勤時節伺使者（山森）、10月2日発足
東海道帰国につき、御供人への付加金書上
御供御歩等支配（田辺・大橋）
江戸白山祭礼の山車門前通過時、当番士等見物勝手と触れ

10・1　今月の天気
月次出仕、一統御目見、御意あり
御用番から、治脩国許入湯暇頂戴の次第を披露
右祝詞を、今日中に御用番宅へ勤めるべし
召出（川嶋）
本納米価書上

10・2　養子・縁組等仰出、跡目は前月11日仰出
眼病で依願役儀免除（御歩頭：矢部）
★気滞役引で、名代河内山出す
病気で依願役儀免除二件（千田・立川）
養子願をきっかけに、（小塚）姓の各家の同苗判定

10・3　斉広、野田惣廟参詣、帰路桃雲寺立寄り

10・5　斉広、天徳院及び同境内天珠院廟参詣

10・7　都講（長谷川）、功により組外・能美代官等被命

10・8　馬廻頭四人、9日と二日にわたり御前へ召され親翰下さる

10・10　小将頭四人も右同断

10・12　斉広、宝円寺参詣、出は表式台より、帰は通常通

り奥の口
10・13 今回入国道中懈怠なく勤仕人へ拝領物あり
10・14 斉広、如来寺参詣
10・15 月次出仕、一統御目見、御意あり
(佐藤)子息等初御目見、(長谷川)組替の御礼
加増・組替(中西)
召出(「名前空白」)
転役(大村)
10・16 転役三件(辻・坂井・神戸)
献上大鷹の礼として白銀二〇枚下賜(越後青海駅 油屋建右衛門)
斉広疱瘡未罹患につき、近辺の士へ心得を命
各組へ、暮らし方質素倹約の命あり、★組頭連名請書出す
病死(加須屋)
10・17 金谷へ治脩帰着時の迎え配置等触れ
10・18 転役五件(交名あり)
新番組御歩召出一〇件(交名あり)
10・19 転役二件(神戸・小塚〈同時改名〉)
治脩6日江戸発との飛脚来着
10・20 金谷七拾間御門内は三之丸格合も、供は二之丸格合に召連れと触れ

10・21 江戸より御用状で次のとおり告げ来る
・治脩への在江戸人の祝詞献上について
・寿光院、梅之御殿へ移徙の件
・火事時の馬上で梅之御殿通過の件
・今般東海道御供人等への貸金について
10・22 転役三件(神田・井上・片岡)
寿光院病気の報あり、見舞早打使者(戸田)発足
治脩も旅中から見舞使者(田辺)派遣
10・23 治脩25日着城予定につき、御機嫌伺等段取り触れ
10・24 転役申渡しのため呼出しも病気により不出(「名前空白」)
★母方いとこ(吉野)病死の断り状提出
右、末期養子願いの始末
喧嘩追懸者役交代(永原→戸田)
10・25 治脩無事着城、御迎え次第書上
寿光院診察のため、医師(八十嶋等)23日江戸へ発出
帰着御礼の使者、治脩からは(三田村)、斉広からは(青地)発足
10・27 転役(沢田)
転役・新知(吉田)

11・1　月次出仕、斉広病により不出

11・2　今月の天気

治脩から隠居・家督の祝儀への謝意

右につき、★4日御請けのため御用番宅へ参出

11・3　公儀御用等免除（奥村河内守）、但し組頭は従来どおり

11・4　治脩の寿光院見舞いのため出府願い、公儀より許可の早打使者あり

使者両人（三東・村上）、途中越後駒帰高波で足止め

右につき、江戸へ両殿より見舞い早打使者（村・津田）

11・5　寿光院重体の使者（中山）来着

寿光院10月29日逝去報の使者（飯田・佃）来着

右につき諸殺生等遠慮触れ

頭分以上は明6日御機嫌伺登城の触れ

11・6　寿光院逝去につき、両殿名代で出府を（家老役：津田）へ命

翌7日急速発出（神田）

和歌山へ御悔み使者（久能）8日発

代香（石野）、御内御用（成瀬）、いずれも12日発足

願により御用勤務及び使者兼務（江戸広式御用人：富永）も急速発出

11・7　転役二件（吉野・吉田）

11・9　参勤御伺使者（山森）帰着、来春参府とか

寿光院逝去にともなう諸遠慮の日程を触れ

治脩は12月24日まで諸殺生等差し控え

頭分以上等の治脩への御機嫌伺い日程の廻文あり

11・13　馬廻頭・横目中へ親翰下さる

11・15　月次出仕、御機嫌伺い

御目見以上の士に系図差出しを命、詳細・様式あり

諸頭・諸奉行等の勤め向きを帳面にし差出しを命

11・20　9日廻文のとおり、★登城

11・22　斉広への朦中御尋奉書への答礼使者（中川）、12月1日発足

11・23　遠慮中につき月次講釈中止

転役三件（不破・福嶋・木梨）

寒気御尋奉書到来次第御礼使（和田）

11・24　別御用四件（交名あり）発令も、28日取消し、新たに発令

11・28　勝手方御用（本多・長・前田・不破）

27日、寿光院葬式、中陰法事29日・晦日

12・1 今月の天気
月次出仕、御機嫌伺い、年寄中序列変更の但書きあり

12・2 9日廻文のとおり★登城

12・3 算用場奉行三人と御用番本多が長談義

12・6 来年頭の御礼次第について廻状あり

12・7 由緒無き母の服忌につき触れ

12・8 月次経書講釈、治脩忌中につき中止
勝手方帳等の提出日限等について触れ

12・13 毎月29日、寿光院忌日につき殺生指控えの触れ
同日の順正院忌日の遠慮は解除するも、結果は変わらず
16日御用のため登城すべしと触れ

12・15 月次出仕、御機嫌伺い

12・16 頭分以上登城、家中難渋への各種援助策を告知される
右につき家中御礼勤を命
組支配人等へ重ねて心得の覚書
さらに御次で、(不破)より同様の演述あり
翌17日、御歩小頭中へ★同役御用番(河内山)右申渡し
治脩への来年頭献上金等上納日限を触れ
★組頭(本多)から、御礼参出すべしと廻状

12・19 役儀免除二件(湯原・稲垣)

12・20 転役(脇田)

12・22 家中借用銀の、一紙証文にまとめ等の触れ
9日廻文のとおり★登城

12・23 月次経書講釈、治脩忌中につき中止

12・24 例年どおり賭けの諸勝負禁止触れ
元日御礼揃時間、横目より通知
火事場へ無用の士の参集禁止触れ

12・26 跡目等二〇件(交名あり)
縁組・養子等諸願仰出
★来年頭の治脩への献上目録、奏者番へ届ける
★斉広への御礼銭は進物所へ上納
在江戸の人々についても右書上げ

12・28 ★歳暮祝儀登城
正月8日、例年通り経書講釈中止
正月4日の子息方御礼揃刻限
治脩風邪につき、来年頭の御礼は延期と廻状あり
加増(関屋)、加増理由書上

12・29 16日人持組中へ下された心得書書上げ

御次銀上納用捨の具体的取扱方の触れ

江戸より拝領鷹運送の御歩、矢代宿で盗難一件
寛政期、安房へ漂着の南京船乗組員の詠歌一首等
同年来聘の琉球王子の詠歌一首
寛政10年、家中で密通事件一件、但し真偽未解決
（「次巻廿一」最末尾に後日談記載あり）

耳目甄録　廿一

享和三年　内容一覧

本巻での藩主家系譜

治脩（はるなが）（前藩主・一一代、肥前守・宰相）
斉広（なりなが）（藩主・加賀守・中将）

凡例：★は権平（政隣）自身がかかわるもの
〇のついた月は閏月

享和三年（一八〇三）

治脩（五九歳）在国
斉広（二四歳）在国、9月26日参府
12月1日尾張家養女琴と婚姻
★権平【政隣】（四八歳）在国、9月26日出府

1・1 今月の天気
頭分以上登城、御留守年の格合で熨斗目半袴
五ツ時過ぎ暫く蝕あり
1・7 例月朔望出仕の面々、人日祝詞登城
1・8 月次経書講釈なし、例月8日・23日講釈あり
御用番よりの年頭御礼繰延日程書上
1・12 御歩（平田）弟、人持組陪臣（山内）殺害一件
1・13 同役（原田）宅で★同役寄合、例月定例日、宿は順繰り
1・14 繰延日程通り★熨斗目長袴で登城、例年通り夫々御礼
明日15日・閏正月朔日月次出仕中止、17日息方御礼揃刻限の通知
斉広、例のとおり御礼受ける
1・15 繰延日程通り御礼あり
夜、御松囃子、★政隣初めて御流御酒頂戴
1・16 繰延日程通り御礼あり
1・17 同右、役儀・跡目の御礼あり
1・18 繰延日程通り御礼あり
1・19 具足鏡餅直し、雑煮頂戴等例年通り
近日の雪にて屋敷廻りの除雪触れ
年頭の義は閏正月へかけても勤めるべしの触れ
1・20 斉広如来寺参詣予定も、積雪で24日に延期
1・25 当春参勤御供（前田駿河）
公儀御用・加判（長甲斐守）
1・28 転役三件（岩田・野村・白江）、三人とも頭の選出書なしと云々
役儀免除二件（和田・芝山）
当春参勤御供順★（政隣）組、詰番（河内山）組と届出、他組も同断
★政隣組御歩（岡本〈六〉）出奔一件
右につき、指控（御歩小頭かつ同親：岡本〈次〉）
病死（松尾）
或書による源平藤橘の別当書上
　鎌倉以降の執政名書上
語彙数種の意味書上

①・1　今月の天気
　　　月次出仕なし、御礼人あり
①・3　参勤延期の御礼使（人見）
　　　斉広からの年頭祝儀の返礼を周知
①・5　転役（菅野）
①・6　不時登城、国元仕置きのため参勤延期の許可を得たことを披露
　　　転役（寺嶋）
①・7　大小将被命八人（交名あり）
①・13　頭分以上不時登城、斉広頭分の心得を諭す
　　　★政隣等同役連名で右請書提出
　　　人持へは、組頭各年寄から申渡し
①・14　松寿院5日逝去、前後の使者次第
①・15　月次出仕、治脩疝邪につき不出
①・16　来月24日、神護寺で孝恭院二五回忌法事と触れ
　　　寒気御尋奉書への返礼使（水野）、前後経緯あり
①・17　松寿院卒去の報、肥後守使者持参
　　　右により諸遠慮触れ
　　　右御機嫌伺として、明日頭分以上登城触れ
①・18　★右により登城
　　　毎月10日、松寿院忌日とし諸殺生禁止触れ
　　　当年油払底、木実油売らせるも、食用等に不適と触れ
　　　道中先触厳正化の幕府触れ、これを受けた藩触れ
　　　今後5年間、東海道水被害宿六宿の人馬銭割増の幕府触れ、同藩触れ
①・28　前記14日の早打使者（堀）、さし急ぎで今日帰着
2・1　今月の天気
　　　月次出仕、一統御目見御意あり
　　　転役三件（成瀬・小原・宮崎）
　　　忌中御尋奉書の御礼使（岡田）今朝発足
2・2　役儀指除・指控（永原）、理由書あり
　　　本役兼役共指除・遠慮（佐藤）、理由書あり
　　　例年通り各種触れあり
2・3　当分兼帯（宮崎）
2・4　転役二件（里見・坂井）
　　　御部屋中諸士へ貸付の御次銀、下され切りを仰出
2・5　自害（深谷）
　　　会所貸銀上納用捨等貸銀につき触れ
　　　石垣普請につき下馬・下乗場所変更の触れ
　　　去年猶予の城造営方人足貸銀の上納につき触れ
2・10　転役（吉田）
2・11　遠慮（伴）

本役兼役共指除（久能）
役儀指除（永原）

2・13　転役一九件（交名あり）
加増（勝尾）
転役（山崎）
病気により不出（小寺・吉田）
1日於江戸、転役（中泉）
同、2月13日より喧嘩追懸者役（山路→堀）

2・14　転役五件（交名あり）

2・15　月次出仕、一統御目見御意あり
斉広、役儀の御礼等初めて受ける
転役（団）

2・18　転役四件（交名あり）
貞琳院、今後様付けで唱えるべく触れ

2・21　転役（平岡）

2・24　神護寺で孝恭院二五回忌法事、原田・★政隣交代で詰め
斉広、参詣予定も延期

2・25　転役三件（玉井・上坂・高田）
学校貸付銀、退転者は返納不要
扶持・切米取り人々の城造営方人足貸銀、当春取立てず

2・29　転役三件（石川・上木・河村）
参勤時通し人馬増貸銀残高の書出等触れ、書式あり
右、在江戸等は代判人より、跡目相続人は親の分書出すべし

3・1　今月の天気
月次出仕、一統御目見御意あり
隠居・家督二組（小川・木梨両家）

3・2　京都紫野芳春院和尚、祝儀のため登城・御目見等

3・3　上巳出仕

3・4　新知・御歩小頭二件（崎田・藤田）

3・6　御歩召出（岡本）

3・8　転役三件（水野・不破・渡瀬）

3・10　役儀免除三件（国府・富永・青山）、寿光院逝去に伴い他にも免等あり
二之丸詰番の鞭の取扱につき周知

3・15　月次出仕、一統御目見御意あり

3・16　転役二件（村井・奥村）
学校惣奉行御免（本多・前田・村井）
家中への貸渡銀の下され切りにつき触れ

3・18　加増三件（医師：内藤・八十嶋・小川）

新知（医師：魚住）
加増三件（西村・吉田・石橋）
新番組御歩召出三人（大場・寸崎・吉川）
急速帰国被命の（中村）帰着
御前様、江戸邸梅之御殿へ移転
学校での儒学修行仕法決まるまで稽古中止、他はこれまでどおり

3・21 転役（中村）
新知・組外へ（笠松）
9日於江戸、転役（高畠）

3・24 江戸上屋敷付近で火事、防ぎとめる
家中・町方嫁娶の際の石打を再度厳制
転役四件（交名あり）
当秋参勤御供順番（人見・野村・白江）

3・28 ★明後朔日登城すべしの廻状あり
8日江戸本郷で、九毛長門守行列供侍、町人四人切害一件
20日、学校役儀に携わる人々の行状慎みを令
4月1・2日の長谷観音祭礼能番組書上
或書の引用：杜氏の言葉の由来、海芋について

4・1 今月の天気
月次出仕、一統御目見御意あり
一昨日廻文により頭分以上登城、御書頂戴
但し、★組御用番につき御用番左京殿宅まで勤める
家督等御祝儀への返礼御書への御礼、、御用番宅へ勤めるべしと触れ
長谷観音祭礼、例年通り能あり、2日同

4・4 転役（富永）
御両殿様粟ヶ崎へ行歩、途中早乗り

4・6 家中各種借用銀返済方の通知あり
依願役儀御免（御歩横目：太田・藤田）、役料そのまま下される

4・8 転役（津田）
加人御用御免（吉田）

4・10 御用御免（前田）
自分指控（永原）、翌日指控に及ばずと仰出

4・11 当秋参勤御供・道中奉行（津田）

4・13 転役（高田）、用意でき次第江戸へ発出・詰め
老中申渡しで飛騨守帰国来夏まで延期

4・15 月次出仕、一統御目見御意あり
役儀の御礼、初めての御目見等

4・16　仰出されの学校基本方針、人事仕法等書上
4・19　読師二件（岡田・加藤）
4・21　来月12日、天徳院で宣光院三三回忌御茶湯につき諸遠慮等触れ
　　　犀川・浅野川塵芥放棄禁止等触れ
　　　七十軒長屋付近石垣普請完了、下馬下乗場所を旧に復す
4・26　組・支配等ある頭分等登城、慎方、倹約等の御書・覚書渡さる
4・27　寛政11年地震により、増借知一作返還及び貸銀の触れ
　　　右により29日、人持・頭分以上登城のこと（本多安房守）28日卒去につき諸遠慮触れ
4・29　★登城、御機嫌伺い
　　　転役（木村）
　　　春以来、諸国で麻疹流行、薬効等書上
5・1　今月の天気
　　　月次出仕
5・3　★組中呼出し、前月26日の御書の内容申渡す
5・5　端午祝詞出仕
5・6　斉広、入国後初めて二之丸へ治脩招請（能番組・献立書上）
　　　斉広、入国後初めて御表へ貞琳院招請（能番組・献立書上）
5・7　右招請二件の作法書書上
　　　延期の聖堂銀証文差出し、7月2日より取立てと触れ
　　　跡目等で印物未拝受の人、改名等の人等書出を命
　　　斉広麻疹未罹病のため、家内罹患の者の出仕指控え等触れ
5・15　月次出仕、一統御目見御意あり
　　　跡目等で印物未拝受の人等の書出を触れ
5・20　江戸より召喚、昨19日帰着のうえ次の通り
　　　役儀指除・指控（大村・瓜生・斉藤）、度々外出不慎につき
5・22　江戸で、昨年暮れの度重なる近火から御屋敷防御の御褒め
5・23　家内麻疹の者の出仕のしかたについて触れ
　　　組外へ転組させられていた（宮崎）、大小将組へ復帰
　　　遠慮御免（大脇）
5・24　加増三件（改田・中村・神田）、但し神田は麻疹

のため欠席

新知（吉田）、年寄女中（八重田）養子、（青山）と改名

大組足軽（坂井）鉄砲名手一件

5・28 転役（寺西）

家中への割場貸銀の打込み及び算用場への移管の触れ

学校出席に関する諸仕法を触れ

6・1 今月の天気

月次出仕、★息子辰之助麻疹につき列居せず帳付のみで退出

算用場より諸借用銀書出しを触れ

6・6 転役二件（村・野村）

6・7 転役（一木）、改名

6・15 月次出仕、★政隣朔日のとおり

転役三件（本多・大地・後藤）、後藤改名

加増（神田）

宿駅利用のため、侍・寺社中より町人への名義貸し厳禁の触れ

加増（萩原）、養親年寄女中（常岡）永年勤務の功により

稲実入り時期につき鷹野遠慮触れ

右、鷹預かりの家来等へも申渡すべしの廻状あり

（本多主殿）、安房守家督相続仰渡され、即年寄中披露

6・26 川留め解除時、混雑回避のため順序よく渡河すべしと幕府触れ

御召米にあたる払米切手の不備なきよう触れ

7・1 今月の天気

月次出仕、一統御目見御意あり

（本多主殿）家督の御礼

学校仕法改め、有用学問を採用、武も精励すべしと一役筆頭へ通知

半納米価書上

転役（田辺）

7・2 暑御尋奉書の答礼使者（団）、前月19日発足

（中・中宮）等、松寿院付の人々本役復帰、加人あるいは無役

7・6 ★当秋参勤順番も御供減少につき国元詰め、但し組は御供と申渡さる

当秋参勤御供（物頭並聞番：岩田）、但し御持頭庄田組召連

国元詰め（台所奉行：山岸）、台所方格別省略に
つき
国元詰め（馬廻頭：中村）、御供減少につき
右の外御供人数減少、小将頭（今村）組も詰め仰
渡し
参勤御供七件（交名あり）、但し（神田）御持頭
中村組召連れ
御婚礼方御用で詰め（辻）
右の外、近習頭分以上人数減少につき召連れず
（以下江戸向き一括まとめ書）
10日、（山岸）御発駕翌日発足し道中跡縮りを被
命、松雲院以来の復活
22日、★御供免除取消し、騎馬御供被命
御発駕・御着府時本役騎馬御供（一木）、その外
は欠成り
聖堂火消（山岸）
23日、当秋参勤道中長柄支配（三輪）
24日、参勤発駕9月13日、江戸着府25日と仰出
道中触れは前々のとおり
8月1日会所銀貸付方改定、詳細書上
12月日付、右返済方の定め、詳細書上
右、★政隣借用書写し

8日、★政隣等、在府中倹約方主付を被命、他二
名兼帯を被命
同日、御歩頭等へ、在府中公儀御用物入りとして
別金拝領仰出
右、役儀別金額例示
他国詰扶持高当分改め高廻達、詳細書上
7・7 七夕祝詞出仕、一統御目見御意あり
7・11 加増二件（生駒・関沢）、治脩近習永年勤仕につ
き
帰役（玉川）
転役（富永）、算用場奉行一人になったため加人
跡目三一件（交名あり）
7・13 養子・縁組等仰出
病気により役儀御免除（井上）
知行の人々へ、御城造営方人足賃銀取立の触れ
7・15 例年どおり月次出仕なし
加増（加藤）
呼出しも病気で不出（竹内）
7・17 省略等主付四件（交名あり）、万端厳重詮議すべ
しと仰付
（青地）等五名、倹約所当分差止につき御用なし
算用場奉行へ、承略方主付四名同様に勤めるべく

申渡し
勝手方より省略方主付へ、旧弊を改めるべく申渡し
差止の倹約所御用、当分取捌きを御用人へ命

7・18 加増（竹内）、病気で15日不出につき

7・19 転役四件（交名あり）

7・21 転役（高畠）

7・22 跡目の御礼あり
学校仕法改正で、陪臣稽古日等詮議中につき暫時出座留め
儒者・医者の分については出座差支えず

7・23 支出方は古格旧令を改め、当分各支出原則停止と申渡し
御歩召抱えの原則を、頭・支配人に言い聞かすべしと覚書
拝領の鶴、御城普請未完成につき、来月朔日御吸物で下さる旨廻状

7・26 逼塞免許（有沢）

7・29 閉門（福嶋）、養母は里方へ引取り不縮なきように
寺社方取次指除二件（与力：榊原・生熊）
17日、省略方御用主付兼帯（杉野）
9月3日、省略方御用主付兼帯（井上）
商売停止品々書上
町方へも贅沢品取扱禁止し、倹約方申渡しを指示
高知の人々、やむをえず佳品入用の際の手段について廻状
家中地子銀上納滞納を咎め、以後の上納方法を触れ
諸方御土蔵上納金について当面の処置触れ
去秋の御入国御供人への貸渡銀の下され切りを触れ

8・1 今日の天気
★先日の廻状により登城、御吸物等頂戴（献立あり）
明日御礼登城すべしと覚書
永年勤務につき白銀等拝領（豊嶋）

8・2 今日の天気
★昨日の御吸物等頂戴の御礼登城、年寄衆宅六カ所廻勤

8・3 今日以降今月の天気
7日、病死（古屋）

8・8 ★（菊池）宅で御歩選考作業、13日（河内山）宅で

再選考

8・15　月次出仕、一統御目見御意あり
加判（家老役：本多）
家中所持の馬数等書付提出の触れ
23日付で、★右提出

8・25　25日、★御印物頂戴のため登城と通知あり
★当役料知御印物頂戴

8・30　江戸表火事の際の行列帳披見、★四の手騎馬所、自分提灯のこと
地子銀遅滞分の年賦上納等の触れ
改名（大地）

9・1　12日までの天気（13日以降日々）
月次出仕、一統御目見御意あり
13日発駕につき、11日登城、御機嫌伺すべしと触れ
右につき、★参勤御供につき登城せずと返書

9・9　重陽出仕
江戸での買い物は現金で、公訴沙汰は外聞にかかわる旨廻状あり
13日発駕当日の日程廻状あり

9・13　昼頃発駕、以下★政隣御供詳細書上、夜、今石動着
転役（原田）
加増（林）
呼出しも在遠所（江上）
転役（井上）

9・14　★朝御供、福岡小休で交代、高岡着、瑞龍寺御参詣

9・15　★昼御供、水橋川御召舟見分せず、夕魚津着

9・16　強風雨により布施川等出水、舟橋懸ける、七ツ時泊着、★朝御供、金沢への飛脚に言付

9・17　親不知等高波につき泊駅に逗留

9・18　親不知支障なし、夕糸魚川着、★昼御供

9・19　御馬で御立、途中御歩行と交互、夕高田着、★朝御供

9・20　暮前牟礼着、★昼御供、関川より御馬、関之内から柏原まで御歩行
転役（山村）13日付

9・21　七ツ過榊着、★朝御供

9・22　七半頃追分着、★昼御供、行列立の所だけ御馬上、他は御歩行

9・23　七ツ時板ケ鼻着、★朝御供、峠越えにつき江戸・金沢へ飛脚出す

9・24　七半時熊谷着、★昼御供

9・25 暮頃浦和着、★朝御供

9・26 下邸立寄り御身づくろい、九ツ時上邸着
発駕直後・着直前の近習騎馬人書上
★今日は御供なしにつき、行列前に出立、遅れて着、年寄へ挨拶
御着後、老中方御廻勤
待受け御客衆へは作法前例の通り
火消段取りについて、前任者より★政隣に通知あり

9・27 同役（吉田）今朝帰国予定も、家来小者出奔につき昼頃発出
近火の際、御前様立ち退きの御先乗り、★政隣に命ぜらる等
（山岸）参着につき★御料理頭支配方引渡す

9・28 上使来邸、作法前例の通り
★御三家へ吹聴のため使者勤仕
於金沢、転役（牧）
江戸表奉公人は三年以内につき、今後の改め方触れ
右により、★家来名書出し、割場へ提出

10・1 斉広、参勤御礼で登城、老中方御廻勤
斉広、城中で水戸様・紀州様より懇意あり、★両家へ御礼使者勤める
着府後暇予定も婚礼後まで詰延べ（堀部）
婚礼御用主付につき、済むまで御使役勤務無用（中泉）
出府後、婚礼済むまで聖堂火消役勤務無用（山岸）
家督後初参府・御目見につき、詰年寄より頭分以上へ次第を弘め
金沢本納米価書上

10・2 今月の天気
★昨日御使いで不在につき、詰番年寄より別個に昨日の弘め受ける

10・3 大納言様王子筋御成りにつき、屋敷門留等例のとおり

10・4 ★代判人（河内山）から、地子銀納入指示の旨通知来る

10・5 詰番年寄より御結納・御婚礼日決定の通知あり
斉広、上野惣霊廟参詣、本坊へも勤める、のち広徳寺参詣

10・6 倹約方御用（中村・★津田・中泉）へ、当分役所差止の命
御用詰中省略方（人見・堀部）

10・7 9日、右同（中村）
御前様、御忍びで上野辺行歩、（岸本太兵衛）亭で休息
駒場筋へ御成り、門留例の通り、火消方間廻りあり

10・8 夜前より浅間山噴火、灰降り板縁等に積もる

10・13 当17日、広徳寺で寿光院一周忌につき、治脩代香使者（玉川）参着

10・14 御用人（津田権五郎）故障の際、★政隣代行命ぜらる
当月28・29日の寿光院一周忌主付（人見・高畠）（家老：本多）参着、23日近習御用・御用部屋勤兼帯被命

10・15 ★御用所へ出席、治脩御使書を斉広へ呈す、御直答あり
右、御用人不在により★代行、今後詰中折々同趣あり
尾張様、使者をもって婚礼・結納時期を申来る
答礼のため用人（津田）をもって尾張様へ御挨拶
24日、琴姫への結納時、こなたより尾張家方々への祝儀物使者★政隣へ命
結納・祝儀の際の仕法書上
上達により省略方（中村）から、結納使者等の華麗なきよう伝達

10・19 斉広、老中（松平伊豆守）へ御出、対顔

10・20 今後の御客衆への御茶漬けの有無について仰出
於金沢、治脩行歩の節の御供人装束、江戸道中同様と触れ
よって10月より股引・脚絆
江戸詰人帰国の際の借用銀の返上について触れ
9日病死（家老：不破）

10・22 於金沢、転役（津田）

10・23 木下川筋へ御成り、門留等例の通り

10・24 於金沢、転役二件（堀・大脇）

10・25 上使をもって御拳の鶴拝領、★御三家へ吹聴使者勤仕

10・26 町人がみだりに邸地へ入込むを禁ず

10・27 法事奉行等、広徳寺惣見分
明・明後日、寿光院一周忌法事につき鳴物等遠慮触れ

10・28 改名（前田）

10・29 寿光院法事終了につき、斉広参詣
知行当りの、足軽・小者御貸人数の申渡し

10・30 地米御召米提出方、支障なきよう触れ

家中・城下寺庵の塩購入は、金沢町塩問屋限定と触れ
会所銀上納の改正について触れ
種々言葉の意味書上
11・1 今月の天気
11・3 斉広、琴姫との婚礼、結納日今月15日、入輿日来月朔日と決まる
11・4 婚礼に関し、火の番廻り等の触れ
上様、浜の御庭へ御成り、門留等例の通り
婚礼準備に関し、それぞれ支障なきよう仰渡し
11・5 家中一統倹約等の触れ
11・6 転役三件（神戸・行山・関屋）
結納・婚礼当日の御客方御用★被命
11・7 ★尾張様へ斉広・裕次郎の御使いに参上
11・8 指控（斉藤）、富山侯退出時の案内間違いにより
11・9 右（斉藤）免許、富山侯へ奉札をもって謝罪のところ、咎めなきよう御意
11・10 婚礼御用勤仕の平士以下へ、熨斗目等拝領仰付
11・11 中屋敷火事の際の段取りについて
11・12 斉広、風気につき広徳寺参詣なし
結納・婚礼日の赤飯等頂戴の申渡し
結納行列付書上
結納日の対応方等詳細書上
11・13 結納時饗応作法書上
給仕等予行練習
11・14 明日の揃い刻限等通知あり
11・15 斉広、月次登城
当家・尾張家相互に祝儀物取り交わし、（祝儀物書上）
献立書上
規式次第書上
11・16 琴姫入輿後、御前様は大御前様、琴姫は御前様と奉称の触れ
尾張家役人、広式御間の見分に来邸
結納時淑姫へ献上使者勤仕により、御守殿・尾張家より★政隣等へ拝領物
11・18 ★右御礼のため、御守殿・尾張家の各使者宅へ勤仕
同趣で、聖聡院様よりも、使者をもって★拝領物
一番御道具運び入れ時等の作法書、御付人の入邸予定等書上
11・19 御道具到着、すべて作法書の通り
靏皐院一七回忌につき、★代香使者勤める

11・25　入寒につき、★尾州・紀州家へ御見舞使者勤仕
琴姫入輿行列付・饗応次第等書上
11・28　御殿の称し方の触れ
同夜、天神三組町出火につき備えるも、遠火につき解除
11・30　婚礼終了後、各頭等へ恐悦参上すべしの触れ
入輿道筋書上
明朔日婚礼当日の出仕時間申渡し
婚礼規式書上
諸家の珍名書上
12・1　今月の天気
斉広、月次登城
琴姫入輿次第書上
12・2　斉広に尾張家御付頭御目見
今般婚礼の取持ち衆幕臣二名へ、使者をもって御礼金等献上
御輿渡・貝桶渡の尾張家家臣二名へ、使者をもって下賜品
尾張家よりは、（前田〈駿河〉・前田〈隼人助〉）へ同
尾張家よりの皆子餅受取作法及び此方より同進上次第・行列等書上
12・3　尾張家よりの右使者参上時の作法書上
12・4　当家・尾張家双方の皆子餅やりとり無事終了
★組頭代として右使者勤める、次第書上
到来の皆子餅、家臣一統頂戴
御前様・尾張様より各自拝領物書上
此方よりも尾張家家来へ拝領物
12・6　今般婚礼祝儀として、公方様等祝儀使者あり饗応
右宰領・持人都合千人余に料理代都合八六両渡す
右済み後、斉広老中等廻勤
右、御守殿・尾張家へ吹聴のため使者派遣
斉広名代で富山侯上意拝聴
あまりの餅菓子、頭分頂戴
指控・慎み（料理頭：任田）
12・7　紀州家息女と治脩息裕次郎婚約、双方使者交換
12・8　御前様里帰りの御供人装束書上
12・10　来邸の方々・使者等すべて書上げ、差上げるべしと仰出
12・11　御前様里帰り、暮頃帰邸
算用者小頭並指除（服部）
12・13　婚礼御用勤仕につき拝領物一〇人（交名あり）

広式普請方御用につき拝領物五人（交名あり）
加増（坂井）、幼少より近習忠勤、危篤につき、
但し25日病死

12・15 斉広、婚姻御礼で登城
治脩からの献上物の★御使いで登城
右★政隣から治脩への報告書控書上

12・16 斉広、奉書により登城、下城後、家来一人諸大夫
に仰付けを披露
右につき、前田駿河に伊勢守叙爵と仰付け
斉広、西ノ丸登城御礼、老中等へは名代飛騨守へ
依頼
14日、詰中広式御用兼帯（中泉）
家来叙爵の件は、公儀より勤功の者との指図あり
駿河に決まる
来年頭御礼人の名簿提出の命あり

12・21 ★御三家と日光門跡へ御使い
歳暮祝詞として、公方様・御台様より使者あり
斉広、御用番老中へ右御礼勤める
当秋参勤御供の通人馬割賦銀の返還方触れ

12・22 公方様実父の扱いで、公方様と老中(松平伊豆守)
衝突、伊豆守罷免

12・23 16日淡路守四品に叙任のため、今日御礼

12・27 今般の婚礼御用烈勤につき、御歩六人へ拝領金
富山侯への会釈方、すべて飛騨守同様と触れ
江戸表詰人難渋につき、格別貸渡し金の触れ

12・28 斉広、歳暮祝詞登城、年頭着座場所仰渡されによ
り老中方廻勤
江戸屋敷でも、頭分以上年頭祝詞帳付け

12・29 ★年頭仮奏者を拝命
年頭御礼人の揃刻限触れ
今般婚礼勤仕につき、各奉行等に拝領物あり
金沢より、奥村河内守危篤の早飛脚あり、御尋ね
の早飛脚出す
12日病死（人持組：庄田）
7日病死（隠居：玉井）
23日病死（隠居：不破）
15日於金沢、斉広婚礼の弘めあり
諸方御土蔵打込返上銀の証文取立て等の触れ
23日、跡目三件（交名あり）
同日、転役等五件（交名あり）
賭けの諸勝負禁止触れ
16日、隠居・家督（森家）
役・役付け指除（竹中）、勤方不応につき

長吏と座頭諍いにより、弾左衛門が提出の朱印状

謡有七徳の事

享和2年12月記の笠間家（「前巻廿」最末尾に所収）の後日談書上

耳目甄録　廿・廿一

享和元年—享和三年　氏名索引

姓読み方一覧

読みは諸士系譜による

	姓	読み
あ	新	あたらし
	在山	ありやま
い	一色	いっしき
	生田	
	生山	
	磯松	
	出野	いでの
う	上木	
	上村	
	上坂	こうさか
	瓜生	うりゅう
	牛園	
	氏家	附. 団
え	榎並	
お	大槻	附. 園田
	小幡	
	小瀬	
	小原	
	小篠	
	小竹	
	小倉	
	小野木	
	小谷	
か	帰山	かえりやま
	改田	
	角針	
	河野	かわの
	河地	かわち
	河内山	こうちやま
	上月	こうづき
	印牧	かねまき
	菅野	(すがの)
	神戸	かんべ
	樫田	かしだ

	姓	読み
き	久徳	きゅうとく
く	陸田	くがた
	九里	くのり
	熊谷	
こ	郡	こおり
	小川	
	小塚	
	小寺	
	小沢	
	小谷	
	小畠	
さ	篠井	しのい
	篠島	
	山東	さんとう
し	篠原	ささはら
	篠田	
す	菅	
	寸崎	
せ	千福	
	千田	
	千羽	
	千秋	せんしゅう
そ	副田	そえだ
	曽田	そだ
	尊田	たかた
た	鷹栖	たかのす
	武	たけ
	団	だん
ち	長	
つ	槻尾	附. 寺島
	柘櫃	つげ
	角尾	つのお
て	豊島	てしま

	姓	読み
と	栂	とが
	鴇田	ときた
	東郷	附. 中村
	土肥	附. 武藤
な	長田	
	半井	なからい
	中居	なかぎり
に	仁岸	
ぬ	布目	
ね	根来	
は	端	
	伴	附. 佐垣
ひ	土方	ひじかた
	比良	
	一木	ひとつぎ
ふ	二木	ふたき
	古市	附. 赤井
へ	別所	
ほ	堀部	
	細井	
ま	増木	
	曲直瀬	まなせ
み	三階	みかい
	神子田	みこだ
	満田	みつだ
	三吉	
む	武藤	附. 土肥
や	安武	やすたけ
	安見	やすみ
	保田	やすだ
ゆ	由比	ゆひ
	行山	ゆきやま
よ	葭田	よしだ
わ	和角	わずみ
	分部	わけべ
	脇葉	

政隣記巻20・21　氏名索引

○は閏月

姓・通称	諱		扶持	年月日	没年月日	享年
あ						
相川平左衛門				享和3・12・末(12・23)		
〃平大夫			100	享和1・7・11　享和3・12・末(12・23)	享和3・9・6	
青木左仲	定邦		100	享和2・7・11	天保11・2・3	71
青木新兵衛	直方		2100	享和1・3・23	文政1	
青木助左衛門			50	享和3・7・11		
〃雅五郎	寛貞		50	享和3・7・11		
青木多門	直信		900	享和1・1・15　3・18　4・2　4・9　4・15　6・22　享和2・6・19	文化7・8・27	
青木与右衛門	貞幹		500	享和2・3・8　5・24　6・19　享和3・12・13		
青地七左衛門	愛敬		800	享和1・10・22　享和2・1・16　9・16　9・19　10・25　享和3・7・17　7・19	文化1・4・21	
青地清左衛門				享和2・6・19		
青山数馬			150	享和1・7・26(7・18)　享和3・3・10		
青山左(九)兵衛			150	享和2・9・11	文化13	
〃八百次郎			150	享和2・9・11		
青山将監	知次		7650	享和1・11・11		
青山八重田		年寄女中		享和3・5・24		
明石数右衛門	定速		200	享和2・3・8　10・18	天保8	59
〃九一郎			200	享和2・10・18	文政10・⑥・16	

姓・通称	諱		扶持	年月日	没年月日	享年
浅井源右衛門			1000	享和2・12・26		
〃栄次郎	政虎		1000	享和2・12・26		
浅加貞三郎	友郷		600	享和3・①・7		
跡地義平			100	享和1・7・11	寛政12・9・24	
〃大作			100	享和1・7・11 享和3・12・末(12・23)	享和3	
〃金三郎			100	享和3・12・末(12・23)		
有賀清左衛門	直一		1600	享和3・2・14		
荒木平左衛門	貴記		240	享和2・3・18		
有沢采右衛門・数馬	貞庸		550	享和2・9・11 享和3・7・26	天保8・7・8	
〃余所之助			200	享和2・9・11		
安達弥兵衛	正純		400	享和1・2・4 享和2・2・13 4・13 6・19 6・26 9・13 9・29 10・16 12・16 享和3・①・13 7・1 8・15	文化7・9・18	58
安藤半阿弥				享和3・12・4		
い						
飯尾一平太				享和2・1・28 7・11		
飯尾半助	満道		200	享和2・10・18		
〃吉左衛門	満重		200	享和2・10・18		
飯田小左衛門		前田権佐臣		享和3・1・12		
飯田半六郎	長儀		270	享和2・11・5	文化10	
飯山紹左衛門				享和3・5・28		
五十嵐庄右衛門			130	享和1・7・11		
〃弥学			130	享和1・7・11		

氏名	諱	役職	禄高	日付	没年	享年
池田勝左衛門・数馬	景福		350	享和3・3・28　4・16		
池田三九郎			250	享和2・2・28		
池田善兵衛	佐広		200	享和1・7・11	安永12・6	69
〃喜左衛門			200	享和1・7・11		
池田範蔵	政恒		320	享和2・3・8		
生駒内膳			3000	享和1・3・23		
生熊多四郎		与力		享和3・7・29		
生駒伝七郎	貞行		650	享和3・7・11		
石川九兵衛		叔姫付		享和3・11・15		
石川太郎左衛門	孟雅		150	享和1・12・16	享和1	
〃与右衛門	吉治		150	享和1・12・16		
石川兵勝・惣十郎	憲勝		600	享和2・4・4　享和3・2・29　4・21	天保3	
石黒庄蔵		馬医	120	享和2・9・10	享和2	
石黒平九郎	武供		200	享和1・10・末(10・11)　享和2・3・8	文政9	
石野主殿助	寛氏		1550	享和2・4・22　9・27　11・6	文化5・7	
石黒庄蔵(昌蔵)			35俵	享和3・3・18		
石丸弥一郎	矩賢		250	享和2・10・18	文化2・2・15	78
〃三郎			250	享和2・10・18		
井関右平太				享和1・12・29		
板坂右膳	懿隆		200	享和2・9・11		
〃左守			200	享和2・9・11	文政10	
板坂平大夫	慶懿		200	享和1・7・11	享和1	70
〃忠太郎	懿興		200	享和1・7・11	天保6・9	51
板坂平馬	通朗		200	享和2・9・11		
伊東卯兵衛			350	享和2・7・8　9・晦	文政6・2・26	

姓・通称	諱		扶持	年月日			没年月日	享年
伊藤久左衛門	若時		100	享和2・12・26			文化10・12・6	
伊藤権五郎	勝摃		1000	享和2・9・6	9・11		文化8・2	
伊藤三郎大夫			200	享和1・7・11			文政	
伊藤忠左衛門			150	享和3・7・11				
伊藤津兵衛	祐直		400	享和1・5・18	享和2・2・13		享和2・5	
〃 左兵衛				享和1・5・18				
伊藤友五郎			350	享和3・7・11				
〃 駒之助	昭晃		350	享和3・7・11				
伊藤内膳	正固		2800	享和2・4・16	9・11		享和2・7・1	70
〃 靭負	惟純		2300	享和2・4・16	9・11			
伊藤兵馬			150	享和2・12・26			享和2・7	
〃 六左衛門			200	享和2・12・26				
伊藤平大夫	勝文		850	享和2・4・26	4・28		文化5	
稲垣浅右衛門				享和2・12・末				
稲垣左兵衛			40俵	享和2・12・末	享和3・12・末			
稲垣三左衛門・織人			200	享和2・12・19			文政11	
井上井之助	直政		700	享和1・4・2	5・28	7・26		
				享和2・7・28	9・11	享和3・①・18		
				7・29	10・晦			
〃 元吉			200	享和2・9・11			文化10	
井上右兵衛			350	享和1・7・11	享和3・7・11			
〃 陽次郎・庫太	一則		350	享和1・7・11	享和3・7・11			
井上勘右衛門	喜親		600	享和1・2・1	2・4	2・28		
				享和2・3・8	9・11	享和3・7・13		

				7・21		
井上源兵衛			200	享和1・10・13	文化9・2・17	
井上善左衛門			150	享和1・7・11		
〃 清左衛門			150	享和1・7・11		
井上太郎兵衛			300	享和3・9・13 9・20		
井上孫大夫		大工	60俵	享和1・7・11		
〃 庄右衛門			60俵	享和1・7・11		
井上鞁負	政親		350	享和2・10・22	天保11	
茨木源五左衛門	自道		550	享和1・2・28 4・15 享和2・1・15	文政4・10	
				2・28 9・20		
今井元昌	道好	外科	10人扶	享和3・12・末(12・23)	寛政5	
〃 昌軒			150	享和3・12・末(12・23)	天保5	
今井左大夫	雅言		300	享和3・①・7		
今井甚兵衛・文夢	矩明		500	享和1・10・22 享和3・2・13	文化3・7・14	75
〃 荘九郎			500	享和1・10・22		
今枝内記	易直		14000	享和2・3・4 4・25 9・22		
				享和3・7・23		
今村源助	保		650	享和1・10・末(10・11) 享和2・3・8	天保1	
今村源蔵			100	享和1・10・16	文化12	
今村三郎大夫	量景		300	享和1・4・18 享和2・1・16 1・18		
				1・28 4・28 6・28 享和3・7・6		
今村三右衛門			40俵	享和1・7・11		
〃 豹次郎			80	享和1・7・11		
今村次兵衛			400	享和1・10・16	享和3・10・15	
今村籐九郎	懿		200	享和2・3・8	天保1・11・8	64

姓・通称	諱		扶持	年月日	没年月日	享年
入江陽蔵	昌寿		300	享和3・7・11	享和3・①・8	53
〃藤馬	昌雄		300	享和3・7・11	文政2・12・9	
岩倉庄助	盛之		100	享和2・10・16	文化8・5・6	
岩田源左衛門			500	享和1・5・1 12・28 享和2・6・4	文化1	
				享和3・7・6		
岩田伝左衛門・内蔵助	盛昭		1000	享和2・10・18 10・25 11・24		
				享和3・2・13 12・末(12・23)		
岩田助三			200	享和3・7・11	享和3	
〃亥之吉	秀道		200	享和3・7・11		
岩田孫兵衛			500	享和3・1・28	文化4・5	
う						
上木金左衛門			800	享和3・2・29 4・21		
上坂久米助				享和1・8・20		
上坂久兵衛・喜左衛門			100	享和1・8・20 享和2・9・11		
〃喜藤太	元一		100	享和2・9・11		
上坂平次右衛門				享和3・2・25		
魚住道仙		御医師	200	享保3・3・18 12・末(12・23)		
臼井儀兵衛	忠福		100	享和1・4・28		
内田伊助	興倘		150	享和3・12・末(12・23)		
〃三九郎・伊大夫			150	享和3・12・末(12・23)	文政3	
内山養福		町医	200	享和1・7・11		
〃覚中			130	享和1・7・11		
宇野幸仙・幸助			120	享和3・12・末(12・23)		

〃孫三・三郎左衛門	栄精		120	享和3・12・末(12・23)		
瓜生作兵衛				享和2・6・末(6・27)		
瓜生平助		算用	40俵	享和3・5・20		
浦山十郎兵衛			40俵	享和2・8・4		
え						
江上清左衛門	保挍		200	享和1・7・26(7・18) 享和2・12・29 享和3・9・13	文化8・12・23	
江間玄順		町医	7口	享和2・9・11		
〃順哲			5口	享和2・9・11		
江守平馬	値房		1300	享和1・7・5 享和2・9・11	享和2・1・19	66
〃千之助・角左衛門			1300	享和2・9・11	文化13	
江守要人			1400	享和1・10・16		
遠藤次左衛門	直清		200	享和2・4・28	文化4	
お						
大石半七郎	斎宮		300	享和3・1・12		
大嶋忠大夫	武雅		350	享和3・12・末		
大田数馬	盛一		300	享和2・3・8 10・18 享和3・12・末(12・23)		
大田源蔵		鷹方	50俵	享和3・4・4		
大地(縫殿)順左衛門	文宝		370	享和2・3・8 6・15 8・晦 享和3・2・13 5・7	文政10・12	
大庭卓元	保入	医師	150	享和2・10・25		
大野木舎人	克成		300	享和1・7・1 享和2・3・22	寛政9・8	77

姓・通称	諱		扶持	年月日	没年月日	享年
				享和3・7・11		
〃 隼人			300	享和1・4・22	文化2	
大野茂右衛門	助成		180	享和1・4・29	文化2・5・17	72
大場伝右衛門				享和3・3・18		
大橋作左衛門	則成		80	享和2・4・13 9・末(9・24) 10・21	文政2・1・27	
大平幸助・愚休	政弘		70	享和2・4・16 12・26	享和2・7・6	59
〃 犬左衛門			70	享和2・12・26		
大村栄八			50俵	享和2・6・26 享和3・11・18		
大村金左衛門	孟昭		100	享和2・9・11	享和2	78
〃 惣蔵・七兵衛			100	享和2・9・11		
大村五兵衛	正丈		100	享和1・7・11	寛政12・10・1	61
〃 壮助			100	享和1・7・11		
大村七郎左衛門			150	享和2・10・15 12・26 享和3・5・20	文化8・9・22	45
大屋奥右衛門	武雅		100	享和2・2・16		
大屋武右衛門	一政		350	享和1・12・16	享和1・5・14	78
〃 権三郎	勝貎		350	享和1・12・16	文化8・6・21	44
大脇浅之丞・伊右衛門			150	享和1・7・7	文化8・3・23	38
大脇六郎左衛門	直賢		300	享和1・2・28 4・2 8・末(8・15)	文政13	
				享和2・5・24 6・19(6・13)		
				享和3・5・23 10・24		
岡嶋左平太	元明		500	享和1・7・11	享和1	37
〃 勇左衛門	一驥		500	享和1・7・11	天保9	
岡嶋三左衛門	一中		300	享和1・7・11		
岡田主馬				享和1・8・末(8・15)		

名前	諱		石高	年月日	没年	年齢
岡田助右衛門	之式		350	享和1・8・末(8・15) 10・22 10・23 享和2・9・12 12・末 享和3・2・1 12・末		
岡田徳太郎				享和3・4・19		
岡田又右衛門	宣好		350	享和3・5・7 7・6 10・15 11・15		
岡本次郎左衛門			100	享和3・1・28		
〃 六郎左衛門				享和3・1・28		
岡本与兵衛				享和3・3・6		
〃 金五郎			50俵	享和3・3・6		
奥　源左衛門			50	享和3・7・11		
〃 源次郎			50	享和3・7・11		
奥野七左衛門			550	享和3・12・末(12・23)	享和3・6・6	56
〃 嘉三郎・保兵衛			550	享和3・12・末(12・23)	文化	
奥村八百之助			350	享和3・12・末(12・23)		
〃 鉄之助			350	享和3・12・末(12・23)		
奥野左膳	氏令		2200	享和2・6・28	文化12・9・8	48
奥村市右衛門			170	享和2・6・27		
奥村河内守・助右衛門	尚寛		17000	享和1・1・27 2・頭 2・24 2・29 4・頭 4・22 6・頭 8・頭(8・20) 10・頭 1・12・頭 享和2・2・頭 2・10 2・18 2・27 4・頭 4・22 6・頭 8・頭 8・11 10・頭(10・20) 11・3 12・1 享和3・2・11 12・29 12・末	享和3・12・24	48
奥村外記	直之		1700	享保3・12・末(12・23)	享和3・5・21	69
〃 八郎・弾正	以寧		1700	享保3・12・末(12・23)	文政10	

姓・通称	諱		扶持	年月日	没年月日	享年
奥村郡左衛門			500	享和1・7・11	寛政12・8・7	
〃栄之助	安久		160	享和1・7・11		
奥村源左衛門	尚之		2700	享和2・5・16		
奥村五郎左衛門	尚武		800	享和2・2・18　9・11	享和2・2・20	76
〃卯八郎・五郎左衛門	英篤		800	享和2・9・11　10・24　享和3・①・7	天保11・4・9	65
奥村左京	質直		10000	享和1・1・21　6・末（6・13）	文化14・6・10	51
				享和2・3・頭　3・15　3・18　3・22		
				4・4　5・5　6・19　7・頭　7・4		
				7・10　7・11　7・22　12・末		
				享和3・1・頭　1・8　1・12　1・15		
				2・11　3・16　3・末（3・20）　4・頭		
				4・1　4・8　4・13　4・16　4・19		
				4・21　4・26　4・27　4・29　5・28		
				7・頭　7・1　7・11　7・17　7・23		
奥村中務	征央		2650	享和2・9・11		
〃平馬	敏徳		1000	享和2・9・11	明和8・7・28	
〃獲馬	征方		1000	享和2・9・11	文政3	
奥村半五兵衛			600	享和1・2・29		
奥村平右衛門			250	享和3・12・末（12・23）	文化9・3・11	
織田主税	益方		3000	享和1・4・22　享和2・3・4　6・28	享和2・10・11	58
				7・末（7・18）　9・13　9・22		
				9・末（9・19）　12・26		
〃主膳	益道		3000	享和2・12・26	文政3	
音地清左衛門	克比		280	享和1・10・22　享和3・7・17		

小川玄益	政直	御医師	170	享和3・3・18		
小川伝九郎	安村		500	享和3・3・1		
〃八郎右衛門・帯山	知安		500	享和2・1・16　9・2　享和3・2・13		
				3・1　9・13		
小川久大夫		火箭方	10人	享和2・6・28		
小倉要之丞	安聴		150	享和3・7・11		
小瀬升庵			150	享保3・12・末(12・23)		
〃復庵			100	享保3・12・末(12・23)		
小幡右膳	信之		500	享和2・6・15　享和3・4・21	文化1・4・27	56
小幡式部	通直		3000	享和1・1・27　7・11	寛政13・1・20	43
〃雅楽助	通之		3000	享和1・7・11　享和3・1・12		
小原惣左衛門	惟彰		200	享和1・4・18　10・22　享和2・5・15	天保8・7	
				8・末(9・29)　享和3・2・1　2・13		
				7・17　10・15　11・15		
小原弥籐次			130	享和3・7・11		
〃貞次郎			130	享和3・7・11		
か						
改田直次郎・主馬	政成		350	享和2・3・8　享和3・5・24	文政11	
笠松繁六			100	享和3・3・21		
笠間伊大夫	英里		140	享和2・7・11		
笠間九兵衛	定懋		260	享和3・7・11	文政11・4	
笠間源太兵衛	永恭		200	享和1・7・11		
〃与三兵衛			200	享和1・7・11		
笠間新左衛門	知之		200	享和2・12・末　享和3・12・末		

姓・通称	諱		扶持	年月日	没年月日	享年
〃 助祐・平大夫	直矩		200	享和2・12・末 享和3・12・末	文政10	
笠間他一郎	政方		300	享和1・2・15		
片岡九八郎			100	享和2・9・11		
〃 辰五郎			100	享和2・9・11		
片岡左膳	蘭		200	享和2・9・11	文政11	
片岡助左衛門	知貞		230	享和2・10・22		
片山久右衛門			150	享和2・9・19		
〃 半之助	守賢		200	享和2・9・19	天保7	57
勝尾半左衛門	信処		1100	享和2・5・5 享和3・2・13	天保3・10・17	
勝尾彦大夫				享保3・7・11		
勝木市郎左衛門			40俵	享和2・9・11		
〃 市之丞		細工者	40俵	享和2・9・11		
葛巻内蔵太・佐左衛門	昌行		700	享和2・9・11	寛政5・4・6	36
〃 喜太郎・佐六郎	昌頎		300	享和2・9・11	文化10・4・7	
加須屋団右衛門	孝周		150	享和2・10・16 12・26	享和2・10・16	
〃 団蔵	孝意		150	享和2・12・26	文化8	
加藤玄叔・正悦	好生		10口	享和3・7・11		
〃 邦安	方定		10口	享和3・7・11		
加藤次郎左衛門	武里		250	享和3・2・13	文化4・11・1	
加藤甚五兵衛	矩忠		150	享和3・7・15		
加藤余所之助	重辰		450	享和3・4・19	文政9	
加藤与兵衛			120	享和3・12・末(12・23)		
〃 又九郎・伊兵衛	因之		120	享和3・12・末(12・23)		
加藤新兵衛	正信		170	享和1・11・22	文化7・1・10	

加藤圖書	里直		1500	享和2・9・11	寛政6・7・19	37
〃廉之助	里有		1500	享和2・9・11	弘化2・8・19	58
笠間又六郎				享和2・12・末		
金子吉郎左衛門	定能		350	享和2・6・末(6・27)		
金子武左衛門	忠成		100	享和2・9・11	享和2・4・5	
〃寿之助			250	享和2・9・11		
金谷佐大夫	建尚		250	享和3・12・13	天保6・9・16	67
神尾昌左衛門	直興		500	享和2・7・4 10・24 享和3・7・11	天保2・8・16	
〃安太郎	直久		300	享和2・10・24		
川崎伴七		鷹方	30俵	享和2・10・1		
〃忠兵衛		鷹方	30俵	享和2・10・1		
河合左平次			300	享和3・7・11		
〃助五郎	直勝		300	享和3・7・11	文政6	
河合右膳	直興		100	享和3・7・11 12・末(12・23)		
河合次郎	直以		300	享和3・12・末(12・23)		
〃亦祐・勘兵衛	直平		300	享和3・12・末(12・23)		
河村茂三郎			600	享和2・7・1 享和3・2・29	文政12	
神田吉左衛門	直方		400	享和3・7・6		
神田才次郎	言睦		250	享和2・10・22	天保13・11	
神田十郎左衛門	政清		350	享和2・11・6 12・22 12・29(12・22)	天保	
				享和3・2・13 5・7 7・6 10・15		
				11・12 11・18 11・25 12・11		
神田忠太郎	保益		150	享和3・5・24 6・15	天保10・3・19	62
神戸加平	盛矩		300	享和3・11・6		
神戸金三郎・蔵人	周盛		400	享和2・3・8 10・16 10・19	天保8・12	

姓・通称	諱		扶持	年月日	没年月日	享年
菅野弥四郎・兵左衛門	義矩		150	享和3・7・6　9・26　11・11　11・15 享和3・①・5	文化3・11・24	38
き						
菊池九右衛門	作則		800	享和1・2・1　享和2・6・19 享和3・2・13　3・頭　3・10　3・16 3・18　3・24　6・15　7・頭　7・1 7・6　7・13　7・21　7・23　8・8 12・末(12・15)	文政9	
菊池大学	武昭		300	享和1・5・18　享和2・12・26	文政7・7	
岸　忠兵衛	庸道		400	享和3・2・13		
岸原義左衛門		政隣臣		享和2・7・26		
北川栄太郎	輝胤		1200	享和2・6・28　6・末(6・27)	天保3	
北庄宗助		与力		享和3・7・11		
北村三郎左衛門	景従		320	享和2・9・11　10・18	享和2	
〃宗兵衛			320	享和2・9・11	文化13	
木梨左兵衛	有慶		250	享和2・11・23		
木梨助三郎・訥軒	政仲		350	享和3・3・1　3・21		
〃和五郎	政守		350	享和3・3・1		
木村久左兵衛				享和2・6・26		
木村太左衛門			100	享和1・7・11		
〃弥次兵衛		御算用場者	100	享和1・7・11		
木村藤兵衛			400	享和1・12・16		
〃鉄太郎・伝右衛門	輝辰		400	享和1・12・16		

木村武大夫	経善		100	享和2・12・26	享和2	
〃九郎			100	享和2・12・26		
木村茂兵衛	好懿		200	享和3・2・18 4・29 5・23 5・28 7・22	天保10・5・26	48
く						
九津見甚兵衛	巌		200	享和1・7・11		
〃次郎				享和1・7・11		
久能吉大夫	政平		250	享和1・4・9 4・10 4・15 享和2・11・6 享和3・2・11 2・13		
九里幸左衛門	正始		500	享和3・2・13 3・10 3・16 5・28 6・15 9・28		
久保定円		医師	120	享和2・10・25	天保8・8	
〃江元		針医	5人	享和2・8・29(8・13)	天保9	
窪田左平	秀政		300	享和1・5・頭 7・23 8・頭 10・頭 10・13 享和2・1・16 2・11 2・13 7・19 9・29 享和3・3・28	文化1	
栗田十郎兵衛	忠穏		300	享和1・8・25	享和1	
〃無理兵衛				享和1・8・25		
黒坂直記			500	享和2・9・11	享和2	
〃左兵衛	景延		500	享和2・9・11		
こ						
河内山勘左衛門	寿承		120	享和2・10・18		
〃橘三郎	寛明		200	享和2・10・18		

姓・通称	諱		扶持	年月日	没年月日	享年
河内山久大夫	乙昌		450	享和1・10・22　享和2・4・頭　5・5		
				7・頭　7・22　9・13　10・頭　10・2		
				10・16　12・頭　12・13　12・16　12・29		
				享和3・1・28　①・13　2・頭　2・4		
				2・5　2・25　2・29　6・頭　6・1		
				6・15　7・1　7・6　8・頭　8・8		
				8・15　10・4　10・20　10・晦　12・末		
上月数馬	以陳		300	享和3・2・13	文化11・7・26	
国府采右衛門	久敬		120	享和1・10・16　享和3・7・11		
〃左次馬			120	享和3・7・11		
国府佐兵衛	乗勝		250	享和3・3・10		
小泉新兵衛	景祐		80	享和2・5・15		
〃万五郎			80	享和2・5・15		
小泉権之助			500	享和3・12・15		
児嶋伊三郎	景順		300	享和3・7・11		
〃忠次郎	景福		200	享和3・7・11		
小篠善四郎				享和1・4・28		
小塚雅楽助				享和2・10・2		
小塚織人				享和2・10・2		
小塚織部・八右衛門	政懿		700	享和2・10・2　10・19　享和3・2・25		
				3・18		
小塚斎宮	行正		200	享和1・12・16　享和2・10・2	享和1・7・20	70
〃甚右衛門	秀易		200	享和1・12・16　享和2・9・11	享和2・4・5	
〃八十吉	秀一		200	享和2・9・11　10・2		

氏名	諱	備考	禄高	年月日	没年	年齢
小塚籐左衛門	秀尚		300	享和2・10・2	文化9	
小塚八郎左衛門	則勝		200	享和2・10・2		
後藤吉太郎・杢右衛門	尚敦		230	享和3・6・15		
小杉喜左衛門	愼筒		170	享和2・7・28 10・18 10・27	文化2・5	63
小谷平蔵			80	享和2・2・16		
小寺武兵衛	惟孝		600	享和1・10・13 10・22 享和2・7・11 12・末 享和3・2・13	文化1	
小林猪太郎・六左衛門	増定		350	享和2・3・8	文政1・4	
小堀左内	頼之		200	享和1・10・16 享和2・12・26	天保13・5	72
小堀孫兵衛	政風		1000	享和3・12・末(12・23)		
〃 新蔵			1000	享和3・12・末(12・23)		
小森新次郎・源左衛門	尹		300	享和2・3・18		
駒井浅右衛門			100	享和2・12・末 享和3・12・末	文政7・6	
駒井次(治)兵衛	守直		200	享和1・7・11		
〃 安次郎	守典		200	享和1・7・11		
近藤小守			200	享和2・2・28		
近藤新左衛門	光保		1400	享和3・①・7		
近藤次郎助・作兵衛	経貞		30俵	享和1・12・16		
〃 直平・儀左衛門			30俵	享和1・12・16	天保4	58
さ						
斉田市郎左衛門			100	享和2・6・27 10・24		
斉藤金十郎			400	享和3・11・8 11・9		
斉藤幸次郎		算用者	130	享和3・5・20		
斉藤弥右衛門		算用者	120	享和3・7・11		

姓・通称	諱		扶持	年月日	没年月日	享年
〃与十郎		算用者	120	享和3・7・11		
斉田権左衛門	安好		300	享和2・12・26	享和2	
〃虎之助			300	享和2・12・26	文政3	
斉田与一右衛門	丹弐		100	享和1・11・22		
坂井小平	成円		100	享和1・2・28　3・1　享和2・3・8	享和3・12・25	
				10・16　10・18　10・19　11・24		
				享和3・7・6　12・13		
坂井甚右衛門	直正		450	享和1・2・28　3・29　4・2　8・末	文化2	
				享和2・6・26　享和3・2・13　3・28		
坂井甚太郎・与右衛門	直清		600	享和3・2・4		
坂野次大夫				享和2・6・11		
〃貞右衛門				享和2・6・11		
坂井弥平次		足軽		享和3・5・24		
坂田九郎右衛門	康興		220	享和3・12・末(12・23)		
〃鍼吉	康敬		320	享和3・12・末(12・23)	享和3・6	
榊原武兵衛				享和3・7・29		
崎田中蔵				享和3・3・4		
桜井為兵衛	正信		100	享和2・10・15　12・26	文政1	
桜井金兵衛・円次郎				享和2・2・16		
桜井内記				享和3・12・4		
佐々木誠善(膳)	定則		300	享和2・5・15	文政1	
篠嶋頼太郎	清郷		500	享和2・8・19　享和3・2・13　7・11	享和3・③・1	
〃九一(郎)	清信		500	享和3・7・11		
笹田六郎右衛門				享和1・7・1		

佐賀関助			100	享和1・7・11	
〃 又作			100	享和1・7・11	
〃 千助				享和1・7・11	
佐久間武大夫	盛昭		400	享和2・12・22 享和3・7・6 10・晦	天保2・10・20
佐竹嘉籐次・元右衛門				享和1・4・28	天保2
佐々直記・十左衛門	庶政		150	享和1・8・25	
佐藤関阿弥				享和3・12・4	
佐藤勘兵衛	直寛		1200	享和2・3・4 7・4 10・15 12・7	
				12・8 12・末 享和3・2・13 4・27	
				7・29 10・20 10・晦	
佐藤治兵衛	延政		700	享和1・1・27 4・9 4・15	文政3
				享和3・2・2 2・13	
佐藤八郎左衛門	直尚		500	享和2・7・28 9・11	文化6・5・22
佐藤弥次兵衛				享和3・7・2	
里見右門・七左衛門	元資		300	享和3・2・4	天保1・4
里見孫大夫	元成		300	享和2・9・11	享和2・6・28
〃 鉄五郎・治大夫			300	享和2・9・11	天保5
佐野十蔵		馬医	15人	享和1・2・15	
沢田伊左衛門	正詔		1000	享和2・10・27 享和3・2・13 5・23	文化4
沢田一学			400	享和2・9・11	享和2
〃 大次郎			400	享和2・9・11	文化11
沢田惣左衛門			200	享和3・7・11	享和3
〃 角左兵衛			200	享和3・7・11	天保1
沢村甚右衛門	武稚		250	享和2・3・8 10・18	
〃 喜多之助	武延		250	享和2・10・18	天保4・11

姓・通称	諱		扶持	年月日	没年月日	享年
山東久之助			200	享和2・11・4 享和3・12・末(12・23)	享和3・7・3	
〃 歌之助	陣條		200	享和3・12・末(12・23)	天保1・10	
し						
塩川鯉一郎			30人	享和1・8・末		
塩川和一郎	孚喜		350	享和1・7・9		
篠嶋典膳				享和1・3・22	文化3・1	
篠嶋平左衛門	清全		600	享和1・7・13 8・28	文化7・5・6	
篠嶋茂平	清郷		200	享和1・2・28 享和2・6・28	文化8・②・3	87
篠嶋頼太郎・源兵衛	清信		2000	享和2・8・19	享和3・①・1	
篠田判太夫			100	享和2・6・26		
篠原権五郎	尚堅		1000	享和2・9・6 12・26	享和2・8・7	
〃 勇三郎			1000	享和2・12・26		
篠原頼母	一進		3000	享和1・2・13 3・23 享和2・5・4	文化12・1・26	
芝山直助・庄左衛門			250	享和2・12・22 享和3・1・28		
嶋田源大夫・求馬	常保		150	享和1・4・28 10・16	文化10・7・17	
志村五郎左衛門	吉明		1050	享和1・2・25 享和2・6・22 8・末	文化2・7・6	
				12・22 12・29(12・22) 享和3・1・12		
				①・13 2・4 2・13 5・7		
下村金左衛門・左兵衛			100	享和1・6・19		
庄田兵庫	察孝		350	享和1・2・15 享和2・2・1	享和3・12・12	70
				享和3・7・19 12・29		
庄田要人	敬明		300	享和2・2・1 8・4 9・29	文化8・2・22	
				享和3・7・6		

白江金十郎	成続		266	享和3・1・28　3・28　12・13		
進士武平	武明		100	享和1・7・11		
〃数馬			100	享和1・7・11		
進士求馬	直内		600	享和1・7・7	天保4	
神保又三郎	信之		150	享和2・3・8	文政4	

す

須貝又十郎				享和3・11・15　12・4		
菅野加右衛門			200	享和1・7・11		
〃劉平	徳布		200	享和1・7・11		
杉江助四郎	綏定		200	享和2・10・21　享和3・10・20	文政6・9・6	
杉野善三郎	盟		340	享和1・1・27　4・15　享和2・8・末	天保	
				享和3・2・13　2・18　2・25　3・18		
				4・15　3・末(3・8)　4・16　7・29		
杉本権兵衛	雅仁		150	享和2・12・末		
鈴木三左兵衛・左膳	成弥		300	享和2・6・19　6・26　9・11　12・26	享和5・8・20	
〃与四郎・茂右衛門			300	享和2・12・26	文化4・3・16	
鈴木四郎左衛門			150	享和2・12・26		
寸崎宝二郎				享和3・3・18		

せ

関沢安左衛門	尚房		250	享和1・4・22　享和3・7・11	文化8・②・16	
関屋中務	政良		1050	享和2・3・28　8・25　11・24　12・16		
				12・28　享和3・1・12　①・13　2・4		
				2・18　7・6　8・15　12・11　12・27		

姓・通称	諱		扶持	年月日	没年月日	享年
関屋半助	政方		200	享和2・9・11		
〃 兵作・長大夫	政峯		200	享和2・9・11　享和3・11・6	文政4・6・2	
関　和大夫			150	享和2・9・11		
〃 源進			150	享和2・9・11		
千石兵馬				享和2・6・28		
千秋丈助	範遠		200	享和2・9・11		
〃 宗助			200	享和2・9・11	文政10	
千田治右衛門	直正		250	享和1・3・1　4・15　享和2・1・15　2・28　10・2　享和3・2・1		
そ						
副田甚兵衛			120	享和1・4・28　享和2・7・11		
た						
多賀左近	直清		5000	享和2・4・28	文政1	
多賀帯刀	安定		3000	享和1・11・11　享和2・9・11	享和1・11・11	38
〃 清次郎			1000	享和2・9・11		
鷹栖逸角			200	享和2・9・11		
〃 伝次郎			200	享和2・9・11　享和3・12・末(12・23)		
〃 立之助			200	享和3・12・末(12・23)		
高木安右衛門		鷹方	50俵	享和2・12・末		
高桑五郎八			320	享和3・7・11		
高崎元三郎			200	享和2・12・26	享和2	
〃 才作			200	享和2・12・26	文化2	

高崎又大夫			100	享和3・1・12	文政2・12・26	
高田新左衛門	美種		250	享和1・6・末(6・13) 8・末(8・14) (8・15) 享和2・10・10 12・26 享和3・2・1	享和2	
〃徳太郎			250	享和2・12・26		
高田昌大夫			400	享和3・2・25 4・13 6・6		
高橋小兵衛		細工者	30俵	享保3・7・11		
〃貢之助			35俵	享保3・7・11		
高畠安右衛門			200	享保3・①・14 3・21 10・14 11・12		
				11・15 11・18 11・25		
高畠五郎兵衛	厚定		700	享和1・10・13 10・末(10・28)	文化7・9・25	
				享和2・7・11 享和3・7・21		
高畠采男	定来		1200	享和1・6・11	文政5・1	
高畠彦右衛門			150	享和2・9・11		
〃弁次郎			150	享和2・9・11		
高峯左兵衛	善行		200	享和2・10・18	天保6・7・5	67
〃助六	清一		150	享和2・10・18		
高山表五郎	武申		200	享和2・11・23		
竹内十郎兵衛			150	享和3・7・15 7・18		
竹内善大夫	義方	坊主頭		享和2・9・10		
竹田掃部	忠周		3500	享和1・3・22 享和2・9・15	文政8・10	
竹田源右衛門	忠貞		300	享和3・12・末(12・23)	享和3・8・6	
〃彦六郎	忠直		300	享和3・12・末(12・23)	天保7・6	61
竹中伊兵衛		算用者	130	享和3・12・末(12・16)	文政8	
武田何市・判大夫	信典		400	享和1・2・28 6・11 享和2・2・16		

姓・通称	諱		扶持	年月日	没年月日	享年
				6・28　7・8　享和3・7・17		
武田喜左衛門	信古		400	享和1・10・23　12・1　享和2・1・28　3・15　9・13　9・22　9・29　享和3・2・5　7・29　9・9		89
武山治部左衛門			100	享和3・7・11		
〃　小兵衛	員輝		100	享和3・7・11	天保9・4	65
辰巳勘七郎	安之		300	享和1・7・11	享和	
〃　次郎・要人			330	享和1・7・11	文化14	
立川金之丞	佐賢		150	享和2・10・2　10・24		
棚橋平六		鷹匠	50俵	享和2・9・10		
田中市蔵			50俵	享和2・6・26		
田内宗左兵衛・案大夫	通温		200	享和2・3・8	天保8	70
田嶋清蔵	吉道		80	享和1・6・19		
田辺五郎左衛門	成憲		200	享和3・2・13　2・14　7・1　7・17		
田辺長左衛門	仲正		300	享和1・10・22　享和2・1・16　9・11	享和1・10・23	61
〃　長太郎			300	享和2・9・11		
田辺判五兵衛			300	享和2・9・末(9・24)　10・21　10・22		
玉井宗仙	貞道			享和3・12・29	享和3・12・7	75
玉井主馬	貞臣	宮腰奉行	1000	享和1・6・24　享和2・8・末　9・晦		
玉井頼母	貞矩		5000	享和2・4・16　4・28　享和3・2・25	天保5	
〃　主税・宗仙	貞通		5000	享和2・4・16　4・28	享和3・12・3	
玉川七兵衛	成方		400	享和1・2・28　7・18　7・26　享和3・2・13　7・11　10・13		
多羅尾左一郎	守静		300	享和2・3・8	天保9・6・9	

氏名	諱		石高	記録		
団 多大夫	清信		450	享和1・8・末(8・15) 10・末(10・28) 享和2・1・16 5・26 12・末 享和3・2・15 7・1 7・17 7・29	文政	
ち						
長 甲斐守・九郎左衛門	連愛		33000	享和1・2・25 4・22 6・頭 6・11 6・22 10・頭 10・13 10・23 享和2・3・4 4・25 5・26 6・19 7・15 8・7 11・28 12・3 12・末 享和3・1・25 1・28 ①・頭 ①・3 ①・6 ①・7 ①・13 ①・17 ①・18 2・2 2・11 6・頭 6・6 6・15 6・26 7・6 7・29 10・20 10・晦 12・末		
長 作兵衛	連充		800	享和2・9・19	寛政9・5・10	64
つ						
塚本九左衛門			50俵	享和2・5・24 9・晦		
槻尾次郎大夫	直方		300	享和2・6・末(6・27)		
佃 源右衛門			150	享和2・11・5		
柘植三左衛門			350	享和2・10・24 享和3・7・11		
﹁辻 助左衛門			200	享和3・7・11		
﹂〃 権之丞・宇右衛門	親信		180	享和3・7・11		
辻 多門				享和3・7・11		
﹁辻 忠兵衛			100	享和3・7・11		

姓・通称	諱		扶持	年月日	没年月日	享年
〃喜三郎			100	享和3・7・11		
辻　平之丞	彰信		600	享和2・3・8　10・16　10・25	文政7・⑧・7	
				享和3・7・6　11・18　12・4　12・13		
津田吉兵衛			150	享和3・7・11		
〃六郎			150	享和3・7・11		
津田久平			100	享和2・6・26		
津田宇兵衛	信邦		100	享和3・10・22		
津田源右衛門・外記	庸貞		2500	享和2・8・28　9・11		
〃文治郎			2500	享和2・9・11		
津田玄蕃	政本		1000	享和1・2・1　2・4　6・末(6・13)	文政12・7・27	
				8・末(8・15)　享和2・4・25　11・6		
津田権五郎	居方		500	享和1・6・24　享和2・11・4		
				享和3・4・8　4・11　7・6(10・6)		
				10・14(10・15)　12・7　12・21		
津田権平・左近右衛門	政鄰		700	享和1・1・21　2・15　2・25　3・1		
				3・18　4・2　4・15　4・28　6・頭		
				6・28　7・頭　8・1　9・頭		
				享和2・1・16　2・頭　2・16　2・18		
				3・15　3・22　4・5　4・22　4・28		
				6・15　6・22　6・27　5・頭　5・5		
				5・11　5・27　6・1　6・4　6・6		
				6・9　6・21　6・22　6・27　7・1		
				7・4　7・7　7・8　7・22　7・26		
				8・頭　8・6　8・9　8・15　8・末		

				9・13　9・15　10・16　10・23　10・24　11・頭　11・2　11・9　11・15　12・6　12・8　12・16　12・28　享和3・1・8　1・12　1・15　1・28　①・頭　①・3　①・7　①・13　①・17　①・18　2・24　3・28　4・頭　4・1　4・6　4・21　4・27　6・26　7・1　7・6　7・23　8・15　9・1　9・13　9・15　9・16　9・18　9・19　9・20　9・21　9・22　9・23　9・24　9・25　9・26　9・27　9・28　10・1　10・2　10・4　10・6　10・14　10・15　10・25　10・26　11・6　11・12　11・15　11・16　11・18　11・19　12・4　12・15　12・16　12・21			
津田恂庵		御医師	100口	享和1・7・11			
〃昌元	造周	御医師	100口	享和1・7・11			
津田清大夫			150	享和2・9・11			
〃兵三郎	義方		150	享和2・9・11			
津田善助	政申		650	享和1・5・28	享和3・4・21		
津田藤兵衛	康頎		150	享和2・9・11	享和3・2・14	文化11・7・17	
津田孫兵衛	直道		400	享和3・12・末（12・23）		文化2・2・10	70
津田弥三郎	信以		300	享和2・9・26			
津田和三郎	近英		500	享和1・8・20		天保13	
角尾金左衛門			130	享和2・7・11			
角尾忠大夫	道弘		250	享和1・7・11			

姓・通称	諱		扶持	年月日	没年月日	享年
〃孫兵衛	高寛		250	享和1・7・11		
恒川七兵衛	寿年		500	享和1・5・1 8・末(8・15)	文化5・6・1	
				享和3・12・4 12・13		
鶴見鉄之丞			160	享和1・7・11		
〃金三郎	高陳		160	享和1・7・11		
鶴見織人				享和1・7・11		
鶴見森右衛門	高美		70	享和2・9・11		
〃佐兵衛			70	享和2・9・11		
て						
豊嶋左門	是次		100	享和1・10・13 享和2・9・晦	享和1	
豊嶋源右衛門				享和3・8・1		
寺嶋右門				享和1・7・11		
〃此母・蔵人	兢		450	享和1・7・11 享和3・①・6	天保	
寺田弥左衛門	将順		160	享和2・3・18 10・18	文化7・7・晦	
〃徳次郎・新兵衛	賢良		150	享和2・10・18	天保7	
寺西喜三郎			200	享和1・2・28	文化16・10・8	
寺西新作				享和2・9・11		
〃直五郎			300	享和2・9・11		
寺西清左衛門	直員		500	享和2・9・11	文化8・7・22	45
寺西平六郎				享和1・2・29		
寺西弥八郎				享和3・5・28		
と						

東郷又八				享和1・12・16		
〃弥十郎			110	享和1・12・16		
任田金蔵			120	享和3・12・4		
遠田金右衛門			100	享和1・7・11		
〃右之助			100	享和1・7・11		
遠田誠摩	自久		1050	享和2・8・28		
栂源左衛門	義恭		500	享和1・2・28	寛政13・1・6	42
栂助四郎・四郎左衛門	義知		450	享和2・9・11	享和2・3・14	68
〃助九郎			450	享和2・9・11	文化2	
戸田斎宮	方重		700	享和2・10・18　10・24　享和3・2・13	享和3・8・6	29
				12・末(12・23)		
〃喜十郎			700	享和3・12・末(12・23)		
戸田伝太郎・与一郎	勝具		600	享和2・3・8　10・22　享和3・7・6	文政2	
				9・26　11・11		
土肥庄兵衛	知平		540	享和2・6・17　9・11	享和2・6・14	70
〃権六郎	庸平		540	享和2・9・11		
土山八郎				享和2・6・26		
冨田外記	貞交		2500	享和1・11・11	天保13・7・8	
冨田小与之助	景明		1400	享和2・6・末(6・27)	天保8	55
冨田権佐	景周		2500	享和3・7・19	文政11	
冨田左門・九郎右衛門	守典		500	享和2・1・16	文政2	
富永右近右衛門	助有		700	享和1・4・2　5・28　7・26	文化13	
				享和2・7・28　享和3・①・18　2・13		
				2・14　7・11		
富永久五右衛門	助之		100	享和3・12・末(12・23)	享和3	66

姓・通称	諱		扶持	年月日	没年月日	享年
〃助三			100	享和3・12・末(12・23)	文化1・5・21	
富永侑大夫	和平		150	享和2・11・6 享和3・3・10 4・4	文政	
富永靱負・権蔵			1050	享和3・2・13 2・25 3・28	文化4・4・19	
豊原弥三兵衛			100	享和1・7・11		
〃作左衛門		算用者	100	享和1・7・11		
な						
内藤甚左衛門			450	享和1・12・16		
〃十兵衛	新厚		450	享和1・12・16		
内藤宗安		御医師	300	享和3・3・18		
内藤林右衛門		鷹方	50俵	享和2・12・末		
長瀬五郎右衛門	有殻		1000	享和1・4・18 5・1 5・15 8・末(8・15) (12・28) 享和2・5・21 6・4 10・24 享和3・7・17 7・29 10・6	文化11・10・12	
長田彦大夫			100	享和2・10・18		
〃永原勘大夫			5000	享和3・12・末(12・23)	享和3	
〃進之丞・勧左衛門	孝章		5000	享和3・12・末(12・23)	文政1・2・3	
永井貢一郎	尚古		300	享和2・3・8 7・28 9・11 10・18	文政2	
永原久兵衛			3000	享和2・9・15 享和3・12・末(12・23)		
永原佐六郎	孝等		300	享和1・4・15 4・18 5・1 6・末 6・13 8・末(8・15) 享和2・9・20 10・24 享和3・2・11 3・21	文化13	
永原治九郎	孝建		800	享和2・7・11 8・11 享和3・9・26		

永原七郎右衛門	孝弟		500	10・27　11・3　11・11　11・16　11・28　11・晦　12・16　12・29　享和1・7・11　享和2・9・11　享和3・2・13　4・10　9・26　11・11　12・末(12・23)	文政4・4	
永原左次馬	安見瀬兵衛		200	享和2・9・11		
永原大学・主税	孝房		2000	享和1・3・25　7・11	享和1・3・26	59
〃左門	将監		2000	享和1・7・11	享和3	
永原将監			2500	享和3・12・末(12・23)		
〃大八			2500	享和3・12・末(12・23)	文化2	
永原半左衛門	孝尚		450	享和1・4・15　6・11　享和2・1・16　8・末(7・28)　10・18　享和3・2・2　3・28		
中　孫十郎			300	享和3・①・14　7・2		
中泉七大夫			200	享和2・3・8　6・19(6・13)　享和3・2・13　10・1　10・6　12・4　12・13　12・16		
中川四郎左衛門	基裡		400	享和2・3・4		
中川助三			400	享和2・3・8		
中川清六郎・八郎右衛門	顕忠		1000	享和1・3・22	文化12・10・6	42
中川平膳	忠好		1000	享和2・5・26　11・22　享和3・7・19　7・29	文政3	
中嶋伊左衛門			90	享和2・6・28		
中嶋嘉平太			50俵	享和3・1・12		
中嶋瀬大夫				享和3・5・28		

姓・通称	諱		扶持	年月日	没年月日	享年
中西順左衛門	孝交		150	享和2・10・15 享和3・12・13		
中西新作				享和2・9・11		
〃直五郎			300	享和2・9・11		
中西直太朗(郎)			200	享和1・7・11		
〃松之助・紋左衛門	唯栄		200	享和1・7・11		
中西八郎				享和1・12・29		
中宮半兵衛	久達		150	享和3・7・2		
中村喜平太・仁右衛門	政休		200	享和2・10・18		
〃甚左衛門	政与		200	享和2・10・18	文政10・8・23	
中村九兵衛			300	享和1・10・22 享和2・7・末(7・28)		
				享和3・7・6 7・10 10・6 10・15		
				10・26 11・5 11・12 11・15 11・16		
				11・18 12・27		
中村才兵衛	直一		350	享和2・3・28 享和3・2・14 7・6	文化13	
中村少兵衛	兼卿		100	享和2・7・11		
中村助大夫				享和1・7・11		
〃勇左衛門				享和1・7・11		
中村善重(十)郎			300	享和1・7・11		
〃永之助	政醇		300	享和1・7・11		
中村三郎兵衛			200	享和3・12・末(12・23)		
〃直記			200	享和3・12・末(12・23)		
中村宗左兵衛・宗兵衛	安積		150	享和1・8・末(8・15) 享和3・2・18	天保8	
中村宅左衛門			100	享和1・7・26(7・18) 享和2・7・28		
中村兎毛			450	享和2・5・24		

氏名	諱	備考	石高	日付	没年	年齢
中村直江・平次兵衛	守望		250	享和3・7・6		
中村八郎兵衛			200	享和1・1・15　3・1　4・15		
				享和2・1・15　1・18　6・28		
				享和3・3・18　3・21		
中村表三郎・兵三郎			200	享和2・3・18　享和3・5・24		
中村孫左衛門			130	享和2・12・末		
中村与右衛門			200	享和1・8・25		
中村九左衛門		与右衛門弟		享和1・8・25		
中山武十郎・義右衛門	清実		190	享和2・11・5		
半井平峰・七郎兵衛				享和1・10・16	天保2	
名越多吉	三和		300	享和2・9・11	享和2	
〃 主馬佐・三郎大夫	三親		300	享和2・9・11	天保6・1	
那古屋恒佑			100	享和2・6・26		
成瀬監物・左近	正喬		2500	享和2・11・6　11・13　享和3・2・1	文化1・1・16	44

に

氏名	諱	備考	石高	日付	没年	年齢
西尾内膳	明義		4300	享和2・12・26	享和2・9・13	58
西尾隼人	明麗		4300	享和1・10・16　享和2・6・22　9・13	文化4・5・13	
				12・26　享和3・7・19		
西永嘉平太			110	享和2・6・11　享和3・12・末(12・23)		
〃 与三八			110	享和3・12・末(12・23)		
丹羽伊兵衛	孝明		800	享和1・12・16	享和1・8・18	50
〃 伊太郎・織部	孝友		800	享和1・12・16		
丹羽伊大夫	広良		200	享和3・12・末(12・23)	享和3・8	72
〃 松之助			200	享和3・12・末(12・23)	文政11	

姓・通称	諱		扶持	年月日	没年月日	享年
丹羽六郎左衛門	応好		500	享和3・2・14　2・18　6・6　7・11	享和3・4・17	52
〃余所太郎	致孝		500	享和3・7・11	文政11	
西村甚大夫・清左衛門	周代		400	享和3・7・6		
西村善左衛門			250	享和3・12・末(12・23)	享和3	54
〃次郎			250	享和3・12・末(12・23)		
西村与平			180	享和3・3・18		
の						
野坂忠大夫	貞勝		200	享和1・7・11　享和3・1・28		
〃平作・昌大夫			200	享和1・7・11		
野崎覚之大夫				享和2・5・15		
野田左平次				享和3・5・7　7・6		
野村伊兵衛	礼喬		800	享和1・10・22　12・16	享和1	
〃伊太郎・中務	之礼		800	享和1・12・16　享和3・①・7		
野村源兵衛	信精		150	享和3・6・6　6・7	文化	
野村忠兵衛	貞英		300	享和3・1・28　3・28　7・6　12・21	文化7・5	
は						
萩原覚左衛門	年寄女中常岡養子		150	享和1・7・26(7・18)　享和3・6・15		
橋爪采男			100	享和1・7・11	寛政6	
〃栄九郎金左衛門			100	享和1・7・11		
橋本八大夫			130	享和2・6・26		
土師為兵衛				享和2・9・11		
土師清吉	正收		500	享和1・7・11	享和1・8・6	

〃 清大夫	正享		500	享和1・7・11 享和2・9・11	享和1・9・21	40
〃 又吉	享信		500	享和2・9・11	天保9・11	53
長谷川三九郎	一久		800	享和1・8・20	天保3・2	
長谷川準左衛門	尚		100	享和2・10・7 10・15		
長谷川平八			100	享和3・12・末(12・23)		
〃 平太郎			110	享和3・12・末(12・23)		
幡野弥太郎				享和3・11・12		
服部直助		算用者	80	享和3・12・11		
堀部五左衛門	弘通		120	享和1・4・15	享和4・2・1	58
服部又助			100	享和2・9・28		
馬場孫三	信営			享和3・10・22	享和3・9・7	68
林 浅右衛門		鷹匠	150	享和1・4・28		
林 小八郎				享和3・11・15		
林 源太左衛門	定将		700	享和2・9・6 10・18 享和3・12・4 12・13 12・16	文化6・11・12	53
林 十左衛門	保之		300	享和2・2・13 3・22 4・13 8・29	文政11	
林 玄左衛門			250	享和1・12・16	享和1	
〃 一之進	安秀		250	享和1・12・16	文政8	
林 弥四郎	克綏		350	享和1・7・26(7・18) 享和2・7・28 12・26 12・29(12・22) 享和3・9・13	文化11	67
原 九左衛門	元勲		1280	享和1・7・11	文化4・12・6	38
原 九兵衛	種致		150	享和3・7・11 享和2・3・8	享和2・11・15	
〃 直之助・八大夫			150	享和3・7・11	天保1	
原 七郎左衛門	種庸		300	享和2・12・22 12・29 享和3・5・7 7・6 9・26 11・11		

姓・通称	諱		扶持	年月日	没年月日	享年
原　惣大夫				享和2・3・8		
原田又右衛門	成種		500	享和1・2・4　享和2・2・13　3・15　6・19　6・26　9・13　10・16　12・16　12・末　享和3・1・頭　1・12　1・13　1・19　1・28　①・13　2・24　5・頭　5・7　5・28　7・1　9・頭　9・13	文政10	
伴　源太兵衛	方延		500	享和2・12・26	享和2・8・2	59
〃　造酒			500	享和2・12・26		
伴　七兵衛	資愛		450	享和1・7・26（7・18）　享和3・7・6　10・晦	天保9	70
伴　八矢	方平		5000	享和3・2・11		
半田惣左衛門	景福		600	享和1・7・26（7・18）　享和3・7・6	文化8・8・29	
半田三郎右衛門			100	享和2・9・11	享和1・10・8	76
〃　兵助			100	享和2・9・11	天保	
ひ						
樋口次郎吉			500	享和1・3・29	享和1・3・29	
久田儀兵衛	篤親		150	享和1・7・11	文政1	
久田権佐			250	享和2・9・11		
土方勧右衛門	栄氏		500	享和1・12・24	文化11	
一木鉄之助・逸角	移忠			享和3・6・7　7・6　9・14　9・26		
人見吉左衛門	忠貞		800	享和1・8・28　9・9　享和2・7・末（7・28）　享和3・①・3　3・28　7・6　7・17　10・6　10・14		

				10・15 10・26 11・8 11・12 11・25		
				12・2 12・4 12・21 12・27		
平岩新左衛門				享和3・11・晦		
平岡次郎市				享和3・2・21		
平田源助				享保3・1・12		
〃八郎右衛門	弟		100	享保3・1・12		
平田三郎右衛門	盛以		350	享和1・10・22 享和2・1・16 2・28	文化10・3	
				9・20 10・24 享和3・1・12		
平田孫三郎			100	享和1・10・16		
広瀬下間		茶道	90	享和1・5・28 享和2・9・11	享和2	
				享和3・7・11		
〃八十郎・良左衛門	常徳		7人扶	享和2・9・11 享和3・7・11		
広瀬藤兵衛			130	享和1・10・16	天保3・2・13	
広瀬武大夫	胤忠		450	享和1・1・27 2・1 4・10 4・15	文化11	
				4・18 4・22 4・28 享和2・6・19		

ふ

深谷孫八			100	享和3・2・5		
福島三郎兵衛			400	享和1・7・11		
〃梅之助	安之		400	享和1・7・11 享和3・①・7 7・29	文政12	
福嶋七之助			400	享和2・11・23 享和3・12・末(12・23)	享和3・7・2	27
〃勇次郎	安貞		400	享和3・12・末(12・23)	文化12	
福田八郎左衛門・主斗	永貞		400	享和1・4・28		
福村久左衛門			150	享和2・7・11		
藤井宇右衛門	封木		80	享和1・6・19		

姓・通称	諱		扶持	年月日	没年月日	享年
藤田求馬	安貞		2000	享和1・12・28	文政1	
〃五郎	安処		500	享和1・12・28	天保3	
藤田五大夫			30俵	享保3・4・4		
藤田権作			40俵	享和2・8・4		
藤田次郎兵衛				享和3・3・4		
藤田道乙		御医師	7口	享和1・7・11		
不嶋与左衛門			90	享和2・9・11		
〃仙太郎			90	享和2・9・11		
不破栄五郎・判左衛門	方叙		500	享和3・①・7	天保8・7・20	55
不破和平・介翁	俊明		500	享和3・2・13　12・29	享和3・12・23	76
〃東作・勘大夫	均		500	享和3・12・29	天保6・11	62
不破久兵衛			100	享和1・10・16		
不破五兵衛				享和1・7・26(7・18)		
不破五郎兵衛	光保		330	享和2・8・4　享和3・2・13　2・14　5・24	文化11・2・26	73
不破七兵衛	良実		200	享和2・1・16　4・22　享和3・3・28　7・11	享和2・3・2	
〃浅右衛門			200	享和3・7・11		
不破半蔵	与潔		1000	享和1・4・18　享和2・5・21　享和3・9・28　12・末(12・23)	享和3・6	31
〃鉅三郎	有親		1000	享和3・12・末(12・23)		
不破半六			100	享和2・6・28		
不破彦三	為章		4500	享和2・3・4　11・23　11・24　11・28　12・16　享和3・10・20	享和3・10・11	59

不破平兵衛	友亮		150	享和2・3・8　享和3・3・8	天保8・7・20	55
古屋孫市	包教		500	享和1・7・13　享和2・1・16	享和1	
				享和3・8・3　12・末(12・23)		
〃　七左衛門	美貞		500	享和3・12・末(12・23)		
へ						
別所老次郎			400	享和2・9・11	寛政10・10・8	
〃　五百次郎・半大夫			400	享和2・9・11	文化5・1・9	21
ほ						
北庄宗(亦)助			100	享和3・7・11		
細井弥一郎	政賢		400	享和2・9・11	寛政8・12・12	47
〃　弁次郎	正富		400	享和2・9・11		
堀　孝次郎・宅左衛門	政之		300	享和2・6・末(6・27)	文政13	62
堀　才之助	政殖		200	享和1・7・13	文化6・5・12	80
堀　佐兵衛	秀親		450	享和3・3・28　6・15		
堀　平(兵)馬	政和		500	享和1・10・23　享和2・6・28		
				9・晦(9・19)　10・21　享和3・①・14		
				①・28　5・22　10・24		
堀　万兵衛	貫保		200	享和3・2・13　2・14		
堀江忠蔵		算用者	60	享和3・12・末		
堀田次兵衛	之和		200	享和3・7・6		
堀部五左衛門	弘通		170	享和1・2・28　4・15　享和2・6・28	享和4・2・1	58
				享和3・10・1　10・6　11・8		
本多安房守・玄蕃助	政成		5000	享和1・1・頭　1・21　1・27　2・15	享和3・4・28	49

姓・通称	諱		扶持	年月日	没年月日	享年
				2・22　2・24　3・晦　7・頭　7・1		
				7・5　7・7　8・1　8・20　9・1		
				9・9　11・18　享和2・2・頭　2・1		
				2・4　2・18　2・27　3・22　6・頭		
				6・4　6・6　6・7　6・15　6・21		
				6・22　6・27　6・28　9・1　11・28		
				12・頭　12・1　12・3　12・6　12・7		
				12・8　12・13　12・16　12・24　12・28		
				12・末　享和3・1・1　①・18　2・25		
				3・16　4・27　6・26		
本多閑随	政康		11000	享和1・7・11	寛政12・9・26	69
〃勘解由・貞五郎	政養		11000	享和1・7・11　9・9　11・11	天保9・4	74
				享和3・6・15　8・15　10・14　10・15		
				11・11　11・25　12・1　12・4　12・11		
				12・16　12・29		
本多内記・主水	政恒		3000	享和1・3・22　4・29	文化7・8・8	48
本多主殿	政礼		50000	享和3・6・26　7・1　12・16		
本保監物・常右衛門	密礼		1800	享和1・4・28	天保3	
本保七郎左衛門	方久		250	享和1・7・11	寛政12・11・14	58
〃石之助			250	享和1・7・11	文化8・2・21	
本保六郎左衛門	平通		150	享和1・4・15　享和2・1・15　1・16	文化12・10・5	67
ま						
前田大炊・駿河・伊勢守	孝友		18500	享和1・1・頭　1・8　3・頭　3・22	天保3・5・25	74

名前	諱		石高	日付	年
				5・頭 5・5 5・15 5・28 7・頭 8・25 9・頭 9・9 11・頭 享和2・1・頭 3・頭 5・頭 5・5 5・28 6・15 7・頭 9・頭 11・頭 11・2 11・3 11・5 11・9 11・15 11・28 12・頭 12・26 享和3・1・頭 1・25 1・28 ①・頭 2・頭 2・5 3・頭 3・16 3・28 4・頭 4・11 4・21 5・頭 7・頭 7・6 7・10 7・17 7・23 8・頭 9・26 9・27 10・1 10・2 10・5 10・6 10・14 10・15 10・20 10・26 10・27 10・晦 11・4 11・5 11・6 11・8 11・15 11・28 11・晦 12・1 12・2 12・4 12・13 12・16 12・27 12・29	
前田織江	道済		7000	享和1・3・1 享和2・3・4 4・25 5・26 6・19 8・7	天保1・10・13
前田橘三	孝弟		2500	享和1・3・22 10・16 12・29 享和2・9・13	
前田内蔵太	孝敬		3000	享和1・3・22 享和2・8・7 12・26	享和2
〃余三次郎・三内	孝寧		3000	享和2・12・26	文政3
前田内匠助			2500	享和1・1・21 3・頭 3・1 3・13 3・18 8・24 9・9 10・末(10・11) 享和2・3・18 4・2 4・15 9・頭 9・6 9・11 9・12 9・13 9・16	

姓・通称	諱		扶持	年月日	没年月日	享年
				9・29　享和3・①・16　2・24　3・頭　3・1　3・24　3・28　4・1		
前田源六郎			150	享和1・7・26（7・18）　享和2・7・28　12・29（12・22）		
前田権佐				享和3・1・12		
前田修理・隼人助	知周		1000	享和2・6・4　6・22　8・7　9・13　9・晦（9・19）　10・21　11・4　享和3・5・22　10・1　10・2　10・15　10・28　12・1　12・2　12・4　12・13		
前田甚八郎	直房		1020	享和1・10・13　享和2・5・21　7・11	文政7	
前田清八	直福		300	享和3・2・13　2・14		
前田圖書	貞一		1000	享和2・8・28　10・25　12・8　享和3・7・11	文政	
〃　又勝			700	享和2・8・28		
前田土佐守	直方		2500	享和2・3・22		
前田主殿助			2450	享和1・3・22		
前田兵部	純孝		4000	享和1・3・22　9・9　享和2・6・7　10・2		
前田　杢			1500	享和2・1・4　9・6（9・15）　9・11　享和3・2・25　4・10		
前波英次郎・和太夫	政就		35俵	享和2・10・18	天保9・11・13	
牧　昌左衛門	忠輔		200	享和3・9・28　10・24		
間嶋権右衛門				享和3・12・4		
松江幸三郎			180	享和2・12・26	享和2	

名前	諱		禄高	日付		
〃健太郎			180	享和2・12・26 享和3・12・末(12・23)	享和3・7・16	18
〃与三五郎			180	享和3・12・末(12・23)	文政10・8・4	
松尾縫殿	命留		600	享和3・1・末 7・11		
〃庸之助	栄庸		600	享和3・7・11	文政5・10・18	
松平才記	康保		250	享和2・9・11 享和3・2・13	享和2・4	
〃九左衛門	左仲		250	享和2・9・11	文化11	
松田久右衛門			150	享和2・9・11		
〃安左衛門			150	享和2・9・11		
松田四郎左衛門	邦道		400	享和2・9・11	寛保1	
〃権太夫	典克		800	享和2・9・11	寛政4・4・16	
〃彦右衛門	克亘		350	享和2・9・11	天保	
松田治右衛門	倫郷		200	享和1・12・17	文化3	
〃八兵衛・勘左衛門			200	享和1・12・17		
松田善八				享和2・8・4		
松田波江				享和2・9・11		
松波六郎大夫	義章		100	享和2・7・11	享和3・6	
松野源左衛門	恭近		130	享和2・6・28		
〃庄之助	直武		180	享和2・6・28		
松原安左衛門				享和2・9・晦		
松原権之丞			180	享和1・10・16		
松本金三郎				享和1・8・28		
松平大膳・大弐			4000	享和3・7・19		
馬淵源之丞			400俵	享和3・5・28		
馬淵順左衛門	喬行		150	享和3・12・末(12・23)	文化14	

姓・通称	諱		扶持	年月日	没年月日	享年
み						
三浦重蔵・八郎左衛門	賢善		1100	享和3・2・13	文化7	
三上浅右衛門				享和2・6・28		
三田村内匠・紋左衛門	定保		3300	享和1・3・23　享和2・9・19　10・25	文政8	
三橋安兵衛				享和2・9・6		
三宅平太左衛門	正路		450	享和1・2・1　2・29　享和2・4・22　8・19	文政3	
三輪采男			1000	享和3・7・6	文化9	
水越八郎左衛門	政紹		350	享和1・2・28　4・15　享和2・1・17　6・28		
水谷金右衛門		細工者	55俵	享和3・7・11		
水野左伝次	昌与		200	享和3・3・8		
水野十郎右衛門	成蔵		200	享和2・12・26	享和2	
〃九左衛門	成之		300	享和2・12・26	天保12	78
水野次郎大夫	武矩		300	享和1・10・22　享和2・7・10　享和3・①・16　6・15　7・11	文化7・12・15	58
水野次郎兵衛	甚助		180	享和1・6・11　享和3・12・末(12・23)		
〃団助・孫三郎			180	享和3・12・末(12・23)		
水野惣大夫		町同心	80	享和1・11・15	文化4	
水原清左衛門	有功		500	享和1・3・29　享和2・6・28　10・21	明和3・4・15	27
溝江勘左衛門			150	享和2・12・26		
〃小一郎			150	享和2・12・26		
宮井柳之助			35俵	享和3・5・28		

宮井典膳	直経		600	享和1・3・29　10・13　享和2・3・8　7・11		
宮崎磯太郎・弥左衛門			400	享和3・5・28		
宮崎蔵人	直政		800	享和2・6・19　享和3・2・1　2・3　2・13　3・24	文化4・7・11	
宮田仙吾				享和2・7・11		

む

村井又兵衛	長世		16000	享和1・4・頭　4・9　4・15　4・28　8・末(8・15)　9・頭　9・1　享和2・4・頭　4・22　4・25　4・26　10・頭　10・16　10・17　10・23　10・24　12・末　享和3・3・16　5・頭　5・7　5・15　5・23　5・28　6・頭　9・頭　9・1　9・28　10・晦　12・末(12・15)　(12・23)	文政10・10・28	
村上金九郎			200	享和2・8・29　11・4	天保3	
村上伝右衛門・万之助			500	享和1・7・11		
〃　九左衛門			500	享和1・7・11	文政9	
村上道策・元右衛門			100	享和1・12・16	享和1	
〃　源太兵衛			100	享和1・12・16	文化8	
村田八郎兵衛	軽久		250	享和2・9・11		
〃　三郎兵衛			250	享和2・9・11	文化7・10・19	
村　八郎左衛門			400	享和1・2・28	文化10	
村松金大夫			40俵	享和1・12・16		

姓・通称	諱		扶持	年月日	没年月日	享年
〃 籐左衛門		算用	70	享和1・12・16		
村 杢右衛門	陣救		650	享和1・4・15 7・26(7・18) 享和2・11・4 享和3・6・6 10・晦 12・末(12・23)	天保3	
も						
毛利伊平太	武賦		150	享和1・7・11		
〃 千太郎			150	享和1・7・11		
毛利小市郎			100	享和2・9・11		
〃 融次郎	元官		100	享和2・9・11		
毛利十右衛門	祐賢		120	享和2・9・11		
〃 左五郎・左兵衛	祐直		120	享和2・9・11		
毛利震太郎	守一		400	享和2・6・末(6・27)		
毛利和平太			80	享和2・9・11		
森 権五郎	信賢		15口	享和3・12・末(12・16)		
〃 勝十郎	信義		15口	享和3・12・末(12・16)		
森田馬之助	景長		450	享和2・6・末(6・27)	享和2	
〃 金之助			500	享和2・12・26	文化3・1・18	
や						
安井左大夫	義般		150	享和1・12・17 12・26 享和3・7・11		
〃 藤左衛門	義質		150	享和1・12・17 12・26 享和3・7・11	天保9	82
保田安右衛門			100	享和1・7・11	享和1	
〃 嘉次之助			200	享和1・7・11		

安武庄兵衛			100	享和2・10・18	文化14	
〃甚八郎	有就		100	享和2・10・18	天保10・1・16	64
安田源太左衛門			100	享和2・9・1		
安田三次郎			180	享和1・7・11		
〃権三郎			180	享和1・7・11		
安田孫左衛門			70	享和1・7・11		
安見与三左衛門			200	享和2・9・11		
〃左次馬・瀬兵衛			200	享和2・9・11		
八十島東庵		医師	200	享和2・10・25 享和3・3・18	文化9	
矢嶋半(判)左衛門			100	享和2・6・28		
矢部覚左衛門			150	享和1・7・11	文化8	
〃鉄作・勘右衛門	篤定		150	享和1・7・11	天保13・11・2	56
矢部七左衛門	成尺		110	享和2・2・18 3・頭 6・頭 6・6	天保3	
				6・26 6・28 9・頭 9・6 9・12		
				9・13 9・14 9・15 10・2		
				享和3・2・13		
山内伴助		小幡家臣		享和3・1・12		
山岸宇右衛門	之氏		100	享和1・7・11		
〃儀平	之則		100	享和1・7・11		
山岸七郎兵衛	永秩		250	享和1・7・26(7・18) 享和2・7・28	文政2	
				12・29 享和3・3・28 7・6 9・27		
				10・1 享和3・12・4		
山口小左衛門	一致		320	享和3・2・14 3・28	文政6	
山口清大夫	信逸		650	享和2・4・13 8・29 享和3・2・13	天保10	
山崎伊織	長恒		4500	享和1・11・11	文化3・10・3	57

姓・通称	諱		扶持	年月日	没年月日	享年
山崎小右衛門	頼母		850	享和1・7・26（7・18） 享和3・2・13		
山崎次郎兵衛	喜知		550	享和1・7・11	寛政8・5	
〃余所男・五郎左衛門			550	享和1・7・11	文政7	
山崎忠大夫			90	享和3・7・11		
〃七左衛門			90	享和3・7・11		
山崎屯				享和3・12・4		
山崎半助			30俵	享和3・7・11		
〃猪三太			90	享和3・7・11		
山崎武右衛門		料理人	80	享和3・12・末（12・23）		
〃武次郎			100	享和3・12・末（12・23）		
山路忠左衛門	昌澄		400	享和1・1・15 2・25 3・1 4・15 5・1 6・22 8・末（8・15） 8・29（8・15） 享和3・2・13	文政1・2	
山田卯守			100	享和3・7・11		
〃幾之助	賢廸		100	享和3・7・11		
山田栄沢		坊主	70	享和1・5・28		
山田半内・三次郎			350	享和2・12・26	享和2	
〃万作	信也		400	享和2・12・26 享和3・①・7	文政7	
山根与九郎	元始		200	享和1・2・15	享和3・12・29	
山森権八郎	弘		500	享和2・3・8	文化9	
山本左次馬・中務	守令		300	享和2・3・8	天保9	
山本喜平			100	享和3・7・11		
〃千之助			100	享和3・7・11		
山本平次右衛門			40俵	享和2・8・4		

山本庸五郎			150	享和2・12・26	享和2	
〃 千次郎・藤九郎			150	享和2・12・26	文化12・12・21	
山村善左衛門	愼之		350	享和3・9・20　12・3　12・4　11・12	天保10・10	90
山森伊八郎	行忠		150	享和1・2・15	文化6・6・24	59
山森小源太			150	享和1・10・16	文政9・4	
山森籐右衛門			1500	享和2・9・末(9・19)　11・9		
ゆ						
湯浅友右衛門	保祐		70	享和2・5・15		
〃 栄次郎			35俵	享和2・5・15		
湯原長大夫			600	享和2・12・19		
湯原友之助・久左衛門	信恭		600	享和2・8・29　享和3・12・末(12・23)	文政8	
行山三郎大夫			150	享和3・11・6		
行山次兵衛			150	享和2・7・11	文政10	
由比九郎大夫	勝直		70	享和1・12・16		
〃 伴吾			70	享和1・12・16		
よ						
横地理左衛門			200	享和1・7・11		
〃 孫左衛門			200	享和1・7・11		
横浜善左衛門	玄英		1050	享和2・6・26　享和3・5・7	文化3	69
横山引馬	隆誨		500	享和1・7・26(7・18)　享和2・4・13		
				享和3・10・20		
横山蔵人	政寛		1000	享和1・1・27　7・11　享和2・4・3	寛政13・1・26	32
				9・11		

姓・通称	諱		扶持	年月日	没年月日	享年
〃多門・蔵人	政孝		1000	享和1・7・11 享和2・9・11	天保7・1・26	48
横山左兵衛・左京			800	享和1・7・11		
〃義六郎	元涛		1000	享和1・7・11		
横山次郎兵衛	主一		200	享和2・3・8	文政5・12・24	
横山大膳	隆美		1000	享和2・6・17 9・11	享和2・6・14	43
〃予吉郎・大学	隆伊		1000	享和2・9・11	文化10・9	
横山又五郎	政質		2500	享和2・9・1	文化6・9・9	
横山山城	隆盛		30000	享和1・1・21 2・頭 2・29 5・28 8・頭 8・1 12・29 享和2・1・頭 1・4 1・16 1・18 1・28 6・22 7・11 8・頭 8・6 8・7 8・15 8・25 8・末 9・13 10・晦 12・1 享和3・2・頭 2・2 2・13 2・29 7・6 8・頭 8・15 10・晦		
吉川昌九郎	知周		300	享和3・3・18		
吉川半左衛門			400俵	享和2・8・4		
吉田宇左衛門	保命		200	享和2・9・11 享和3・5・23		
吉田九之丞	員徳		150	享和3・3・18		
吉田治大夫				享和2・6・26		
吉田甚五郎	掩		120	享和2・11・7		
吉田新左衛門		鷹方	50俵	享和2・12・末		
吉田助三郎			100	享和3・12・末(12・23)		
〃喜三郎			100	享和3・12・末(12・23)		
吉田丹次郎			100	享和3・12・末(12・23)		

吉田八郎大夫	兼忠		450	享和1・4・15 9・15 10・16 12・16 享和2・6・28 9・13 享和3・1・12 2・13		
吉田八郎兵衛・宇左衛門			450	享和3・5・23 5・24 享和3・7・1 9・27		
吉田彦兵衛	茂育		300	享和1・4・15 享和3・2・10 2・13 4・8	享和3	
吉田平大夫	経房		150	享和2・10・27	文化10	
吉田弥兵衛		鷹方	100	享和2・12・末		
吉田要人・籐太夫	守之		100	享和1・10・16		
吉田又右衛門			200	享和3・2・13 2・18		
葭田左守	直廉		500	享和1・12・22		
吉野稲右衛門	有貞		150	享和2・10・24 11・7		
吉野善太郎			550	享和2・10・24 享和3・7・11		
〃安太郎			450	享和3・7・11		
吉本弥左衛門				享和2・9・17		
わ						
脇田源左衛門	祐忠		600	享和2・12・20	文政3	
脇田哲兀郎	直温		1000	享和1・4・28 7・7	文政5	
脇田八郎左衛門			100	享和3・12・末(12・23)	享和3・7・25	
〃石之助	幹武		100	享和3・12・末(12・23)		
和田源次右衛門	世貞		800	享和1・2・28 10・22 享和2・11・23 享和3・①・16 7・11	享和3・①・6	61
〃権五郎	貞勝			享和3・7・11		

姓・通称	諱		扶持	年月日	没年月日	享年
和田耕藏		算用者	50俵	享和3・5・28		
和田知左衛門	幸綏		200	享和3・1・28		
渡瀬七郎大夫	政勝		230	享和3・3・8	文政6	
渡辺右膳				享和1・3・1		
渡辺喜内			100	享和3・5・28　11・晦　12・13	天保10	63
渡辺久兵衛	章		250	享和1・3・1　享和2・3・28　7・28	文政7・8・6	
				享和3・7・6　9・26　12・4		
渡辺源五郎			160	享和3・12・13	文政10・4・晦	

翻刻・校訂・編集

笠嶋　剛　1939年生　金沢市在住
南保　信之　1946年生　白山市在住
真山　武志　1935年生　白山市在住
森下　正子　1940年生　金沢市在住
(代表)髙木喜美子　1940年生　金沢市泉野町5丁目5-27

ISBN978-4-86627-098-2

津田政隣
政隣記　耳目甄録　廿・廿一
従享和元年―到享和三年

二〇二一年一月二〇日　発行
定価　三、〇〇〇円＋税

校訂・編集　(代)髙木喜美子
笠嶋　剛　南保信之　真山武志
森下正子

出版者　勝山敏一
印刷　株式会社すがの印刷
発行　桂書房
〒930-0103　富山市北代三六八三―一一
電話(〇七六)四三四―四六〇〇
FAX(〇七六)四三四―四六一七

地方小出版流通センター扱い